결정적 선택의 순간들

지금 이 순간의 작지만 확고한 선택이 인생을 바꾼다

결정적 선택의 순간들

멜로디 비티 지음 | 유지연 옮김

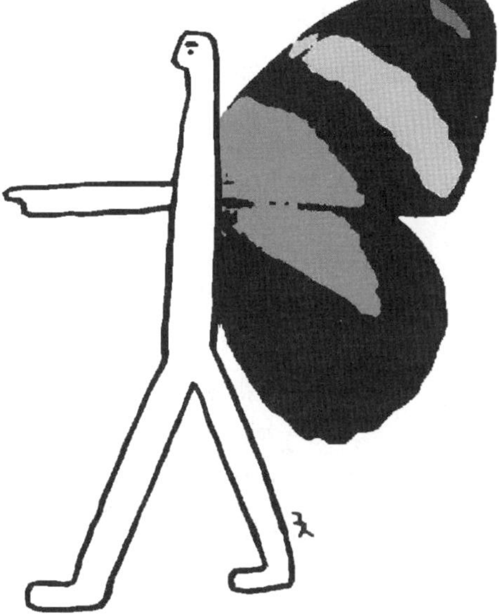

올리브나무

결정적 선택의 순간들

펴낸날 ‖ 2023년 10월 27일 초판 발행

지은이 ‖ 멜로디 비티

옮긴이 ‖ 유지연

표지화 및 디자인 ‖ 김천정

펴낸곳 ‖ **올리브나무** 출판등록 제2002-000042호

경기도 고양시 일산동구 정발산로 82번길 10, 705-101

전화 031-905-8469, 070-8274-1226, 010-7755-2261

팩스 031-629-6983 E메일 yoyoyi91@naver.com

인스타그램 olive.tree.books

펴낸이 | 유영일 대표 | 이순임

ISBN 979-11-91860-30-6 03190

값 18,000원

차례

제3장 다르마의 수레바퀴 · 105

제4장 지상을 천국으로 만드는 법 · 161

제5장 반대 방향으로의 끌림 · 193

시작에 앞서

당신의 선물 상자를 열어라

어느 날, 한 여성이 찾아와서 말했다. “마음의 평정을 유지하면서도 삶에서 일어나는 일들을 온전히 통제할 수 있는 비결이 있을까요? 그런 것이 있다면 정말 알고 싶어요.”

이 책은 바로 거기에 대한 대답이다. 살짝 맛이 가는 일이나 정신이 돌아버릴 정도가 되는 일 없이, 삶을 온전하게 통제할 수 있는 방법 말이다.

“제 친구는 스물네 살인데, 약혼한 남자친구가 주말에 스키 타러 갔다가 갑자기 사고로 세상을 떠났대요. 도대체 왜 그런 일이 생긴 거죠? 제 친구는 도대체 왜 이런 일을 겪어야 하는 것일까요?”

“3개월 정도 데이트를 해온 남자가 있었어요. 여러 해만에 처음으로 사랑에 빠졌어요. 그런데 그 남자에게 차였네요. 이혼한 후 처음으로 힘들게 마음을 열었는데 말이에요. 도대체 왜 이런 일이 나에게 일어난 거죠?”

이런 일은 많고 많다. ‘남편이 바람을 피워서 결혼 관계가 파탄 나고 말았습니다. 어떻게 그럴 수 있죠?’, ‘새 차를 샀는데, 어떻게 이런 결함이 있을 수 있죠?', '성인군자 같았던 그분이 인생의 마지막 7년을 온몸이 마비된 채로 침대에서만 지냈다고 하네요. 그런 분에게 왜 그런 안 좋은 일이 생기는 거죠?', '내 자식은 나를 보지도 않아요. 왜 그렇게 못돼먹은 거죠?', '남자친구는 왜 나를 떠났을까요?', '나는 왜 아직도 그 남자를 잊지 못할까요?', '우리 부모님은 왜 그렇게 제정신이 아닌 거죠?'…

정신 차리라고, 희생자가 되지 말라고, 문제가 생기는 건 다 나름대로 이유가 있는 거라고 말하기는 쉽다. 그러나 우리가 두려움, 죄책감, 분노, 상처, 혼란스러움과 같은 감정을 느끼고 상실감에 휩싸이게 되면, 삶을 통제한다는 것은 더욱 더 어려운 일이 되고 만다.

우리는 언제 스스로 통제 불가능하다고 느끼게 될까? 우리가 할 수 없는 것을 하려고 할 때이다. 바라는 대로, 계획한 대로 일이 굴러가지 않을 때이다.

인과의 게임이 정확하게 작동되지 않은 것처럼 보일 때면, 세상사가 도대체 어떤 원리에 의해 움직이는지 혼란스럽고, 무력해지고, 좌절하게 된다. 세상은 온통 혼돈뿐인 것일까? 아무래도 궁금해진다. 세상사에는 우리가 알 수 없는 어떤 계획이라는 것이 있기는 한 것일까? C. S. 루이스는 『헤아려본 슬픔 A Grief Observed』에서 "내가 정말로 두려운 것은 '그러니까 신은 없다고 결론을 내리는 것이 아니라, 신은 본래 그런 분이야.'라고 멋대로 추측하는 것이다."라고 썼다. 우리는 우리가 잘 알지 못할지라도 루이스처럼 하나님의 존재와 그분의 계획을 확실히 믿어야 할지도 모른다.

우리에게 일어나는 모든 일은 미리 예정된 것일까? 아니면, 우리에게는 자유의지가 주어져 있어서 우리가 무언가를 결정할 수 있는 것일까? 사실, 둘 다 맞다. 우리는 우리가 원하는 것을 TV에 나오게 할 수는 없지만, 어떤 채널을 볼 것인지는 얼마든지 선택할 수 있다. 아예 TV를 보지 않기로 선택할 수도 있다. 선택할 수 있는 것과 없는 것을 분별하는 과정이야말로 정신 건강을 챙기고 영적인 길로 나아가는 핵심이다.

살다 보면 도저히 어떻게 할 수 없는 일들이 무수히 일어난다. 여러 사람들이, 여러 사람들의 자유의지가 개입되는 일들도 있고, 천재지변이나 불가항력적인 일들도 있다. 우리가 통제할 수 있다고 말할 수 있는 것은, 우리들 각자의 행위와 선택권뿐이다. 우리는 우리에게 일어나는 일을 통제할 수는 없지만, 선택할 수 있는 힘은 주어져 있는 것이다.

우리가 하는 선택이 정말로 중요할까? 아침이나 점심으로 무엇을 먹을 것인지 등과 같은 사소한 결정이 아닌, 다른 어떤 중요한 일을 우리는 과연 선택할 수가 있는 것일까? 우리가 통제할 수 없는 일들이 일어날 때에는 선택의 여지가 없지 않은가? 사랑하는 사람이 세상을 떠나거나 헤어지게 될 때, 인생의 전부였던 사람과 관계가 깨지게 될 때, 절친이 거짓말을 하고 배신할 때, 부모님이나 친구가 중병에 걸릴 때, 우리에게는 전혀 선택권이 주어져 있는 것 같지 않다.

이럴 때, 도대체 우리가 어떤 선택을 할 수 있단 말인가?

혼자가 되어 아주 적은 임금만으로 두 아이를 키워야 하는 상황에 직면할 수도 있다. 평생을 함께할 배우자를 만날 희망이라고는 눈곱만큼도 없이 오십이 가깝도록 나이만 먹은 채 여전히 혼자일 수도 있다.

사업에 실패할 수도, 그래서 희망이 무너질 수도, 평생을 다해 추진한 일이 산산조각나 버릴 수도 있다. 애쓰고 애써도 꿈은 허무하게 무너질 수도 있는 것이다.

그럼에도 불구하고, 우리에게는 늘 선택의 기회가 있다. 단지 어떤 선택지가 있는지 우리가 알아차리지 못할 뿐이다.

아들 셰인Shane이 죽은 지 3개월쯤 되었을 때의 일이다. 당시 나는 매일매일이 힘들었기 때문에 침대 밖으로 나오는 것을 하루의 목표로 삼았다. 딸아이의 친구와 함께 부엌에 있게 되었던 그날도, 나는 계속해서 몸을 움직이기 위해 힘겹게 애쓰는 중이었다. 그때, 그 아이가 말했다. "오늘 영어 시간에 용기에 관한 글을 써야 했는데, 저는 아줌마에 대해 썼어요."

가슴이 찡하도록 감동이 왔다. 하지만 나는 동시에 좌절감을 느꼈다. 나는 그 아이가 글로 쓸 만큼 절대 용감하지 않았기 때문이다. 인생은 내게 어떤 선택권도 주지 않았지 않았는가. 아니, 어쩌면 나에게 주어졌던 선택지들이 마음에 들지 않았던 것인지도 모른다. 내가 할 수 있는 선택지라곤 그저 계속 살아가거나 다 그만두는 것뿐이었으니까.

때로 우리는 아무런 선택권도 주어져 있지 않다고 느낀다. 어떤 선택지도 보이지 않는다. 자신이 느끼는 대로 행동해야 할 수밖에 없는 경우도 있다. 어느 쪽을 선택하든 다 마음에 들지 않는 경우도 있다. 어느 쪽도 더 좋다고 할 수가 없지만, 한쪽은 전혀 받아들일 수가 없는 경우도 있다. 이럴 수도 없고 저럴 수도 없는 상황이 생기곤 한다. 그런가 하면, 선택지가 너무 많아서 결정을 하지 못하고 혼란스러운 경우도 있다.

선택하지 않는 것이 선택인 경우도 있다.

다른 누군가가 나를 위해 대신 선택해 줬으면 하는 마음이 든다. 선택이 만들어낸 결과에 대해 책임을 지고 싶지 않은 것이다. 하지만 다른 사람에게 나 대신 선택을 하게 하더라도, 그렇게 하도록 허용한 책임은 내가 지지 않으면 안 된다.

모든 선택이 좋기만 하거나 나쁘기만 한 것은 아니다. 좋기도 하고 나쁘기도 한 선택도 있다. 감정과 상황적인 요인이 끼어들 수도 있다. 그리고 이러지도 저러지도 못하는 힘든 결정을 해야 하는 어려움은, 대부분 제발 일어나지 않기를 바라는 그런 일이 발생했을 경우이다. 이때 우리의 선택은 우리의 가장 약한 부분을 건드린다. 우리가 스스로 실수였다고 여겼던 선택이 때로는 우리가 할 수 있었던 최선책으로 판명되기도 하고, 자기 딴에는 고결하게 행동한 것이 역효과를 불러와서 다른 사람들에게 상처를 주고, 그것이 모두에게 예기치 않은 결과를 낳기도 한다.

삶을 통제하는 데에는 가파른 계단을 오르는 것과 마찬가지로 알아차림과 집중된 의도가 필수적이다. 우리가 가진 힘은 얼마나 될까? 우리가 바라는 것보다는 분명 적겠지만, 우리가 생각하는 것보다는 많을 것이다. 인생이 우리를 어떻게 몰아가더라도 우리는 자유의지를 사용하여 우리의 삶을 조각하는 일에 참여할 수 있다.

의식하든 의식하지 못하든, 우리는 지금껏 그렇게 살아왔다.

삶을 통제하는 것은, 회복 중인 알코올중독자들과 마찬가지로 극도로 자유의지를 발휘하여 가파른 계단을 기어올라야 하는 그런 일이 아니다. 깨달은 사람처럼 활짝 밝은 선택을 하기 위해 자유의지를 이용하는 것은, 때로는 우리가 지켜온 소중한 이념을 버리는 일이 될 수도 있고, 상처를 입을 것이 너무나 분명한데도 신을 믿고 나아가는 일이 될 수도 있다. 때로는 우리 스스로 무언가를 행하는 것을 의미할 수도 있다. 대개는 이 두 가지가 동시에 요구된다.

통제의 가장 큰 아이러니는, 통제 불능의 상황에서는 우리가 그것을 알지 못한다는 데에 있다. 우리는 단지 사람들이 정신없이 헤매고 있다는 것을 알 수 있을 뿐이다. 특이한 것은, 우리 스스로 통제가 가능한 때에는, 기이한 일들조차 계획의 일부로 여겨진다는 것이다.

모든 것이 제자리를 찾은 것 같은 느낌을 받아본 적이 있을 것이다. 결과가 어떻게 될지 전혀 알지 못한 상태에서, 그저 모든 것을 다 내려놓고, 신뢰하고, 내맡겼을 뿐인데, 마술같이 놀라운 일이 일어나 우리의 신념이 맞았다는 것을 확인시켜 준다. 그럴 때는, 마치 불을 발견한 것 같은 기분이 든다. 그것도 인류 최초로.

우리는 '그래, 나는 정말로 신을 믿을 수 있어.' 하고 생각한다. 그것은 우리가 원하는 것을 얻었기 때문이 아니다. 우리 대부분이 알고 있듯이, 그 모든 것은 꿈 같고 그림자 같은 것이다. 우리가 신을 믿을 수 있다고 생각하는 것은, 그 순간 보이지 않는 질서, 살아있음, 그리고 만물이 연결되어 있음을 느끼기 때문이다. 일어나는 일들의 배경에서 작용해 온 신비가 얼굴을 드러내는 것이다.

그런 순간들을 더 많이 경험하기를 원하는가? 그렇다면 이 책은 당신을 위한 것이다. 이 책은 13세부터 103세까지 자기 자신과 타인, 그리고 세상과 더 친밀한 관계를 맺기 원하는 평범한 사람들을 위한 선물이다.

우리는 세상이 어떻게 작동하는지에 관한 몇 가지 간단한 비밀에 대해, 그리고 날마다 우리가 직면하는 선택의 순간에 그런 개념들을 적용하는 방법에 대해 살펴볼 것이다. 이것은 여러 종교의 우물로부터, 위대한 정신으로부터, 그리고 실제 사람들의 삶의 이야기 속에서 건져 올린 것들이다. 이들 이야기의 일부는 여러 가지 이유에서 익명으로 약간의 허구를 보태어 각색되었음을 밝힌다. 그러나 사실 그대로 쓴 이야기들도 적지 않다. 중국과 티베트에서 보낸 3개월 동안의 내 이야기들도 함께 엮었다.

대개 나는 핵심이 되는 한 가지 경험을 가지고 책을 쓴다. 하지만 이 책에는 많은 사람들의 경험을 담았다. 그중에는 드라마틱한 경험이라고 할 수 없는 것들도 더러 있다. 하지만 전체 삶에 영향을 미치게 되는 나날의 투지 넘치는 선택을 보여주는 이야기들이 많다. 이들 이야기들은 우리가 신의 인도를 받고 있다는 것을 자각하는 삶에 대해서 큰 방향을 가리켜 보인다.

이 책은, 우리에게 선택권이 있으며 선택할 수 있는 능력이 있다는 (심지어 그렇게 할 수 없다고 느낄 때에도) 사실을 상기시켜 주기 위한, 그리고 그런 선택의 예를 보여주고 탐색하기 위한 핸드북이다. 사실, 우리에게는 여기에 제시된 것보다 훨씬 더 많은 선택이 있을 것이 분명하다. 이 이야기들을 읽으면서 여러분이 직면한 상황에 적용해보고, 나날의 삶에서 마주하는 선택에 대해 의식을 성장시켜 나갈 수 있기를 바란다.

독자 여러분이 처한 상황에 따라 필요한 내용을 선택하여 읽어도 괜찮다. 물론, 일반적인 방법으로 앞에서부터 차례대로 읽어도 된다. 중요한 것은 선택의 개념을 자기 자신의 삶에 구체적으로 들여놓는 일이다.

다른 사람들에게 주어진 선택지들은 오히려 쉽게 알아볼 수 있다. 하지만, 매일같이 우리들 각자에게 주어지는 선택의 순간들을 알아차리고 거기에 따라 행동한다는 것은 결코 쉽지 않은 일이다.

때로 인생은 콘크리트로 만들어진 부츠를 신고 끔찍한 사건의 늪을 헤매는 일처럼 느껴진다. 물론, 우리 중 누군가는 그 과정에서 나름의 대처 방법을 습득하기도 한다. 스스로를 무감각하게 만들어서 극도로 고통스러운 상황을 헤쳐 나가기도 하고, 수많은 드라마를 창조하기도 한다. 그러나 드라마를 지어내는 일은 우리가 원하는 것을 얻게 할 수도 없고, 원하는 곳에 도달하게 하는 것도 아니다.

때로 우리는 혼란스럽다. 우리의 감정은 사물을 꿰뚫어볼 수 있는 우리의 능력을 차단하곤 한다. 우리의 선택 능력이 얼마나 강력한지를, 그리고 우리가 매일 내리는 작은 선택이 우리 삶의 과정과 삶의 질에 얼마나 큰 변화를 가져올 수 있는지를 상기시키기 위해 필요한 것은, 우리를 깨우는 작은 자명종 소리뿐이다.

깨어나라. 방금 알람시계가 울렸다. 우리가 사용하든 하지 않든, 우리는 이미 선물을 받았다. 이미 받은 그 선물을 놓고 우리는 받지 않겠다고 달아나거나 회피할 수도 있고, 자신의 부모나 신을 탓하고 원망할 수도 있다. 그러나 우리가 천사들과 다른 점은, 우리에게는 선택권이 주어져 있다는 것이다.

그것은, 멋지게 포장된 생일 선물이 방 한쪽 구석에 놓여 있는데,

그것이 거기에 있다는 것을 잊어버리는 것과 같다. 이제 일어나서 앞으로 가라. 그리고 포장을 뜯어라. 꺼내서 사용하라.

여기, 자유의지라는 선물이 당신을 위해 준비되어 있다.

제1장

위대한 법칙

때로는 하찮아 보이는 작은 결정이
우리의 운명과 세상의 운명을 바꿀 수 있다.
나비들의 날갯짓 같은 한 가지 선택이
천국이나 지옥으로 들어가게 하는 관문이 될 수도 있는 것이다.

우리는 해변에서 하늘을 바라보고 있다. 하늘이 라벤더와 핑크빛으로 물들기 시작한다. 그때, 커다란 주황색 공이 시야에서 사라진다. 바닷속으로 떨어진 것처럼 보인다.

이런 풍경을 보고 우리는 "아, 해가 지고 있어."라고 말한다. 하지만 해는 지지 않는다. 해는 늘 그 자리에 있다. 지구가 뜨고 지는 것처럼 보이는 것은 지구가 자전을 하고 있기 때문이다.

인생에는 우리가 생각하는 것이나 눈으로 볼 수 있는 것보다 훨씬 더 많은 것이 있다. 우리가 볼 수 있든 없든, 믿든 믿지 않든, 분명한 진실인 것들이 있다. 세상만사가 항상 나타나 보이는 대로인 것은 아니다.

작가들 사이에서 회자되는 옛날 이야기가 있다. 오래전 알래스카 외곽 지역에 살았던 작가에 관한 이야기이다. 어느 날 그 작가는 뉴욕으로 여행을 가기로 결정했다. 여행을 마치고 돌아와서는 사람들에게 자신이 본 것들을 말해주고 싶었다: "뉴욕에는 고층 빌딩이 무척 많아요. 또, 아주 아주 빠르게 움직이는 비행기가 있는데, 비행기라는 이동 수단은 앞에서 끌어줄 개가 전혀 필요하지 않답니다. 여러분은 내가 보고 온 것을 상상할 수도, 이해할 수도 없을 거예요."

이 이야기를 들은 고향 사람들은 콧방귀를 꼈다. 전혀 상상할 수조차 없었기 때문에 작가가 모든 것을 지어내어 거짓말을 하고 있다고 생각한 것이다. 작가는 또다시 뉴욕으로 여행을 떠났다. 그러나 이번에 돌아와서는 예전과는 전혀 다른 방식으로 이야기했다.

"뉴욕은 꽤 괜찮았어요. 길도 몇 군데 나 있고, 여기보다는 좀 더 따뜻해요. 그리곤 뭐 별거 없죠."

작가가 이야기를 마치자, 듣고 있던 사람들은 탄성을 내질렀다. 작가는 사람들이 이해할 수 있는 것, 마음으로 받아들일 수 있는 것, 그리고 믿을 수 있을 만큼 충분히 재미있고 소화하기 쉬운 것만 이야기 한 것이다.

누군가가 우리에게 다가와서, 우리가 자유의지라는 선물을 잘 사용하기만 하면 꿈에 그리던 삶을 살게 될 거라고 말한다면 어떨까? 아마도 그냥 웃어넘기지 않을까? 적어도 나라면 그럴 것이다. 그런 말은 믿어지지 않기 때문이다.

그런데 만약 누군가가 우리에게 이렇게 말한다면 어떨까? 우리가 매일 내리는 선택에 대해 조금 더 잘 생각해 보고, 자유의지라는 선물을 사용하여 조금만 다른 길을 가면, 삶이 지금보다 약간 더 좋아질 것이라고. 그러면 우리는 아마도 앞의 경우와는 달리 쉽게 동의할 수 있을 것이다.

우리는 인과 법칙과 선택의 힘을 이해함으로써 삶을 조금 더 향상시킬 수 있다.

하지만 진실은 이것이다. 조금이 아니라, 아주 많이 바꿀 수 있다는 것.

티베트 여행이 끝나갈 무렵, 여행 가이드였던 라미가 "멜디드, 나와 같이 가요."라고 말했다. (그는 멜로디Melody라고 내 이름을 정확히 발음할 수 없어서, 멜디드라고 부르곤 했다.)

라미는 여러 거리를 지나 라싸Lhasa의 한 수도원으로 나를 데리고 갔다. 거기에는 스님 세 분이 구석에 방석을 하나씩 깔고 앉아 있었다. 또 한 분의 스님은 30대쯤으로 보이는 한 여성의 옆에 앉아, 이 여성이 여러 개의 막대기가 담긴 용기를 흔드는 모습을 지켜보고 있었다. 용기를 계속 흔들자 막대기들 중 한 개가 바닥에 떨어졌다. 막대기들이 담긴 용기는 내가 예전에 즐겼던 어린이용 게임 '픽 업 스틱스 Pick Up Sticks'의 대형 버전을 연상시켰다.

"저 여자는 무엇을 하고 있는 거죠?" 내가 라미에게 물었다.

"쉿. 잘 지켜보세요. 지금 저 여자는 자신의 운세를 보고 있어요." 라미가 대답했다.

여자 곁에 앉아 있던 스님은 막대기가 떨어진 길을 진중하게 바라보고는 여자를 점쟁이 스님들이 모여 있는 구석으로 데리고 갔다.

라미가 말했다. "막대기들에는 티베트 경전 구절을 가리키는 숫자가 적혀 있어요. 떨어진 막대기에 적혀 있는 경전 구절이 바로 저 여자가 품은 질문에 대한 답이 될 거고요."

그 여자가 스님들에게 어떤 질문을 했는지, 나로서는 그저 짐작만 할 뿐이다. 여자는 축 처져 있었고, 걱정이 많아 보였고, 또 슬픈 것 같기도 했다. 인간관계의 문제였을까? 아니면, 경제적인 고민이 있었을까? 자녀 문제가 있었던 건 아닐까? 믿었던 누군가로부터 배신이라도 당한 것일까? 아픈 가족이나 친구가 있다면, 회복되고 있는 중인가,

아니면 죽음을 피할 수 없게 된 것인가? 그녀 자신의 건강은 어떨까? 그녀는 비교적 순탄한 인생을 살고 있을까? 아니면, 그 반대일까?

스님들이 그녀의 운명에 대해 말해 주었지만, 그녀의 기분은 나아지지 않은 것 같았다. 그들은 그녀를 위로했지만, 그녀는 떠날 때 더 슬퍼 보였고, 정신이 나간 것처럼 보였다.

이제 경전이 무엇이라고 말하는지 나의 운명을 들여다볼 차례였다.

나는 막대기가 담긴 용기를 흔들었다. 점을 치고 나자, 스님들은 라미에게 무어라고 말을 건넸다. 라미가 나를 돌아보았다.

"경전은 당신에게 자신이 선택한 것만 행하는 것이 매우 중요하다고 말합니다."

나는 그 말을 머릿속으로 여러 차례 되뇌었다. 내가 인생의 백지수표나 자유이용권이라도 가지고 있단 말인가? 아니면, 내 자유의지를 신을 제외한 다른 어느 누구에게도 넘겨서는 안 된다는 뜻일까? 나는 오래도록 곰곰이 생각한 후에야 겨우 알 것 같았다. 나는 그 말을 '내가 원하는 것은 무엇이든 할 수 있다. 누구라도 그럴 수 있다.'는 뜻으로 받아들였다. 그러나 그건 그 경전 구절이 말하고자 하는 바가 아니었다.

스님들이 말한 것은 "자유의지라는 선물을 존중하고, 인과의 대법칙을 깨달으라."는 것이었다.

모든 일에는 크기가 같고 방향이 반대인 반작용이 존재한다. 아이작 뉴턴이 이 법칙을 밝혀냈지만, 이 법칙은 과학에만 국한되지 않는다. 우리의 행동과 선택, 그리고 영적인 영역에도 적용된다.

우리는 단순히 선택만 하는 것이 아니다. 선택을 하는 순간, 선택이 만들어내는 결과도 함께 얻고 있는 것이다.

우리가 내리는 선택이 그다지 중요해 보이지 않을 때도 적지 않다. 어떤 식으로든 의미 있는 결과를 창출하지 못하는 것처럼 보이기도 한다. 예를 들어 보자. 우리는 9시나 10시에 잠자리에 든다. 그런 것은 사실 별거 아닌 선택처럼 느껴진다. 그러나 우리가 내리는 선택의 대부분은 우리에게만 영향을 미치지 않는다. 다른 사람들에게도 영향을 미친다.

연못에 조약돌을 떨어뜨리는 것 같은 잔물결 효과Ripple Effect가 생기는 것이다.

1960년대에, 수학자이자 기상학자인 에드워드 로렌츠Edward Lorenz는 결코 새롭다고 할 수 없는 발견을 했다. 아무리 노력을 해도, 또 최고의 기상학자 하더라도, 날씨를 정확하게 예측할 수는 없다는 것이다. 대기와 세계에 설명할 수 없는 혼돈이 존재하기 때문이 아니었다. 예측 불가능한 것은, 눈에 보이지 않는 힘이나 사람들이 간과해 온 힘 때문이었다. 알지 못하는 작은 원인으로 인해 일어나려고 하는 태풍이 멈출 수도 있고, 예측하지 못한 태풍이 생기기도 한다.

처음에 로렌츠는 날개를 퍼덕이는 갈매기의 몸짓만으로도 날씨 연못에 잔물결을 일으키게 된다고 생각했다. 그러다가 그는 자신의 이론을 현재 널리 알려진 나비 효과Butterlfy Effect로 이름을 바꾸었다.

중국에서 몇 마리의 나비들이 날개를 펄럭이는 것 같은 미세한 변화라도 미국에 토네이도를 일으킬 정도로 큰 파급력을 가질 수 있다는 것이다. 세상에는 질서가 있다. 하지만 우리가 눈으로 보고 마음으로 이해할 수 있는 것보다 더 많은 원인과 결과가 있기 때문에 우리가 항상 그 질서를 볼 수 있는 것은 아니다.

힘이 작용할 수 있는 충분한 시간이 주어지면, 아주 작은 원인도 점점 커져서 파급력이 큰 결과를 초래할 수 있다. 즉, 관찰 가능한 것과 우리의 예측을 무너뜨리고 방해하는 일이 생겨나는 것이다.

인생에는 원인이 무엇인지 쉽게 파악할 수 있는 일들도 많지만, 반대로 주위를 둘러보며 머리를 긁적이고는 "도대체 왜 그런 일이 일어난 거지?" 하고 의문에 싸이게 하는 일들도 너무나 많다.

이해할 수 없는 일들이 일어나는 원인은 사실 간단하다고 할 수도 있다. 우리가 볼 수 있든 없든, 그런 일이 일어나도록 만드는 어떤 힘이 작용한 것이다. 멀리 떨어진 어딘가에서 나비 한 마리가 날개를 퍼덕였던 것이다.

때로는 하찮아 보이는 작은 결정이 우리의 운명과 세상의 운명을 바꿀 수 있다. 나비들의 날갯짓 같은 한 가지 선택이 천국이나 지옥으로 들어가게 하는 관문이 될 수도 있는 것이다.

어떤 선택을 하느냐에 그렇게도 많은 것들이 달려 있는데도 불구하고, 왜 어느 누구도 무엇이 옳은 일이고, 또 그것을 위해 어떤 선택을 해야 하는지 말해주지 않는 걸까? 우리가 잘못을 저지르면 막대기로 머리를 때리고, 옳은 일을 할 때는 쿠키 같은 것으로 보상을 해주는 누군가가 왜 우리 곁에는 없는 것일까? 결정을 내리는 것들에 대해 우리가 그 결과를 즉시 즉시 예측할 수 없는 까닭은 무엇일까?

마이클 버그Michael Berg는 『도 The Way』에서 이렇게 썼다. "부정적 행위의 결과가 고통과 괴로움으로 즉각 즉각 나타나는 세상이라면, 우리 인생에는 선택이라고 하는 것이 사라지게 되지 않을까?" 우리가 하는 행위의 결과가 너무나 자명하다면, 우리는 쿠키는 얻으려고 하고 막대기는 피하려고 하는, 훈련된 원숭이와 같아지고 말 것이다.

원인과 결과, 그리고 그 사이에서 일어나는 일들에 대한 여러 환상은, 우리의 '자유의지'라는 선물을 보호해 준다.

이번 장에는 인과의 대법칙이 어떻게 작동하는지를 보여주는 이야기가 들어 있다. 사람들이 내린 선택에 관한 이야기를 읽으면서, 이야기에 등장하는 사람들의 상태를 느끼는 수준에서 멈추지 않기 바란다. 우리는 세상의 모든 것, 모든 사람과 연결되어 있다고 할 수 있지만, 무엇보다도 우리가 우리 자신과 연결되지 않으면 우리는 주변 세계와 결코 연결될 수 없다.

삶은 항상 우리가 생각하는 것 이상이다.

당신 자신의 존재 자체를 느껴 보라.

1
아기를 원했던 여자

"여보, 서둘러." 차에 시동을 걸며 남편이 말했다. 셰리는 차에 올라 좌석 깊숙이 머리를 기댔다. 피곤했다. 임신 6개월의 몸으로 집에 페인트를 칠하는 일은 결코 쉽지 않았다. 하지만 셰리는 그 어느 때보다 행복함을 느꼈다.

셰리는 이제 겨우 열여섯 살이다. 아이를 낳고 가족을 꾸리기에는 너무 어린 나이인 것이 분명하지만, 지금의 삶은 셰리가 간절히 원하던 것이었다. 셰리는 마약 전문 병동에서 지금의 남편을 만났다. 치료가 완료될 때까지 거기에 머물러야 했지만 셰리는 무단이탈을 했다. 위탁 가정을 하나씩 거치며 셰리에게 남은 것이라곤 자기 가정을 꾸리고 싶다는 꿈뿐이었다. 평생 사랑하면서 살 수 있는 가족을 갖는 것.

셰리는 한동안 남편의 가족과 함께 살기도 했다. 그러다 마침내, 허술하긴 했지만 자기들만의 작은 아파트를 갖게 되었다. 그들은 낮 동안 함께 일했다. 아파트에 페인트칠을 하고 청소 일을 하며 식비와

각종 청구서를 감당하기에 충분할 만큼 돈을 벌었다.

셰리는 깜빡 졸았는데, 깨어나 보니 구급차에 실려가고 있었다. 진입로에서 빠져나오면서 남편이 주차된 여러 대의 차를 들이받은 것이다.

"몇 년이 지나서야, 남편이 그때 멀쩡한 상태가 아니었다는 것을 알게 됐어요. 남편이 술에 취해 있었다는 것을 모르는 채 차에 타고 있었던 거죠." 셰리가 말했다.

의사들은 셰리의 상태를 점검하고는 셰리도, 뱃속의 아기도 괜찮다고 말했다. 셰리는 퇴원했다. 그리고 두 달 후, 아기가 태어났다. 예정보다 한 달 일찍.

"처음에 의사들은 단지 내 딸이 느리다고만 생각했어요. 그런데 발작이 시작됐어요. 캔디가 다섯 살 때 사회복지사가 찾아왔는데, 저는 의사의 말을 그대로 전했지요. 아이가 조금 느리다고. 그런데 사실 캔디는 스스로 뭘 먹을 수가 없었어요. 앉을 수도, 기어 다닐 수도 없었고, 엄마라고 말하지도 못했지요. 앞으로도 쭉 할 수 없을지도 몰라요. 캔디가 할 수 있는 것이라고는 머리를 들고 있는 것뿐이지요. 사고로 인해 캔디는 태반에서 분리되어 영양을 제대로 공급받지 못했고, 그래서 간질과 지체장애가 나타난 거지요. 의사들은 캔디가 오래 살지 못할 것이라고 말했어요. 그런데 지금 캔디는 스물일곱 살이고, 다섯 살 때부터 기관에서 살고 있어요. 그 차에 탔던 일이 내 인생을 송두리째 바꾸어 놓았습니다."

내가 딸의 집 부엌에서 샐러드를 만들려고 토마토를 자르고 있을 때였다. 딸은 자신의 아들 줄리안에게 난로가 뜨거우니 만지면 안 된다고 가르치고 있었다. 자신의 아이를 보호하려고 애쓰고 있었다.

"엄만 무슨 생각을 그렇게 하고 있어요?" 하고 딸이 물었다.

"그냥 서 있어. 나는 내 아들을 충분히 보호하지 못했다는 죄책감을 느끼면서. 그때 스키를 타러 가도록 허락하지 말았어야 했는데 말이야. 그것 때문에 그 아이의 인생이 끝나버렸잖니."

대답을 하고는 나 스스로도 흠칫 놀랐다. 그런 생각은 내 마음속에서 끊어지지 않고 이어져 온 배경 음악 같은 것이었기 때문이다. 딸의 질문으로 인해 입을 열어 죄책감을 고백하기 전까지는, 내가 그런 생각을 했다는 것조차 알아차리지 못하고 지냈다.

"바보 같은 소리 하지 마세요. 그건 사고였잖아요." 딸이 말했다.

"그래, 알아." 내가 말했다. "하지만 그렇다고 해서 죄책감이 사라지지는 않지."

우리 중 많은 사람들은 두고두고 후회할 결정을 하곤 한다. 순간의 선택으로 우리 인생이 송두리째 바뀌는 일이 적지 않다. 우리는 결코 앞으로 되돌아갈 수가 없다. 앞으로 나아가는 길이 있을 뿐이다.

때로 이러한 결정은 알코올 중독과 같은 고질적인 문제로 이어지기도 한다. 때로는 운명의 손에 의해 놀아나고 있는 것처럼 여겨지기도 한다. 다른 사람이나 상황이, 우리 인생의 방향을 선택하는 것처럼 보이기도 한다.

어쩌면 우리는 아이들에게 "저 난로에 손대지 마. 뜨거워!"라고 가르치는 것 이상의 것을 가르쳐야 할지도 모른다. 카르마의 대법칙,

인과의 원리를 더 가르쳐 주어야 할지도 모른다.

신께 용서를 받는 것은 차라리 쉽다.
우리가 해야 할 일의 전부는 진심을 다해 묻는 것이다.
어려운 것은, 다른 사람을 용서하고 자기 자신을 용서하는 일이다.

2
코벤트리에서 있었던 '슬픔의 일주일'

1969년, 영국 코벤트리에서 일주일 동안에 벌어진 일이다.

코벤트리에 살던 두 명의 소년—빌리와 케네스—이 3일 간격으로 사망했다. 사이먼 스티븐스 목사는 23세 밖에 되지 않은 젊은 청년으로, 소년들이 사망한 병원의 부목사였다. 스티븐스 목사는 빌리의 부모와 이야기하는 동안 케네스라는 이름을 가진 또 다른 소년도 최근에 사망했다는 사실을 언급했다. 케네스의 부모에게도 마찬가지로 빌리의 죽음에 대해 알렸다.

그것은 작은 몸짓이었고, 작은 선택에 불과했다.

케네스의 부모인 롤리 가족은 빌리의 장례식에 꽃을 보냈다. 그런 다음 빌리의 가족과 케네스의 가족은 언제 함께 모여 차라도 한잔 하며 아들들에 대한 추억을 나누기로 약속했다.

두 가족의 만남은 스티븐스 목사에게는 기쁜 소식이 아닐 수 없었다. 그들은 서로를 도울 수 있었고, 그 과정을 통해 스스로를 도울 수도 있을 것이다.

그 만남은 여러 차례 이어졌고, 부모들은 함께 차를 마시면서 일상을 나누기 시작했다. 자녀를 먼저 떠나보낸 부모들은 오랜 시간 동안 슬픔에 빠져 지내기 쉽다. 시간이 좀 더 흘러, 스티븐스 목사는 그들의 작은 모임을 다른 사람들에게도 공개하자고 제안했다. 빌리와 케네스 가족은 모두 동의했다.

얼마 지나지 않아 다른 커플이 모임에 합류했다.

2001년까지 미국에서는, 매년 이 나라에서 사망하는 22만 5천 명의 어린이, 청소년의 부모들이 600회가량 모임을 가졌다. 전 세계 12개국에서는 수백 회 이상의 모임이 열렸다. 모임은 종교를 초월하여 자유롭게 이루어졌다.

'슬픔을 함께하는 친구들 The Society of Compassionate Friends'은 이렇게 공식적으로 시작되었다.

같은 일을 겪고 있는 사람들끼리 이야기하는 것은 서로에게 큰 도움이 된다.

영국 코벤트리에서 일주일 동안 세 사람이 내린 작은 선택이 세상을 바꾸었다.

우리는 성공의 정점에 도달하기 위해 애쓰며 달려간다. 그러나 그 과정에서 할 수 없을 것 같은 좌절감에 주저앉는 경우가 너무나 많다.

우리가 세상을 긍정적인 방식으로 뒤흔드는 일들은 대부분 우리가 좋은 느낌으로 하게 되는 일상의 작은 선택에서 시작된다. 카드를 보내고 전화를 거는 것처럼 가슴에서 우러나오는 작고 순수한 일, 사랑으로부터 비롯된 일에서부터 시작되는 경우가 많다.

세상에서 우리가 느낄 수 있는 최상의 기분 중 하나는, 우리의 애씀이 신의 인도와 축복을 받고 있는 것처럼 느껴지는 순간이다. 그럴 때면 나 스스로가 신의 의도와 딱 맞아떨어지는 선택을 한 것처럼 느껴진다. 그러나 우리가 성공의 금메달을 따기 위해 손을 뻗을 때는 이런 일이 좀처럼 일어나지 않는다. 그보다는 오히려, 다른 사람을 돕기 위해 손을 뻗을 때 최고의 기분 좋은 순간이 찾아오는 경우가 많다.

'슬픔을 나누는 친구들'은 이렇게 보고한다. "가족을 오래전에 잃은 사람들이 최근 사별한 사람들에게 다가가면, 안으로 향하던 그들의 에너지가 바깥으로 흐르기 시작하고, 그래서 양쪽 다 치유의 경험을 하게 된다."

이 원칙은 비단 슬픔을 겪고 있는 사람들에게만 국한되는 것은 아닐 것이다.

섬김은 성공에 이르기 위한 핵심 열쇠이다.

3
진실의 순간

“아마 그녀는 모를 거야.” 그렉이 알렌과 통화하면서 말했다. “너는 정말 내가 그 사람한테 말해야 한다고 생각하는 거야?”

그렉은 알렌의 대답을 듣지 않고도 알 것 같았다. 당연히 그렇다는 얘기일 테지.

알렌은 “친구, 이번에는 독하게 마음 먹어야 해.” 하고 말하고는 “아내한테 화내지 말고 그냥 솔직하게 말하고, 사과해.”라고 덧붙였다.

그렉은 전화를 끊고 운전에 집중했다. 그는 레스토랑에서 세레나를 만났던 밤을 떠올렸다. 당시 그렉과 아내는 몇 가지 문제를 겪고 있었고, 지금은 그 문제를 해결하기 위해 상담을 받기 시작한 상황이었다. 그렇게 꼬였던 문제가 조금씩 풀리고 있었다. 사실 세레나와는 몇 달 전에 헤어졌고, 따지고 보면 그렉 자신에게는 그 일이 그렇게까지 큰 의미가 있는 것도 아니었다. 그러나 지금은 상황이 달라졌다. 세레나가 그렉의 아내에게 모든 것을 폭로하겠다고 선언한 것이다.

알렌의 말이 옳았다. 아내 말리스가 어차피 알게 될 거라면 아무래도 자신에게 직접 듣는 편이 나았을 것이다.

그렉은 집에 도착해 차고에 차를 세웠다. 손에서 땀이 났다. 어떻게 해야 할까? 그냥 다 불어버리면, 과연 괜찮을까?

그렉이 부엌으로 들어가자, 말리스는 그렉의 뺨에 키스를 했다. 그렉은 임신 5개월에 접어든 말리스의 배를 가볍게 만졌다.

딸이 달려와서 그렉의 다리에 매달리며 말했다. "아빠. 아빠가 집에 와서 좋아요."

그렉은 딸을 바라보고, 다음에는 아내를 바라보았다. 도대체 이 모든 것을 잃을 위험을 무릅쓰고 무슨 생각을 했던 걸까?

"말리사, 우리 얘기 좀 해." 그렉이 말했다.

우리는 우리가 만들어낸 결과에 스스로 당하고 마는 끔찍한 순간을 경험하곤 한다. 가슴 속에는 후회와 두려움만 가득하고, 차마 입이 떨어지지 않는다. 나 역시 그런 순간을 여러 번 경험했다. 그리고 이런 일을 경험할 때마다 무엇보다 힘든 것은 '누가 이런 일을 저질렀지?'라는 물음에 '내가 그랬다'고 대답을 해야만 한다는 것이었다.

자신이 저지른 일이 진심으로 후회스러울 때가 있다. 잘못을 후회하면서도 그 일이 들통난 것이 원망스럽게 느껴질 때도 적지 않다.

어떤 이들은 복수심에 사로잡혀 자신이 얼마나 상처받고 아팠는지를 보여주기 위해 일종의 되갚아주기 게임(인과의 게임)을 하기도 한다. 물론, 그냥 실수를 하는 경우도 많다. 자기 자신을 도저히 통제할 수가 없어서 잘못을 저지르기도 한다. 드라마 중독에라도 빠진 것처럼 너무 많은 두려움과 후회의 순간을 반복적으로 만들어내고 있다면, 뭔가 아주 중요한 원인이 작용하고 있다고 보아야 한다.

우리는 선택과 결과 사이에 걸리는 시간 때문에 인과의 게임이 긴밀하게 연결되어 작용한다는 것을 한눈에 알아보지 못한다. 하지만 우리가 선택을 하는 순간, 우리는 거기에 이어지는 결과도 함께 만들어 낸 것이다. 스스로를 속이지 말아야 한다.

모든 것은 자업자득이고, 누워서 침 뱉기다.

인생에는 간단하지만 입을 열어 말하기가 쉽지 않은 일들이 있다. 더 이상 상처를 주지 않으려면, 그저 입을 열어 진실을 말하라.

우리 자신과 우리의 선택이 만들어내는 결과에 대해
스스로 책임지는 선택을 하는 것은 힘든 일처럼 보이지만,
그런 선택은 우리를 진실로 자유롭게 해준다.

4
최악의 퇴근길

로버트는 스바루를 몰고 일터에서 집으로 돌아가고 있었다. 정확히 5시 35분이었다. 로버트는 좋아하는 노래를 들으려고 라디오 채널을 돌리다가 결국 다 마음에 들지 않아 라디오를 끄고는 카세트 테이프를 틀었다.

그는 '주님은 얼마나 위대하신가'를 따라 불렀다. 지난 한 해 동안은 하나님의 축복이 쏟아졌던 것 같았다.

10년 전, 로버트는 이혼을 했다. 다시는 행복해질 수 없을 거라고 생각했지만, 그래도 언젠가는 사랑하는 누군가와 함께할 수 있기를 바라는 마음이었다. 그러다 로즈마리가 그의 삶 속에 들어왔다. 로버트의 꿈이 이루어진 것이다.

로버트는 재혼 가정이 갖는 문제에 대해 많은 이야기를 들었다. 하지만 로버트 자신에게는 아무 문제가 없는 것 같았다. 로버트에게는 자기 목숨처럼 사랑하는 세 자녀가 있었고, 자녀들 역시 아빠를 많이 사랑했다. 하나님을 믿고 옳은 일을 하면 모든 것이 다 좋아진다는 이야기가 실감이 났다.

로버트는 집 모퉁이를 돌아 천천히 진입로로 들어섰다. 가을이었다. 가로수의 나뭇가지에는 낙엽이 다 떨어지고 거의 남아 있지 않았다. 추운 날씨였지만 차 안은 따뜻했다.

하지만 그다음 순간에 벌어진 일들은 로버트 자신도 믿을 수가 없었다. 그 일은 로버트의 기억에 아로새겨져서 그의 머릿속에서 되풀이 상연되었다.

로버트는 진입로 안으로 더 이상 운전해 들어갈 수가 없었다. 온갖 물건들이 가득 쌓여 있었기 때문이다. 도대체 이 물건들은 다 뭐지? 조금 더 가까이 가보았다. 모두 로버트의 것이었다. 옷과 소지품들이 던져져 더미를 이루고 있었다.

로버트는 현관으로 달려갔다. 가슴이 쿵쾅거렸다. 로즈마리가 문을 열었다. 그녀는 지난 1년 동안 매일 그랬던 것처럼 그 자리에 서 있었지만, 자신을 향한 눈빛은 완전히 달라져 있었다. "가버려. 우린 끝났어. 나가. 우리는 끝났다고! 더 이상 당신과 살고 싶지 않으니까 나가."

로버트는 곧 자신이 살 아파트를 얻어 나가긴 했지만, 그가 할 수 있는 말은 '왜, 왜, 왜?' 하고 묻는 것뿐이었다. 로버트의 친구들은 이런 일이 일어난 이유가 분명히 있을 거라고 말했지만, 정작 로버트 자신은 그 이유를 짐작조차 할 수 없었다. 회사에서도, 자려고 누워서도, 머릿속에서는 마지막 장면이 계속해서 재생되었다. 집 앞 진입로로 들어섰다가 차를 멈춰 세우고 보게 된 장면—자신의 모든 물건이 무더기로 쌓여 있는 그 광경은 불시에 그를 고문하곤 했다. 그는 술을 마시지 않았다. 담배도 피우지 않았다. 배려심도 깊었다. 아무리 생각해도 좋은 남편이자 아버지였다.

"도저히 이해가 안 돼." 그는 친구들에게 말했다. "원인이 뭔지 모르겠어!"

셀 수도 없이 전화를 걸어 봤지만 로즈마리는 받지 않았다. 그러던 어느 날, 그의 의붓아들이 전화를 걸어 왔다.

"아빠, 보고 싶어요."라고 말하고는, "왜 떠났어요? 집에 올 거예요?" 하고 물었다.

"나도 그러고 싶어." 로버트가 말했다.

로즈마리가 다른 남자를 만나기 시작했을 때, 로버트의 친구 잭이 말했다. 로버트가 이 어려움을 극복하는 데 도움이 될 수 있는 두 가지 작은 규칙이 있다고.

"어리석은 짓은 하지 마. 다른 사람에게 상처를 주는 일도 하지 말고, 자신을 해치지도 마."

"하지만 로즈마리랑 나는 진짜 사랑했어." 로버트가 말했다. "로즈마리는 나를 얼싸안고 내가 자신에게 얼마나 큰 의미인지, 그리고 이전에는 이런 느낌을 받아본 적이 없다고 말했어."

"내가 전에도 말했던 거 같은데 다시 말할게." 잭이 말을 이었다. "어쩌면 이번에는 그냥 스쳐가는 인연이 아니었을지도 몰라. 그 이상이었을 수도 있지. 그런데 로즈마리는 조울증이야. 이건 로즈마리 본인의 문제이지, 결코 네 잘못이 아니라고."

로버트는 심리치료사를 찾아갔다. 교회에 가서 기도도 했다. 그리고 마음이 어느 정도 진정되기 시작할 무렵, 로즈마리로부터 전화가 왔다.

"당신 말이 맞아. 내가 틀렸어. 내가 잘못했어." 로즈마리가 말했다.

"사랑해. 그리고 미안해. 치료도 받으러 다닐 거야. 집으로 돌아와 줄 수 있어?"

로버트는 로즈마리가 이렇게 말해주기를, 자신의 옷과 살림살이가 집 앞에 무더기로 쌓여 있던 것을 본 그날부터 간절히 바라고 또 바라왔다. 로버트는 아내가 있는 집으로 서둘러 돌아갔지만, 그저 집으로 돌아가는 것으로는 충분치 않다는 것을 금세 깨달았다.

로버트의 마음속에는 그날 집으로 운전해 가던 장면이 계속해서 떠올랐다. 이별의 아픔은 끝났지만, 아픔이 완전히 사라진 것은 아니었다. 아무 일도 일어나지 않은 척하며 살아가려고 애썼지만, 아무래도 감출 수가 없었다.

그녀가 그런 짓을 나에게 한 번 했다면, 언제 또 할 수 있을지도 몰라, 하는 생각이 매일같이 찾아왔다. 모든 상황이 그때와 똑같지 않음에도 불구하고.

로버트는 자신의 삶을 아무 일도 일어나지 않은, 그 일이 있기 전으로 되돌리고 싶었다. 하지만 그것은 그가 아무리 간절히 원해도 결코 이루어질 수 없는 바람이었다.

어느 날 나는 친구와 함께 풍광 좋은 길을 운전해서 가고 있었다. 친구는 사진을 좀 찍고 싶다며 차를 길 옆에 세워 달라고 부탁했다. 그때 '정차 금지'라고 적혀 있는 표지판이 시야에 들어왔다. 흠, 나는 잠시 생각하다 속도를 줄이고 차를 아주 천천히 몰면서 사진을 빨리 찍으라고 하면 될 거라는 결론에 도달했다. 그 생각이 끝나기가 무섭게 고속도로 순찰대가 와서 창문을 두드렸다. 나는 창문을 내렸다.

"무슨 문제가 있나요?" 그가 물었다. "표지판을 보지 못한 건가요, 아니면 그냥 무시하기로 결정한 건가요?"

나는 으레 운전하다 경찰에게 적발된 사람들이 그러듯이, 솔직하게 대답하기를 거부하고 변명을 늘어놓았다. 주차한 것은 결코 아니며, 어찌 되었든 나는 운전을 해서 서서히 가고 있는 중이었다고. 하지만 솔직한 대답은 이랬다. 나는 표지판을 무시했고, 법은 어겼지만 걸리지 않기를 바랐다는 것.

예전에도 이런 일이 있었다.

공동의존 codependent* 관계에서 벗어나지 못하던 시절, 나는 무언가를 간절히 바라면서 그에 걸맞게 현실이 변했다고 생각하곤 했다. 나는 내 인간관계에서 나타나는 모든 징후(표지판)—만약 지금 그 징후들을 알아차렸다면 도망가고도 남았을 것이다—를 보았다. 그러나 그때 나는 그 남자가 실제로 어떤 사람인지는 별로 신경 쓰지 않았다. 그저 내가 배우자에게 바라는 환상을 투영시켜 그것을 바탕으로 관계를 맺었다. 그러면서 간절히, 내가 바라고 원하는 모든 것이 신에 의해 이루어지기를 바랐다. 나는 그 모든 것을 신의 뜻이라고 확신했다.

나는 기다렸고, 기도했고, 또 옳은 일을 행했다. 그러니 내게 보상이 주어지는 건 당연하다고 생각할 수밖에! 그러다 어느 순간부터 강박적으로 나는 질문을 하기 시작했다. 마치 로버트가 계속해서 '왜?'라는 질문을 던졌던 것처럼. 나 역시 계속해서 물었다. 내가 나 자신을

---

* 자신을 필요로 하는 상대로부터 자신의 존재가치를 느끼고 이를 위해 자신 또한 상대방에게 의존하게 되는 증상, 또는 그러한 인간관계에 붙잡힌 상태를 일컫는 말. 공의존(共依存), 상호의존으로도 번역된다. (이하 모두 옮긴이 주)

얼마나 아프게 했는지를!

한동안 힘든 나날이 계속되었다.

사랑하는 사람에게 문제가 생기면, 고통스럽다. 꿈을 잃으면, 마음이 아프다. 그러나 나는 신으로부터 영원한 행복을 보상받는 사람은 거의 본 적이 없다. 심지어 그 사람이 영적으로 대단히 훌륭한 사람이라 할지라도.

관계는 힘든 일이다. 어떤 관계는 잘 굴러가는 것 같지만, 또 어떤 관계는 전혀 아니다.

혹시 표지판을 보지 못했는가?

알아차림은 선택이다.

5
풀릴 때까지 반복되는 문제, 카르마

샐리가 교회를 막 나서고 있을 때, 케빈이 샐리를 불러 세웠다. "혹시 들었어? 마크가 돌아왔어."

"마크?" 샐리가 반문했다. 샐리는 아무렇지 않은 척하려고 했지만, 마크의 이름을 듣는 것만으로도 그녀는 더욱 살아 있는 듯한 느낌을 받았다. 그 남자—천사인지 괴물인지 어쨌든 발이라도 달린 것처럼 계속 그녀를 쫓아다니는 카르마Karma—는 샐리의 평생 사랑이었다. 그들은 여러 해에 걸쳐 만나고 헤어지고를 반복했다. 매번 재난이라도 겪는 것처럼 괴로웠지만, 헤어진 후 다시 마크를 만나게 될 때마다 샐리의 머릿속에는 작은 희망의 목소리가 울렸다. "이번에는 우리가 잘할 수 있을지도 몰라."

"무슨 일이 있대?" 샐리가 가까스로 말을 꺼냈다. "그러니까, 다시 이사 온 거야, 아니면 잠깐 다니러 온 거야?"

샐리는 입술을 깨물며 더 이상 질문을 하지 않아도 마크에 대해 원하는 정보를 얻을 수 있게 해달라고 기도했다. 그리고 몇 초 만에 하나님은 샐리의 기도에 응답했다. 마크가 묵고 있는 호텔 이름과 위치를 알게 된 것이다. 샐리는 친구가 옆에서 열심히 수다를 떨고 있는 동안에도, 어떻게 하면 마크를 만날 수 있을지를 궁리하고 있었다.

'전화를 걸 순 없어. 호텔 로비에 앉아 잡지라도 보는 척하면서 마크가 나올 때까지 기다리는 건 어떨까? 이 정도는 스토킹이라고 할 수가 없지. 내가 어디에 있으면 좋을지 전략을 세우는 것 정도지.'

집에 돌아온 후에도 샐리는 계속 거실을 서성거렸다.

어떤 이유에서인지는 모르겠지만, 어쩐지 마크와는 항상 끝내지 못한 일이 남아있는 것 같은 느낌이 들었다.

'그건 네가 마크를 진짜로는 떠나보내지 않았기 때문이야.' 하고 조용한 이성의 소리가 말했다. '너는 마크가 지금의 마크가 아닌 전혀 다른 사람이 되게 해달라고 계속해서 바라고 기도하잖아. 그것은 마스크를 벗은 다스 베이더*가 "루크, 내가 네 아버지야. 네 아버지의 환생이야."라고 속삭이는 것이나 마찬가지야. 그러면서 너는 마크를 더 나아지게 만들려고 노력하고 있어. 하지만 마크는 그걸 몰라.'

'닥쳐.' 하고 샐리는 내면에서 들려오는 소리를 향해 외쳤다. '너는 이해할 수 없어. 우리는 오랫동안 함께 춤을 추어 왔어. 이건 진정한 사랑이야. 진짜라고.'

'아무리 오랜 시간을 함께 했더라도 멍청한 짓만 반복했다면 그 시간만큼 사랑이 깊어졌다고 말할 수는 없는 거야.' 이성의 소리가 대답했다. '그건 뭔가를 아는 데 오랜 시간이 걸렸다는 뜻일 뿐이니까.'

---

* Darth Vader: 스타워즈에 등장하는 군주. 제다이 기사단의 일원이었지만 타락하여 그들을 배신하고 다스 시디어스 황제를 필두로 한 은하 제국과 손잡았다. 아버지가 자신에게 살해당한 루크 스카이워커라는 젊은 제다이와 대면한다.

샐리는 한동안 전화기를 바라보았다. 자동차 열쇠도 한참이나 바라보았다. 마크에게 전화를 걸지도 않았고, 그가 묵고 있다는 호텔로 찾아가지도 않았다. 그 대신 그녀는 책상 앞에 앉아 서랍을 열고 편지 한 통을 꺼냈다. 샐리 자신이 자신에게 썼던 편지였다.

샐리에게

너를 매우 아끼고 염려하는 마음으로 이 편지를 써. 정말로 네가 걱정이 되거든. 특히, 마크와 연루될 때는 더욱 그래. 그 관계는 너나 마크에게 모두 상처를 주고 있어.

지난번에 무슨 일이 있었는지 기억하지? 몇 주, 몇 달 동안 계속되었던 싸움, 울음, 그 모든 미친 짓거리들… 나는 네가 좋았던 몇몇 기억들을 선택적으로 떠올리기보다는, 마크와 함께 지내는 것이 정말로 어땠는지를 기억하길 바라.

마크를 생각할 때 네가 떠올리는 것은 진짜 기억이 아니야. 그건 그냥 기분 좋은 회상일 뿐이라고. 현실은 그것과 아주 달랐다는 것을 기억하길 바라.

지금 네가 이 편지를 읽고 있다는 건, 어쩌면 마크를 다시 만나고 싶기 때문일지도 몰라. 그래도 혹시 뭔가 더 나은, 지금까지와는 좀 다른 짓을 하고 싶다면, 너는 분명 그렇게 할 수 있을 거야. 그것을 잊지 말아. 하지만 마크와 다시 만나 싸움과 미친 짓거리를 또다시 반복한다면, 너는 결코 변할 수 없어. 같은 일이 100번 발생했다면, 그 일이 101번째 일어날 가능성은 아주 높다고 할 수 있지. 비록 101번째 일이 아주 먼 미래에 일어난다고 해도 말이야.

마크를 만나러 가기 전에, 아주 잠깐만 시간을 좀 가졌으면 좋겠어. 그리고 마크를 다시 만나게 되어 단순히 기쁘다는 감정 말고, 정말로, 정말로 너 자신이 어떻게 느끼는지를 잘 지켜보길 바라. 사실 마크는 거짓말을 자주 하고, 또 너무 잘해서, 그 자신도 그것을 마치 진짜인 것처럼 믿어버리곤 하지. 너도 마찬가지고 말이야. 마크는 너를 참 많이 괴롭혔어. 네 마음을 가지고 놀았어. 너를 미치게 하고 두려워하게 만들었잖아.

너는 지금의 네가 되기 위해 참 열심히 애썼지. 마크와 함께 롤러코스터에 타기 위해 지금의 평화를 모두 버릴 작정이야?

마크와 함께하는 환상이 모두 흘러가 버리도록, 그렇게 너의 과거가 이제는 정말로 과거가 되도록 놓아 버려. 그래도 괜찮아. 마크도 최선을 다해 너를 사랑했어. 하지만 이제는 정리할 시간이야. 이제는 너 자신을 더욱 사랑할 시간이야.

훗날 샐리는 그날을 회상할 때마다 '정말 큰일 날 뻔했었지.' 하고 생각했다. 그날로 정말 종을 칠 수 있었던 것이다. 그때 일을 떠올리면 기분이 좋았다. 시간은 좀 걸렸지만, 샐리는 마침내 자신이 창조하기를 원하는 것을 선택함으로써 자신의 미래를 바꿀 수 있었던 것이다.

나는 냄비를 가스레인지 위에 올려놓고 불을 약하게 켰다. 그리고 '아, 냄비가 깨지지 않아야 할 텐데.' 하고 생각했다. 오후 내내 나는 일을 하면서 미트볼과 마리나라 소스를 만들었다. 그날 일과도 거의 끝나가고 있었고, 모든 것이 만족스러웠다. '조금만 더, 조금만 더

놓아두어야지. 이제 거의 다 됐어. 곧 먹을 수 있을 거야.'

나는 얼굴을 찡그렸다. '냄비가 깨지지 않아야 할 텐데.' 나도 모르게 그런 걱정을 하고 있었다.

30분 후, 전화를 받고 있는데 펑 하고 터지는 소리가 났다. 냄비가 깨졌고, 두 동강이 났다. "내가 이럴 줄 알았다니까." 통화 중이던 친구에게 말했다. 그런데 그는 "아니야, 넌 몰랐어." 하고는, "네가 알았더라면 굳이 배울 필요도 없었을 거야."라고 덧붙였다.

중요한 것은, 다른 사람들이 우리에게 '알아야만 한다'고 말하는 것이 아니다. 진짜로 터득하여 우리 자신의 피와 살이 되게 하는 것이다. 거기에 더 이상 가야 할 필요가 없다면, 우리는 가지 않을 것이다. 그때까지는, 아직 끝난 것이 아니다.

어떤 사람들은 배움이 힘든 길이라고 말한다.

원인—결과, 원인—결과, 원인—결과. 그러다가 갑자기 환하게 불이 켜진다. 인생은 더 이상 나를 고문하지 않는다. 그 모든 것을 다 내가 창조해 왔다는 것을 이제 나는 안다.

축하한다. 당신은 수업을 마쳤다. 다음에는 무엇이 기다리고 있을까?

어떤 선택은 너무 작고 별것 아닌 것처럼 느껴져서 자신이 선택을 했다는 것조차 인식하지 못하고 지나가기도 한다. 속도를 늦춰라. 심호흡을 하라. 여유를 가져라.

건성건성 지나치지 말고, 매 발걸음마다 깨어 있으라.

6
그녀는 설명했어야 했다

그녀는 아기의 눈을 들여다보며 천천히 말했다. 에리카는 그 어느 때보다 정신이 말짱했다.

"이건 네 문제가 아니야." 에리카가 말했다. "내 잘못이야. 너는 아무 잘못이 없단다. 나는 내 자신을 돌보는 방법도, 너를 사랑하는 방법도 몰랐어. 술과 마약에 완전히 빠져 살았지. 너는 나보다 더 나은 삶을 살 자격이 있어."

그때 간호사가 방으로 들어왔다. "시간이 다 됐어요, 에리카. 차라리 아기를 보지 않는 편이 좋았을 텐데 말이에요. 점점 더 힘들어질 거예요."

에리카는 아들을 간호사에게 넘겨주었다. 간호사가 아들을 데리고 나가는 모습을 차마 볼 수 없어 시선을 돌렸다. 아들을 임신하고 있는 동안 에리카는 자신이 처음으로 다른 사람의 미래를 위해 무엇이 가장 최선일지를 생각하고 있다는 것을 알았다. 그 생각은 그녀 자신에게도 위안이 되었다.

에리카는 오랫동안 기도하지 않았다. 하나님이 자신의 기도를 들으실 거라는 확신도 없었다. 그런 그녀가 아들을 입양한 부모에게 한 말이다. "제 아기를 잘 돌봐주세요. 아들이 나를 생각할 때마다 내가 자기를 사랑하지 않아서 입양 보낸 것이 아니라고 말해주세요. 그리고 그것이 내가 한 일 중에서 가장 '애정을 담은 결정'이었다고 말해주세요."

심장에 대한 몇 가지 검사를 받고 있을 때, 의사가 나에게 물었다. "통증이 어느 정도나 됩니까?"

"1부터 10까지 중에서요?" 내가 묻자, 의사가 고개를 끄덕였다.

나는 내 통증이 어느 정도인지에 대해 빠르고 꽤 객관적인 분석을 내놓았다. "그건 쉽죠." 내가 말했다. "2단계 정도."

나는 비디오 모니터 화면에 영상이 천천히 나타나는 것을 보았다. 심장이 펌프질을 하며 뛰고 있었다. 이것은 단순한 근육이나 장기가 아니었다. 그것은 우리가 누구인지를 말해주는, 사랑을 말해주고 영적인 길을 가리켜 보여주는 영성 철학의 집합체였다. 그건 심장이었다. 가슴이었다. 그냥 심장이 아니라, 바로 나의, 내 심장이었다.

"아직도 잘 작동하고 있다니, 기적 같아요." 내가 말했다.

나는 내 심장에 경외심마저 은밀하게 느끼고 있었다.

우리의 마음은 혼란스럽다. 상처를 받기도 한다. 어떤 때는 심장의 근육이 꽉 조여지도록 그 한계까지 몰아가기도 한다. 우리는 때로 우회도로를 선택하는 '힘든 결정'을 해야 한다. 사람들은 흐름을 따르라고 말한다. 하지만 느낌이나 원하는 것과는 반대의 결정을 해야 할 때도 있고, 그럴 경우에는 시간이 걸린다. 큰 그림을 보는 것이 필요하고,

그러기 위해서는 시간이 걸리기 때문이다.

그러나 그런 결정은 삶의 전환점이자 중요한 시점이 되며, 종종 나를 넘어서 다른 사람들의 삶에까지 영향을 미친다. 이런 결정은 때로 너무 작게, 별것 아닌 것처럼 보이기도 한다. 물론 우리 자신을 압도할 만큼 거대하게 다가오기도 한다. 그러나 우리가 아는 것이라곤 당장 느끼는 고통의 척도를 1부터 10까지 평가하는 것뿐이다.

힘든 결정을 하기 위한 부름의 소리를 듣기 위해서는 우리의 심장(가슴)을 평범한 근육이 아니라 '신이 깃든 자리'라고 여기고 거기에 귀를 기울여야 한다.

참담한 상황에 처해 있는가? 머릿속이 복잡한가? 술에 의존하여 비명을 지르면서 계속해서 끔찍한 길을 갈 것인가, 아니면 도움을 청할 것인가? 결혼 생활을 유지할 것인가, 헤어질 것인가? 가도록 내버려둘까, 아니면 붙잡을까? 옳지 않다고 생각하는 일을 할 것인가, 아니면 힘들지만 옳은 일을 할 것인가? 용서할 것인가, 계속 분개할 것인가? 계속 갈 것인가, 그만둘 것인가?

한 가지 옵션은 받아들일 수가 없고 다른 옵션은 그다지 내키지 않는다면, 선택에 앞서 붙잡고 씨름하고 기도해야 한다. 에너지를 최대한 끌어모으라. 자신이 하고 있는 일과 그 이유를 할 수 있는 만큼 최대한 명확하게 파악하라. 그리고 해야 한다면, 선택의 이유에 대해 설명을 하라. 그리고 과감하게 선택을 하는 것이다.

필요하다면, 에리카처럼 보고 싶지 않은 것에는 시선을 돌려도 된다. 힘든 결정은 마주보기가 때로 너무 고통스러우니까. 그러나 고통은 점점 희미해지고 괜찮아질 것이다. 지금 당장은 아니겠지만.

느낌이 중요하다. 온전히 느껴라. 그리고 그 느낌을 발산하라. 순수한 의도—순수한 부분이 아무리 작더라도—에 따라 행동하는 것은 자유의지라는 선물을 가장 훌륭하고 강력하게 발휘하는 일이다.

이것은 산을 옮길 수 있는 방법에 대한 이야기만이 아니다. 산 정상에 오르려면 순전한 마음으로 해야 한다는 것이다.

어떤 상황에 처해 있더라도
결과에 연연하지 않고 사랑을 위한 계기로 삼는 데에
너무 늦은 때란 없다.

7
일등석

마리사는 스팸 메일을 정리하고 있었다. 그중 한 친구가 보낸 메일이 눈에 띄었다. 눈을 번쩍이고는 다시 꼼꼼히 살펴봤다. 맙소사. 정말로 제레미가 보낸 것이었다.

내용은 간단했다. '비행기에서 만났을 때 무척 반가웠어. 같이 점심하고 싶은데 어때? 언제 만나면 좋을지 알려줘. 제레미.'

마리사는 제레미와 만났던 날을 떠올렸다. 가족들을 만나러 가는 중이었다. 마리사는 너무 피곤하고 예민해진 상태로 비행기 좌석을 배정받기 위해 기다리고 있었다. 미리 좌석을 지정하지 않고 예약을 하면 비용이 저렴했지만 불편한 것은 어쩔 수 없었다.

이코노미석은 이미 꽉 차 있었다. 하지만 그 덕분에 일등석에 앉아 갈 수 있게 되었다.

마리사는 좌석을 확인하고, 자리에 앉았다. 옆 좌석은 아직 비어 있었다.

좋아, 마리사는 좌석에 기대며 차라리 잘 됐다고 생각했다. 자신이 가장 마지막으로 탑승한 것 같았고, 그러면 혼자 앉아서 갈 수 있게 될 것이다. 마음껏 편하게 자면서 갈 수 있을 것 같았다.

그때, 한 남자가 걸어 들어와 마리사 옆에 섰다.

"죄송합니다만, 들어가서 앉아도 될까요?" 남자가 말했다.

처음에 마리사는 그에게 별로 관심을 기울이지 않았다. 비행기에서 처음 만나는 사람과 대화를 하는 건 그녀답지 않은 짓이었다. 더군다나 마리사는 피곤함에 지쳐 비행 내내 편히 자면서 가기로 마음먹은 터였다. 그러나 마리사는 자지 않았다. 비행 내내 옆자리에 앉은 남자와 이야기를 나눴다.

제레미는 정말 멋졌다. 그윽하고 깊은 눈을 가진 데다, 똑똑하고 세심하기까지 했다. 제레미는 마리사 자신이 좋아하고 재미있게 읽었던 책도 이미 다 읽은 사람이었다. 그의 옷에서는 성공과 돈의 냄새가 났다. 마리사는 힘있는 남자를 사랑했다.

유일한 문제는, 제레미가 유부남이라는 사실이었다. 아이도 있었다.

제레미는 마리사에게 데이트 신청을 했다. 마리사는 놀라지 않을 수 없었다. "기혼 남자와 데이트를 하라고요?"

하지만 제레미는 이렇게 답했다. "그게 뭐 크게 마음 쓸 일인가요? 그냥 당신하고 같이 있고 싶을 뿐이에요. 그냥 점심 한번 함께 하자는 거지요."

마리사는 잠시 생각했다. 그리고 스스로도 놀랄 만한 일을 하고 있었다. "저의 이메일 주소예요. 원하시면 연락 주세요."

그러고는 잠시 멈췄다가, 웃으면서 말했다. "거절 당하실 수도 있을 거예요."

제레미가 진짜 연락할 것이라고는 생각하지 않았다. 이렇게 빨리 연락이 올 것이라고는 더 더욱 생각하지 않았다. 마리사는 이메일을 몇 번이나 읽은 후, 가장 친한 친구에게 전화를 걸었다. 제레미에 대해 모든 것을 다 말했다. 잘생기고, 성공했고, 세심하고, 그리고 결혼해서 아이들도 있다고.

"잠깐!" 친구가 소리를 지르기 시작하자 마리사가 말했다. "그래. 그래서 내가 그 사람한테 전화번호는 주지 않은 거야. 데이트를 하는 건 분명히 잘못된 거라고 말도 했고."

"그래, 맞아." 친구가 대답했다. "그리고 나도 네가 그 사람을 만나면서 죄책감을 느끼고 괴로워하는 건, 정말 참을 수 없을 거야."

"그런데 그냥 점심만 먹고 오는 것도 안 될까?" 마리사가 말했다. "그게 뭐 크게 나쁜 것도 아니잖아?"

"한 번 생각해봐." 친구가 말했다. "한번 상상해 보라고. 점심을 같이 먹는 동안 어떤 일이 일어날까? 미리 생각해 보는 거야, 마리사. 무슨 일이 일어날지 시나리오를 한 번 써 보라고."

"일단 레스토랑에서 만나겠지?. 아마 꽤 조용한 장소일 거야."

"무엇을 주문하시겠어요? 스파게티와 미트볼?"

마리사는 그 상황을 천천히 상상했다. "아마 음식을 많이 주문하지는 않을 것 같아. 먹기 편하고 간단한 것을 주문하겠지."

친구가 "왜?"라고 물었다.

"음… 낯선 남자 앞에서 밥을 먹는다는 게 조금은 쑥스럽잖아."

"네가 그 남자를 그냥 친구라고 생각하면 그렇지 않지." 친구가 말했다. "그래, 좋아. 그럼 그다음에는 어떻게 될 것 같아?"

"잠시 이야기를 좀 하다가, 주차장으로 나가겠지?"

"그런 다음에는?" 친구가 말했다.

모든 그림이 선명해졌다. 이제 더 이상 말할 필요가 없었다. 그 데이트는 단순히 점심 식사만을 의미하지 않았다. 결국 섹스로 이어질 것이 뻔했다. 잘생기고 화려한 눈매를 가진 세심한 남자, 제레미는 그야말로 우아한 정장을 빼입은 악마였다.

"고마워." 마리사가 말했다.

"고맙긴!" 친구가 말했다.

마리사는 전화를 끊고 다시 컴퓨터 앞으로 가서 제레미가 보낸 이메일을 삭제했다. 그리고 해당 주소에서 오는 메시지를 더 이상 받을 수 없도록 차단했다. 진실을 제대로 보게 해주고 잘못된 선택을 할 가능성에 대해 기꺼이 말해준 친구가 있다는 것은 큰 행운이었다.

인과의 게임은 아이러니하다. 무언가—그것이 무엇이든—를 계속해서 유지하려면, 지키려고 애쓰는 대신 마음을 내려놓아야 할 때가 많다. 문을 통과해서 지나가려면, 우리는 다른 사람들을 위해 문을 열어두고 그들이 먼저 지나가게 해야 한다.

인과의 게임이 갖고 있는 아이러니를 이나마 터득하기까지는 내 인생 대부분의 시간이 걸렸다. 어떤 상황에서는, 사실 옳다고 느끼는 일을 하고, 생각하는 대로 행동하면 된다. 그러나 이성과 직관의 목소리는 우리를 드라마 중독에 빠지게 만들거나 문제를 일으키는 목소리보다 훨씬 더 나직하고 부드러워 듣기가 어렵다. 당신도 알고 있을 것이다. 인생 드라마라는 것은 성냥을 켜고 불장난 하기를 워낙 좋아한다.

물론 크고 어려운 결정만 있는 것은 결코 아니다. 살아가는 것

자체가 수많은 선택의 연속이다. 전화를 걸어 누군가에게 도움을 요청하기도 하고, 스스로 누군가를 돕기도 한다. 자리에 주저앉아 푸념하면서 답답하고 비참하다는 생각에 빠지기도 하고, 편안하게 흘려보내기도 한다. 그런 것들이 다 우리가 행하는 선택에 따라 이루어지는 일들이다. 스스로에게 너그럽고 좋은 것들을 할 것인지, 스스로 고문하듯 앉아만 있을 것인지, 우리는 선택해야 한다.

다음에 정말 무얼 해야 할지 알 수 없을 때가 적지 않다. 앞이 캄캄할 정도로 혼란이 계속되는 경우도 있다. 하지만 문제를 일으키도록 유혹하는 작은 목소리가 들려오는 경우도 많다. 어려운 결정이라는 것은 단지 우리가 생각하는 것과 다른 길을 가는 것이 아니다. 이리로 가 보는 것이 어떻겠느냐고 속삭이는 유혹의 소리를 외면하고 다른 길을 과감하게 선택하는 경우도 있는 것이다.

인생이 지루하게 여겨질 때가 있다. 어둠 속에 앉아서 무료하기만 하면, 성냥불이라도 켜고 싶어진다. 그것이 불장난으로 변할 수도 있다. 하지만 진짜 불을 밝히는 다소 힘든 결정을 함으로써 우리는 자유의지로 행하는 인과의 게임을 성공적으로 행할 수도 있다.

발을 구르고, 비명을 지르고, 울어 보라. 누군가에게 그 기분을 이야기해 보라. 천천히 따져보는 일은 그다음에 하라.

자기 자신에게 정직해져라. 의외로 어려운 일이다.

8
벽 치는 남자

조나단은 주먹으로 벽을 쳤다. 벽을 뚫어 버리고 싶었다. 그러나 그는 그 대신, 붓을 들고 페인트칠을 해야 했다. 조나단은 페인트 붓을 철썩 소리가 나도록 휘두르며 계속 투덜거렸다.

이 집은 저택이었다. 이 집 사람들은 하나님보다 돈이 더 많지 않을까. 4년제 대학을 나온 조나단은, 제대로 된 직장을 잡지 못한 채 닥치는 대로 일을 하며 살았다. 건축 디자인과 경영학을 공부했지만, 전공을 살릴 수 있는 직업을 찾지 못했다.

조나단이 먹고 살 수 있는 유일한 방법은, 전혀 그럴 필요가 없어 보이는 부자들의 멀끔한 욕실과 부엌, 침실에 다시 페인트칠을 하는 것뿐이었다.

조나단은 트레이에 페인트를 더 부은 다음 벽 앞으로 다가갔다. 이제 테두리 작업을 마치고, 롤러로 칠을 할 차례다. 이 일은 조나단에게 어떤 만족도 주지 못했다. 성취감도 없었다. 그저 바쁘기만 했고, 그게 전부였다. 조나단이 자신의 경력과 꿈을 실현하지 못한 것은 도대체 무슨 이유 때문일까? 무엇이 잘못된 걸까? 이 집 사람들은 세상의 모든 것을 가지고 있는데, 조나단은 페인트 냄새 속에서 화장실에 갇혀 있다.

"하나님의 뜻에 순종하면 만사가 순조롭게 풀릴 것입니다."

조나단은 사람들로부터 여러 해 동안 이런 얘기를 들었다. 그래서 매일 기도하고 묵상했다. 때로는 하루에 두 번도 했다. 쉽지 않은 일이었지만, 끝낼 수도 없는 일이었다. 그런데, 일년이 넘도록 조나단은 계속해서 벽을 치고 있었다.

"옳은 일을 하면, 당신에게 좋은 일이 일어날 것입니다."

그는 에이즈(후천성면역결핍증) 환자들에게 머물 곳을 마련해 주고 싶었다. 그보다 더 옳은 일이 어디 있겠는가?

조나단이 화가 나는 것은 단지 그럴듯한 직업을 갖지 못해서가 아니었다. 그는 하나님에게 화가 났다. 그가 옳다고 배운 것들도 더 이상 믿기 어려워졌다. 매일같이 소위 진리 말씀을 따르며 살아왔는데, 자신이 진리 말씀이라고 철석같이 믿었던 것이 사실은 진리가 아니라고 생각되면, 이제 그 사람은 무슨 일을 할 수 있겠는가?

조나단은 앞으로 무슨 일이 일어날지 몰랐다. 무엇을 해야 할지도 몰랐다. 그가 볼 수 있는 것은, 바로 눈앞에 있는 벽뿐이었다. 그나마 유일하게 위안이 된 것은 자기 앞에 펼쳐진 벽을 칠하는 것, 그리고 몇몇 친구들에게 자신이 하나님에게 얼마나 실망했는지를 말하는 것이었다.

그로부터 3년 후, 상황이 달라졌다. 조나단은 과거를 회상하면서, 신에 대한 믿음이 거의 바닥난 상황에서, 꿈 같은 삶을 살아가는 다른 사람들의 모습을 보면서 자신은 페인트칠이나 하고 있는 것이 얼마나 좌절스러웠는지를 설명했다.

그러고는 그때의 감정적인 경험이 지금 자신이 숙소를 제공해 주고 있는 사람들과 함께하는 데에 얼마나 큰 도움이 되는지에 대해 말했다. 그들 중 많은 이들이 조나단이 경험한 것과 똑같은 실망과 좌절감을 안고 살고 있었기 때문이다. 조나단은 학교나 직장에서 배우고 터득할 수 있는 것 이상의 훈련이 필요할 때가 있는 법이라고 말한다. 심지어, 지금 자신에게 무슨 일이 일어나고 있는지 전혀 알 수 없고, 그 경험 자체를 도저히 이해하지 못하는 일조차도 나중에 알고 보면 꼭 필요한 일이었음을 깨닫게 된다는 것이다. 훗날의 일을 미리부터 알게 된다면, 우리는 그때그때의 경험에 푹 빠질 수가 없게 될 것이다. 우리는 잠자코 눈앞의 일을 하면서 기다리기만 하면 된다.

조나단은 진리 말씀이라는 것이 얼마나 잘 작동하는지를 역설한다. 벽에 부딪히는 것처럼 암담한 현실이 우리 앞을 가로막을 때도 있지만, 하나님의 뜻에 내맡기고 나아가노라면, 그 벽은 결국 벽이 아니었음이 밝혀지곤 한다. 조나단은 그렇게 말한다.

좋은 일을 행하면, 정말로 좋은 일이 일어날까? 부정적인 선택을 한다면, 그에 따른 결과 역시 부정적인 걸까? 원인과 결과가 게임의 이름이라면, 그 게임이 가능하도록 만드는 규칙은 무엇일까? 술을 마신 사람과 함께 차에 탄 임산부 셰리를 기억할 것이다. 그녀의 딸 캔디가 어떻게 되었는지 떠올려보기 바란다. 셰리와 캔디가 무엇을 잘못했기 때문에 그렇게 된 것일까? 우리 스스로 분명 올바른 선택을 했다고 생각했는데, 그 선택이 역효과를 낳거나 잘못되는 경우는 어떻게 설명할 수 있을까?

비행기에서 뛰어내리면, (위가 아닌) 아래로 떨어지게 된다는 것을 모르는 사람은 없다. 중력의 법칙은 항상 작용하기 때문이다.

인과의 법칙도 마찬가지다.

우리가 A를 행했는데 B로 이어지지 않아 벽에 부딪혔다고 해서,
또는 우리가 생각하고 계획하지 않은 결과가 이어졌다고 해서,
규칙이나 법이 작동하고 있지 않은 것은 아니다.
진짜 게임은 바로 그때부터 시작된다.

제2장

신비 속에 살기

빈 공간은 아주 많은 힘을 가지고 있다.
인생이 이렇게 저렇게 흘러가야 한다는 자기만의 생각이나 투사,
신념과 같은 낡은 방식에 매달리고 있는 상태에서는,
새로운 배움에 마음을 열 수 없다.

"장애물 경주!"

어느 날 밤, 깜짝 놀라 비명을 지르며 잠에서 깼다. 꿈이었다. 꿈속에서 나는 '장애물 경주'라고 외치고 있었던 것이다.

몇 주 동안 나는 이 꿈이 무엇을 의미하는지, 그리고 왜 그 단어를 그토록 크게 외쳤는지 궁금했다. 도대체 장애물 경주가 나랑 무슨 상관이 있는 거지? 이해할 수 없었다.

그러다 어쩌면 '누군가의 이름'일 수도 있다고 생각했다.

중국과 티베트를 여행하면서 신성한 산으로 알려진 네 개의 산에 오른 적이 있었는데, 그즈음 나는 그 여행의 의미를 되새기고 있었다. 불교도들에게 가장 신성한 산으로 알려진 카일라스산을 오르기 위해 티베트로 돌아가기로 결정을 내렸던 때였던 것 같다. 그때를 회상하자 카일라스산의 원어 발음이 꿈에서 외친 장애물 경주[Steeplechase]와 비슷하다는 생각이 번뜩 들었다.

그러나 그건 누군가의 이름이 아니라, 인생 게임을 가리키는 말이었다.

나는 좌절감을 느끼며 산에 오르기 시작했고, 눈앞에 동굴이 하나 보였다.

"난 거기 안 들어갈 거야." 바위 사이의 작은 구멍을 바라보며 내가 말했다. “더럽고 어둡잖아.”

사실 내가 중국에 갔던 건 티베트 여행을 위해서였다. 티베트 비자와 여행 허가를 받으려면 중국에 가서 서류 절차를 진행하는 것이 가장 빠른 지름길이었기 때문이다. 그러다 내 친구 조Joe와 나는 이왕 여기까지 왔으니 먼저 중국의 4대 성산聖山에 오르기로 했다. ‘우리가 언제 다시 여기 올 수 있겠어?’ 그 말에 내가 왜 동의했는지는 알 수 없지만, 그때는 어쩐지 그래야 할 것 같았다.

그리고 나는 어느새 조와 함께 제1성산이 위치한 중국의 작은 섬 푸퉈산[普陀山]의 바닷가 동굴 밖에 서 있었다.

나는 마법 같고 신비한 무언가를 찾고 있었지만, 찾으려고 할수록 오히려 모든 것이 다 평범해지는 것 같았다. 홍콩에서 기차를 탔을 때부터 사람들은 나를 손가락질하며 쳐다봤다. 중국 사람들은 장어와 생선 머리 요리를 먹으라고 강요하다시피 했다. 나를 가리키며 낄낄거리고 조롱하듯 ‘헬로우’ 하고 인사하는 것 빼고는 누구 하나 영어로 말을 걸어오는 사람이 없었다. 사람들은 아무데나 침을 뱉었다.

상하이에서 푸퉈산까지 페리를 타고 가는 여정은 매우 길고 시끄러웠다. 페리 안에 있던 노래방에서는 밤새 음악이 울려 퍼졌다. 시끄러워서 창문을 닫으면 너무 더웠다. 그때, 한 남자가 방귀를 마구 끼면서 내 방 창문 바로 바깥에 있는 갑판에 잠을 잘 공간을 만드는 것이 보였다.

내 왼쪽 무릎은 잔뜩 부어올라 있었다. 나는 제대로 걸을 수 없었다. 비틀거리며 조금씩 움직일 수 있을 뿐이었다. 아직 첫 번째 산에도 오르지 않았는데 그 지경이었다.

“그냥 들어와.” 조가 말했다. “여기까지 왔잖아. 둘러보자고.”

나는 그 작은 구멍으로 들어갔다. 평범한 동굴이었다. 바위틈을 통해 빛이 들어왔다. 바닥에는 웅덩이가 있었다. 쓰레기들도 보였다. 동굴에서 날 법한 냄새가 났다. 뭔가 흙 냄새 같기도 한 오래된 냄새.

동굴의 외벽 옆에는 작은 나무 테이블과 부서진 의자가 놓여 있었다. 스님이 저기 앉아 명상이라도 했던 걸까? 여기에 앉아 무슨 생각을 했을까? 작은 돌문 하나가 다른 공간으로 이어져 있는 것이 보였다. 안을 들여다보니 바닥에는 물이 차 있었다.

맞은편은 어둠뿐이었다. 벽이 있는 건지, 아니면 어둠이 실제 어딘가로 이어지는 건지 알 수 없었다.

“확인하고 싶어?” 조가 물었다.

“왜 아니겠어?” 내가 말했다.

주변에는 어둠만이 가득했다. 빛은 한 톨도 남아 있지 않았다. 그야말로 칠흑 같은 어둠 속으로 내던져진 것이다. 당장 내 발밑에 무엇이 있는지, 눈앞에 무엇이 있는지 전혀 알 수 없었다. 조심해야 돼, 하고 생각했다. 조심하자고 마음을 먹고 나니 인식 능력이 서서히 깨어났다. ‘자, 속도를 늦추고, 호흡하면서, 이 길을 온전히 느끼는 거야. 너는 앞으로 어떤 일이 일어날지 전혀 가늠할 수 없을 때에도 스스로를 돌보는 법을 알고 있잖아. 처음 있는 일도 아니잖아.’

1973년, 나는 약물 치료를 위해 상담사를 찾아가 “중독에서 벗어나고 싶은데 뭘 어떻게 해야 하나요?”라고 물었다. 상담사는 “뭐 그렇게 많은 것을 해야 하는 건 아니에요.” 하고 말했다. “그냥 인생을 바꾸세요.”

1980년 무렵, 나는 지쳐 있었다. 알코올 중독이었던 그로 하여금 술을 끊게 하고, 내가 원하는 방식으로 나를 사랑하게 만들기 위해 온갖 노력을 다하느라 에너지가 완전히 고갈되었다. 어떻게 하면 좋을지 더 이상 아무 생각도 나지 않았고, 이미 지쳐 나가떨어진 상황에서 뭘 더 한다는 것이 버거웠다. "새로운 방법을 좀 배워보는 게 어때요?" 누군가가 제안했다. "바꿀 수 없는 것은 과감히 포기하고, 자기 자신을 돌보는 데 집중하는 거예요." 나는 어리둥절했다. 다른 사람을 통제하려고 애쓰지 않고, 나 자신의 삶을 산다는 것이 무엇을 의미하는지 당시에는 전혀 몰랐기 때문이다.

그로부터 6년 후, 나는 법원 근처 주차장에 서 있었다. 설렘과 두려움이 동시에 느껴졌다. 나는 결국 결혼 생활로부터 자유로워졌다. 그러나 결혼은 내가 기대했던 것만큼 길지 않았음에도 불구하고, 내게 많은 것을 남겼다. 나는 책임져야 할 아이가 두 명이나 있었다. 싱글맘이 된 것이다.

1991년 어느 날, 나는 호텔 복도에 앉아 있었다. 내 방이 몇 호인지, 거기까진 어떻게 가야 하는지, 아무 기억도 나지 않았다. 뇌가 멈춰버린 듯 아무 생각도 할 수가 없었다. 장례식장에서는 사람들의 얼굴이 시야에서 뿌옇게 되더니 그들이 누구인지 이름조차 떠오르지 않았다. 극심한 충격 상태로 정신은 몽롱했다.

"어떤 관을 원하세요?" 사람들이 물었다. "저기요, 이해가 안 되시나요? 네?"

나는 가까스로 대답했다. "다 필요없어요. 관 같은 건 필요 없다고요. 나는 그냥 아들을 원해요. 살아 있는 내 아들이요!"

나의 꿈, 계획, 미래에 대한 희망이 눈앞에서 모두 날아갔다. 좋은 엄마가 되고자 했던 것, 10대가 된 두 아이를 사랑으로 돌보고자 애쓰던 것, 이들을 아낌없이 지원하는 것, 그리고 이 모든 것을 기꺼이 하고자 했던 나의 소망들이 모두 사라지고 말았다. 이제 뭘 어떻게 해야 할까?

1999년 6월 20일, 나는 스카이다이빙을 위해 비행기 문 앞에 섰다. 준비. 출발. "안 돼요!" 나는 비명을 질렀다. "여기는 고도 3,800미터라고요. 죽을 수도 있다고요!"

"고속도로에서 교통사고로 사망할 확률이 훨씬 더 높습니다. 네, 물론 당신이 죽을 수도 있겠지요. 하지만 한 번 도전해 보면 어때요? 생각보다 훨씬 더 즐거울 수도 있으니까요."

동굴 속에서, 나는 어둠을 더듬으며 한 걸음 한 걸음 조심스럽게 나아갔다. 이 길은 어디로 이어지는 걸까? 마침내 희미한 빛이 보였다. 나는 그 빛을 향해 나아갔다. 나무 문이 거리로 이어져 있었다.

시간이 흘러 나중에 생각해 보니, 그곳은 그저 더럽고 어두운 동굴이 아니었다. 그곳은 미지의 고대 동굴이었다.

인생에는 육안으로 볼 수 있는 것보다 훨씬 더 많은 것이 존재한다. 사람들은 이것에 대해 오랜 동안 이야기해 왔다. 리처드 바크 Richard Bach는 『갈매기의 꿈 Jonathan Livingston Seagull』에서, 삶에는 눈에 보이는 것 이상의 무엇이 있다고 믿는 조나단이 직관으로 비상하는 법을 터득하는 과정을 이야기했다. 조셉 캠벨Joseph Campbell은 『영웅의 여정 Hero's Journey』에서 우리가 어떤 기대를 품고 살아야 하는가에 대해 이야기했다. 우리는 금을 찾기 위해 가장 깊은 동굴을 탐험하면서 멘토와 적들을 만나고 저항을 경험하게 된다. 그리고 금을 손에 쥐고 집으로 돌아가는 긴 여정에서 죽을 뻔한 위기에 처한다. 빌 윌슨Bill Wilson은 『익명의 알코올 중독자들 Alcoholics Anonymous』에서 존재의 4차원으로 뛰어드는 것을 묘사했다. 마저리 윌리엄스 Margery Williams는 어린이를 위한 『벨벳 토끼 The Velveteen Rabbit』라는 이야기를 썼다. 그녀는 벨벳 토끼가 '진짜가 되는' 신비한 과정을 이야기한다.

나는 미스터리를 좋아한다. 또, 영웅의 여정이라는 개념을 좋아한다. 나 자신이 갈매기 조나단 리빙스턴인 것 같다는 생각을 하기도 한다. 벨벳 토끼는 나를 울게 한다.

빌 윌슨이 묘사하는 '4차원의 삶'은 이 인생을 가치 있게 만든다. 최근 한 친구는 나에게 "직관이 아닌 머리로만 살면, 인생은 평범하고 재미없어져."라고 말했다.

『갈매기의 꿈』이나 『영웅의 여정』에 묘사된 신비로운 성장과 변화 과정에 매료되는 사람들이 많지만, 그 신비를 자신의 삶 속에 들여놓는 것은 전적으로 다른 문제이다. 인생에서 어떤 변화가 시작되려고 할 때에는 더욱 더 그렇다. 우리는 늘 목표를 정해놓고 살아간다. 일이 어떻게 될 것인지를 바라보며 나아간다. 그러다가 갑자기 쾅! 하고 무슨 일인가가 벌어진다. 인생은 우리가 기대했던 대로 흘러가지 않는다.

A가 우리가 계획했던 B로 이어지지 않는다.

많은 사람들이 미스터리를 좋아한다. 책이나 TV나 영화로 미스터리물을 즐긴다. 그러나 우리는 우리의 인생이 미스터리가 되는 것은 그다지 좋아하지 않는다. 미스터리 속에 산다는 것은 단순히 앞으로 일어날 일에 대해 미리 알고 싶다는 정도가 아니라, 지금 당장 내 앞에 무슨 일이 일어나고 있는지도 이해하지 못하는 상태라는 뜻이기 때문이다.

알 수 없는 그 무엇을 '공 空'이라고 부르든 '미지의 세계'라고 부르든, 상관없다. 새로운 것을 배우기 위해서는 먼저 그리로 들어가야 한다. 무엇인가로 잔을 채우려면, 잔이 비어 있어야 한다. 이미 가득 찬 잔에는 물이나 주스를 부을 수 없다. 먼저 잔을 비워야 한다. 그래야 채울 수 있다.

이것은 우리가 간과하기 쉬운, 그러나 너무도 간단한 원칙이다.

빈 공간은 아주 많은 힘을 가지고 있다.

인생이 이렇게 저렇게 흘러가야 한다는 자기만의 생각이나 투사, 신념과 같은 낡은 방식에 매달리고 있는 상태에서는, 새로운 배움에 마음을 열 수 없다.

페마 쵸드론Pema Chödrön은 『지금 여기에서 달아나지 않는 연습The Places That Scare You』에서 이렇게 썼다. "그것은 호기심, 당혹감, 충격, 혹은 이완의 형태로 올 수 있지만, 어떤 형태로 오는지는 중요하지 않다. 우리에게 찾아오는 결정적인 변화의 순간은, 우리가 모든 것을 다 내려놓고 무방비 상태일 때나 삶이 허공 중에 떠 있는 것처럼 아무것도 알 수 없을 때인 경우가 많다."

좌절감이 느껴지거든, 진저리쳐지도록 실컷 좌절감을 느껴보라. 무감각하게 있는 것보다는 낫다. 지쳐 나가떨어질 때까지 모든 것을 다 통제하려고 해보라. 에너지를 다 소진시켜라. 그런 다음, 좌절을 매혹으로 변환시켜라. 다른 방식으로 통제하라. 삶을 통제할 수 있다. 미지의 동굴에 들어가는 것을 선택하라.

조심스럽게 발걸음을 내딛으라. 아무것도 보이지 않는가? 그래도 괜찮다. 오히려 그게 더 낫다. 당신의 다른 감각들이 작동할 것이므로. 긴장을 풀고, 호흡하라. 희미한 빛이 보일 때까지 계속 길을 느껴라.

칠흑 같은 어둠 속에서도 우리는 혼자가 아니다. 그것을 잊지 말라.

어느 날, 한 친구가 말했다. "사람들은 익숙하지 않은 것보다 익숙한 것을 선택하는 걸 좋아해. 익숙한 것이 전혀 효과가 없고, 심지어 자기가 좋아하거나 원하는 것이 아니더라도 말이야."

이번 장에서는 미지의 것을 선택한—혹은 미지의 선택을 받은—사람들, 그리고 그 선택이 그들의 인생을 어떻게 변화시켰는지에 대한 이야기를 할 것이다.

미지의 동굴 앞에 서서, "나는 안 들어갈 거야. 너무 캄캄해. 나는 지쳤고 솔직히 겁이 나. 하지만 어쨌든 감사해. 나는 그냥 지금 이 상태로도 괜찮아. 내가 볼 수 있는 것과 알고 있는 것들로 충분해."라고 말하기란 쉬운 일이다. 당신이 두려움, 호기심, 죄책감, 절망, 그 외 어떤 상황에 처해 있더라도, 이 이야기들로 인해 한 걸음 더 나아갈 용기를 지닐 수 있기를!

이미 알고 있다는 생각은 다 내려놓으라. 그리고 동굴 안으로 들어가라. 주변을 둘러보라. 뭐가 뭔지 알 수 없더라도 괜찮다. 쉬잇! 사람이든 일이든, 그것을 통제하려는 마음을 더 많이 내려놓을수록, 당신은 더욱 더 강력한 존재가 될 것이다. 그 비밀에 귀를 기울이라.

신비의 나라에 온 것을 환영한다.

1
그녀가 찾아낸 '비밀의 열쇠'

엄마가 술에 취한 상태로 전화를 했던 그날, 달린은 이미 기분이 안 좋은 상태였다.

달린은 다시 한 번 치명적인 매력에 빠져 결혼을 했었지만, 관계가 급속도로 악화되었다. 그녀가 그렇게 오랫동안 결혼에 매달렸던 것은, 그 남자에게는 그녀가 필요로 하는 것, 결국 돈이 많았기 때문이었다.

그러나 그 관계는 결국 엉망이 되고 말았다. 그녀는 자신의 역할을 다하기 위해 할 수 있는 모든 것을 했다. 달린은 매력적이었으며, 재치 있고, 아름다웠다. 남편이 필요로 하는 모든 것을 세심하게 배려했다. 그러나 남편은 달린이 끌어당기려고 할수록 점점 더 멀어졌다.

달린의 노력은 도무지 먹히지 않았다. 부부 관계라고 이름붙일 수 있는지조차 의심스러웠다. 남편과의 관계는 달린의 마음속에서만 진행형인 것 같았다.

달린은 6년 전 막내 남동생이 자살했을 때, 견딜 수 없을 만큼 힘들었다. 달린과 그녀의 어머니는 너무 많은 일을 함께 겪었다. 운명의 장난은 그것으로 끝이 아니었다. 부엌에서 사용하는 소형 스텝스툴에서 떨어져 부상을 입다니, 그런 일을 누가 상상이나 할 수 있었겠는가? 그런데 그런 일이 일어났다. 어머니 집에서 부엌 청소를 하고 있던 동생에게! 스텝스툴에 올라가 찬장 청소를 하고 있던 동생에게!

어머니는 만취 상태로 전화해 여동생이 혼수상태에 빠졌다고 말했다. 의사는 동생이 깨어나기 힘들다고 진단을 내렸다. 뇌진탕으로 뇌가 부풀어 올라 그 일부가 영구적으로 손상되었다는 것이다.

달린은 친구에게 전화를 걸었고, 친구로부터 이런 조언을 들었다.

"흔히들 내려놓으라고 하고, 그냥 흘려보내라고 하잖아. 그런 말을 들었을 때, 나는 사람이나 장소, 아니면 어떤 특정 대상이 있어서 그걸 흘려보내야 한다고 생각했어. 그런데 알고보니 우리가 내려놓아야 하는 것, 흘려보내야 하는 것은, 인생이란 것이 이러저러해야 한다는 내 고정관념이더라."

달린이 말했다. "엄마가 술에 취해서 전화했던 그날이 내 인생에서 최악의 날이었어. 엄마의 알코올 중독, 남동생의 죽음, 여동생의 부상—이 모든 게 나한테는 너무 버거워. 삶을 통제할 수 있다는 망상은 이제 나에게서 완전히 사라졌어. 결국 나는 항복했어. 그냥 다 흘러가라고 내버려둘 수밖에 없어."

3년 후, 달린은 어머니에게 전화를 걸었다. 결혼식 전날 밤이었다. 달린이 새로운 남자를 만나 결혼을 하게 될 거라고 누가 생각이나 했겠는가? 그가 처음으로 데이트를 신청했을 때, 달린은 거절했다. 달린은 친구들에게 이렇게 말했다. "그 사람은 괴짜야."

시간이 지나 해가 바뀌고, 달린은 괴짜 같은 이 사람이 사실은 좋은 사람이라는 것을 알게 됐다. 그는 그녀를 늘 소중히 대해주었다. 물론 달린은 자기 자신을 스스로 잘 돌볼 수 있었기 때문에 더 이상 자신을 보살펴줄 남자가 필요하지 않았다. 자기를 잘 보살피도록 남자를 조종하거나 통제할 필요도 없었다.

달린은 친구들에게 말하곤 했다. "주변 사람들이 나를 돌봐주기를 바라고 또 그렇게 하도록 조종하느니, 그냥 내가 나를 돌보는 게 낫지. 그게 더 쉽잖아. 내가 나를 돌볼 수 있게 되자, 많이 자유로워지더라. 더 이상 생존을 위해 관계를 맺을 필요가 없게 되었거든. 이제는 그냥 우정을 나누거나 함께 놀기 위해서 관계를 맺으니까 훨씬 순수해진 거지. 그냥 있는 그대로의 나로 존재할 수 있게 된 거야."

달린의 어머니가 전화를 받았다. 그녀는 술에 취해 있었지만 소리를 지르지는 않았다. 달린은 여동생에 대해 이야기했다. 적어도 일주일에 한 번씩은 동생이 있는 요양원에 간다고 했다. 그곳에서 할 수 있는 일은 별로 없지만 그래도 잊지 않고 가려고 노력한다고 말했다. 달린은 또 자신이 좋은 사람을 만나 결혼하게 되어 얼마나 기쁜지 이야기하고, 단출한 결혼식과 낭만적인 신혼여행을 계획하고 있다는 사실도 전했다. 어머니는 진심으로 딸을 축하해주었다.

달린이 말했다. "생각해 보니, 동생이 쓰러지게 된 것도 그렇고 여러 가지로 엄마가 참 많이 힘드시겠다는 것이 느껴졌어요. 아빠 도움 없이 혼자 우리를 키우느라 많이 힘드셨죠? 아, 테리 삼촌이 우리랑 같이 살겠다고 왔던 거 기억해요?"

엄마는 그렇다고 대답했다.

"삼촌이 나를 나쁜 방식으로 만진다고 말했을 때, 엄마는 바로 삼촌을 내쫓았잖아요. 두 번 생각할 필요도 없었지요. 그냥 내 말을 믿어주셨던 거죠."

엄마는 그 일도 잊지 않고 기억하고 있었다.

달린이 말했다. "그냥 갑자기 그 생각이 나서 엄마한테 고맙다고 말하고 싶어 전화했어요. 엄마가 나를 보호하고 보살펴준다는 게 나한테는 의미가 크거든요."

우리가 들어가도록 부름받은 미지의 세계의 불확실성은 때로 우리 삶의 여정 전체에 계속 이어지기도 한다. 우리는 인생이 어떻게 흘러가야 한다는 방향성을 가지고 시작하지만, 결코 원하는 대로 흘러가지 않는다는 것을 깨닫는다. 그래도 달리 무엇을 어떻게 해야 할지 모르기 때문에 우리는 계속해서 우리가 정해놓은 방향성에 매달린다. 서서히, 인생은 우리의 저항감을 약화시킨다. 이 인생은 어디를 향해 가는 걸까? 전혀 알 수 없으므로, 그저 버틸 뿐이다. 어차피 인생은 우리가 상상한 대로 흘러가지 않는데, 앞으로 어떻게 될 것인지를 어떻게 상상한단 말인가?

인생이 어떻게 흘러가야 하는지, 안다고 생각하지 마라. 우리 중 대다수는 이미 알고 있지만.

우리가 내려놓고 흘려보내야 하는 것은 사람이나 물건에 대해서만이 아니다. 일은 이렇게 되어야 마땅하고, 이럴 때는 이렇게 느껴야 하고, 다음에는 이런 일이 일어나야 한다는 식의 생각을 내려놓고 흘려보내는 것—미지의 세계로 들어가기 위해서는 그렇게 내려놓고 흘려보내야 할 때가 많다.

미지의 세계, 신비의 세계로 들어간다는 것은 일이 뭔가 잘못되었을 때 일어나는 일이 아니다. 행복한 사람들은 매일매일을 신비와 경외감을 안고 살아간다. 최소한, 내키지 않더라도 미지의 세계를 받아들이고자 하는 의지를 가지고 있다.

"나는 삶을 통제하려고 할 때마다 편두통을 겪어." 어느 날 친구가 말했다.

내가 말했다. "아, 뭔지 알 것 같아. 나는 내가 할 수 없는 일인 줄 알면서도 어떻게든 이렇게 저렇게 하려고 하면 몸이 아프더라고."

환상을 하나씩 버려라. 불평도 하고 투덜거리기도 하라. 울고 싶으면 울어라. 느껴라. 마음껏 슬퍼하라.

희망을 갖고 미래를 계획하고 꿈을 갖는 것이 결코 잘못된 일은 아니다. 그러나 삶이란 대개 우리가 바라던 대로 정확하게 흘러가는 법이 없다. 우리가 일상에서 겪는 여러 사건들도 저마다의 방식으로 펼쳐지고 전개된다. 심지어 좋은 일의 경우라도 우리가 생각했던 것과는 전혀 다르게 흘러가는 경우가 많다.

달린은 자기 앞에 닥친 엄청난 고통에 항복했을 때 비로소 자신이 가진 힘의 열쇠를 찾았다. 물론, 모든 사람들이 그녀만큼 험난한 길을 가는 것은 아니다. 좀 더 가벼운 길을 가는 사람도, 더 힘들고 어려운 길을 가는 사람도 있다.

통제하려는 마음을 내려놓는다는 것은, 우리가 가진 힘을 포기하는 것을 의미하지 않는다. 오히려 그 반대이다. 통제하려는 마음에 항복할 때, 그때야 비로소 원했던 일을 선택할 수 있는 힘이 서서히 생겨나기 때문이다.

삶이 이렇게 저렇게 흘러가야 한다고
규정하는 마음을 버리는 것이야말로
삶의 마법이 작동하도록 이끄는 선택이다.

2
천사의 속삭임

에런은 미래로 향해 나아갈 수도, 그렇다고 과거로 돌아갈 수도 없었다. 자신의 삶을 한 번 돌아보았더니, 지금 같은 일은 그렇게 많지 않았던 것 같았다.

10개월 전, 퇴근 후 집에 돌아온 에런의 아내는 이혼하겠다고 말했다. 에런의 눈을 똑바로 바라보며 그렇게 말하고는, 집을 떠났다.

그로부터 3개월 후, 에런은 직장을 잃었다. 최상의 직업이라고는 할 수 없지만, 어쨌든 자신의 일을 잃었다. 중서부 지역은 완연한 여름이었다. 에런은 딱히 만나는 사람도 없었고, 직업도 없었다. 어떤 가망도 없어 보였다. 은행 잔고도 빠른 속도로 줄고 있었다.

앞으로 무엇을 해야 할지 몰랐다. 젠장, 앞은커녕, 지금 당장 무엇을 해야 할지도 몰랐다.

수영복을 입고 수영장으로 뛰어들었다.

'나는 언제쯤 다시 행복해질 수 있을까?' 수영장을 왔다갔다하며 생각했다. 그때 누군가 내 귓가에 이렇게 속삭이는 것 같았다. '지금 행복하면 안 돼?'

2년 후, 에런은 무슨 일이 일어나고 있는지조차 이해할 수 없던 이 어려운 시절을 아주 다르게 회상했다. 돌이켜보니 그저 참담하고 힘들기만 한 것이 아니라, 나중에 피어날 직업과 사랑을 위한 씨앗이 심어지는 시기, 그러니까 새로운 주기가 시작되는 시점이었다. 에런은 이 시기를 통해 많은 것을 배웠다. 조금 느슨해져도 괜찮다는 것, 심지어 한치 앞을 내다볼 수 없을 때라도 충분히 행복해도 괜찮다는 것을 깨달았다. 인생에서 진짜 중요한 것은 돈을 많이 벌고, 좋은 직업을 얻고, 새로운 애인을 만나는 것이 아니었다.

물론, 어둠 속에서 방황한다고 해서 앞으로는 더 나아질 거라는 보장은 없다. 앞이 보이지 않고, 지금 당장 무슨 일이 일어나고 있는지 알 수 없는 상황이 불편하고 두려운 것은 지극히 자연스러운 반응이다.

나는 신이 나를 버렸다고 느꼈던 때도 있었고, 직관이 부족해 애를 먹었던 때도 있었다. 무엇을 해야 할지 전혀 감을 잡을 수 없었던 때도 많았다. 기대를 품고 시도한 것은 제대로 되는 것이 없었고, 더 많이 애쓸수록 일이 점점 더 꼬이기만 했다. 내가 하는 것은 무엇이든 옳지 않은 선택의 연속이었고, 그럴수록 나는 두려움에 질식할 것 같았다.

스카이다이빙을 시작했을 때 나는 강사에게 바람에 대해 불평하곤 했다. 그럴 때마다 그는 오히려 이렇게 말했다. "바람에 감사하세요. 바람에 맞서서 미는 힘도 필요해요. 공중에서 몸을 돌려서 움직이려면 그래야 해요. 바람은 비행을 도와주는 도우미예요."

어둠 속으로 들어가라. 두려움도 중요하다. 적어도, 두려움을 느낀다는 것은 우리가 깨어 있다는 증거이다. 스카이다이빙에서 공기의 흐름에 맞서서 미는 힘이 필요한 것처럼, 우리는 두려움과 혼란을 밀어내는 힘을 가져야 한다.

때로 우리는 조치를 취해야 한다. 우리가 느끼는 저항에 맞서야 할 때가 있다. 물론, 외부 압력이 강해서 우리가 눈치채지 못하는 사이에 은밀하게 우리의 모습이 결정지어져 버리는 경우도 있다. 안내를 받거나 이끌어지고 있다는 아무런 느낌이 없는, 다음에 무엇을 해야 할지 알 수 없는 때, 그런 어둠의 시간도 무엇인가 명백한 행동을 취하는 때만큼이나 중요하다.

자신이 혼자라고 생각될 때, 겁이 날 때, 그것은 모두 가슴이 아니라 머리에서 일어나는 일이다. 전체의 큰 그림을 파악하려는 노력을 멈춰라. 아직 드러나지 않은 것을 본다는 것은 불가능하다. 불가능한 것을 계속 하려고 하면 상황은 더욱 악화될 뿐이다.

대신, 당신이 할 수 있는 작은 일에 집중하라. 목욕이나 샤워를 해도 좋고, 물에 뛰어들어 수영을 해도 좋다. 머리에서 벗어나 지친 신경에 고요해질 여유를 주는 것이다. 당신이 그것—그것이 무엇이든간에—을 더 좋게 만들 수 없을지는 모르지만, 최소한 당신 자신이 안정을 취하고 긴장을 풀게 할 수는 있지 않은가!

인생의 마법—뭐라고 부르든—은 우리가 배워서 알게 되는 어떤 힘이 아니다. 우리는 만물의 흐름에 자연스럽게 연결되어 있다. 문제 해결과 관련이 있든 없든, 그저 지금 이 순간에 가능한 일을 하면 인생의 마법은 자연스레 찾아온다.

불가능해 보이는 일들에 둘러싸여 있을 때에는,

먼저 가능한 일을 하라.

그런 단순한 선택이 큰 힘을 발휘한다.

3
아무것도 결정할 수 없을 때

젠은 침대에 올라가, 최대한 그에게서 멀리 떨어져 몸을 눕혔다. 그들은 몇 달 동안 서로 거의 접촉하지 않았다. 젠의 생각에 이 관계는 충분히 위태로웠다. 하지만 그는 그렇게 생각하지 않았다. 오히려, 그는 남은 인생을 이렇게만 살면 행복할 것 같다고 말했다. 아마 그는 그러고도 남을 것이다.

하지만 젠이 원하던 삶은 그런 것이 아니었다.

아니, 그녀도 솔직히 알 수 없었다.

안전이 보장되어 있다는 것은 좋은 일이었다. 매일 무슨 일이 일어날지 정확히 알 수 있다는 것! 그러나 어느 순간부터는 보장된 삶이라는 것이 점점 함정처럼 느껴지기 시작했다.

그들 사이에는 아이가 없었다. 그러니 젠이 관계를 유지하며 그와 함께해야만 하는 중요한 이유도 없는 셈이다. 그렇다고 그가 젠을 학대하거나 상처를 준 것도 아니어서, 떠나야 할 이유가 딱히 있는 것도 아니었다.

젠은 자신이 사랑에 빠진 것이 아니라는 것을 알았지만, 어쩌면 그래서 다행일지도 몰랐다. 아주 오래전 친구가 이런 얘기를 한 적이 있다. '사랑에 빠진 사람과는 절대 사귀지 마. 그 관계엔 고통만 남아 있을 뿐이야.'

젠은 이 남자를 떠나야겠다는 생각을 할 때마다 마음이 아팠다. 그리고 무서웠다. 그와 함께하는 삶이 그녀가 정확히 원하던 것은 아니었지만, 어쨌든 그들은 친구였다. 함께 좋은 시간을 많이 보냈고, 적어도 그와 함께하는 동안 젠은 혼자가 아닐 수 있었다.

젠은 자신이 할 수 있는 최선의 선택을 했다.

"우리는 1년 반 동안 함께했어요. 처음 1년은 좋았죠. 그 후 6개월 동안은 별 의미 없이 지나갔어요. 적어도 저한테는요. 그래서 나는 공평하게 6개월의 시간을 더 갖기로 결정했어요. 일이 어떻게 될지도 모르면서 내 느낌에 따라 산다는 것은 힘든 일이었어요. 충족되지 않는 바람이나 욕구가 있다는 것을 노골적으로 인정하는 것도 피하고 싶었던 것 같아요. 무엇인가를 원하고 있다는 것이 두려웠어요. 내가 갖고 있지도 않고 얻을 수 있을지 알지도 못하는 것을 원하게 되는 건 훨씬 더 싫고 두려웠지요."

우리가 들어가도록 부름받은 미지의 장소는
우리가 우리 자신에 대해 아직 알지 못하고 있는 곳이다.

4
빛을 본 남자

존이 심장 모니터를 바라보고 있는데, 경고음이 울렸다. 의사들은 몇 분 동안 그가 의식을 잃었다고 말했다.

예전에도 그런 적이 있었지만, 이번에 존은 달랐다. 존은 빛을 보았던 것이다.

병실에 혼자 있던 존은 전화기를 바라보다가 지금 모니카에게 전화하는 것이 맞을까, 하고 생각했다. 의사의 말에 따르면, 그는 살 수 있는 날이 5년 정도밖에 남지 않았다. 모니카에게 헌신적이지는 않았지만, 상처를 주려고 일부러 그런 것은 아니었다.

모니카는 결혼한 지 18년 만에 이혼 소송을 제기했다. 존은 아내를 부양하기 위해 열심히 일한 죄밖에 없었다. 그런 그에게 모니카는 말했다. "나 자신을 찾고 싶어요. 당신은 일만 하잖아요."

"정말로 이혼을 원하는 거야?" 존이 물었다.

모니카는 그렇다는 대답을 남기고, 집을 떠났다.

존은 이혼 후에도 계속 웃고 친구들과도 잘 지냈다. 하지만 그렇다고 이혼이 아프지 않은 건 아니었다. 너무 아팠다.

몇 년 후에 존은 모니카를 만났다. 그녀는 다정하고, 겸손하고, 참을성이 많았으며, 친절했다. 그러나 존은 모니카가 자신이 줄 수 있는 것 이상으로 많은 것을 원한다는 것을 알았다. 이혼하고 나서 존이 달라진 것이라곤 없었지만, 그래도 모니카는 어느 정도 존의 존재를 참으면서 인연의 끈을 완전히 놓지는 않고 있었다. 그런데 이번에는 달랐다. "나한테 좀 헌신적일 수 없어? 당신이 변하지 않으면, 난 떠날 수밖에 없어. 둘 중 하나를 선택해." 모니카가 말했다.

존이 혼자 남겨진 것은 이번이 처음도 아니었다. 그러니 차라리 지금 당장 고통을 끝내는 편이 나았다. 그렇게 하는 것이 그에게 스스로 상황을 통제하고 있다는, 묘한 안도감을 주었다.

존은 일어나 앉으려고 몸을 움직였다. 그러자 모니터의 신호음이 더 크게 울렸다. 다시 누웠다. 그리고 전화기를 집어 들었다. 정말 인정하기는 싫지만, 그의 삶에는 모니카가 너무 필요했다. 존은 전화를 걸어 그동안 무슨 일—심장마비로 쓰러졌던 일—이 있었는지 말해주었다. 모니카는 병원으로 찾아왔고, 존은 그녀를 다시 만나고 싶다고 고백했다. 이번에는 헌신할 준비가 되어 있었다.

모니카는 존을 바라보았다. 존도 모니카를 바라보았다.

그녀가 말했다. "난 당신 안 믿어. 지금 당신은 아프잖아. 그래서 그냥 누군가의 도움이 필요한 것뿐이야."

그로부터 몇 주 후, 존은 퇴원했다. 건강을 위해 식단을 좀 바꿨다. 그리고 다시 모니카에게 전화했다. 모니카는 전화해줘서 고맙다고 말하고는, 존의 건강이 좋아지고 있는 것이 무척 기쁘다고 했다. 그러나, 더 이상 이 관계에서 상처받고 싶지 않다는 뜻도 분명히 밝혔다.

그다음 주, 존은 모니카를 직접 찾아갔다. 그리고 준비한 선물을 건넸다. 모니카는 상자를 열어 보았다. 다이아몬드 반지였다.

존이 말했다. "사랑해. 제발… 다시 한번만 기회를 줘."

두 사람은 두 달 뒤 조촐한 결혼식을 올렸다. 모니카는 머리에 꽃을 꽂고, 존은 새 양복을 입었다. 모니카는 "영원히 함께하겠습니다."라고 혼인 서약을 하며 울음을 터뜨렸다.

존의 일상은 생기와 사랑으로 가득 찼다. 모니카와 함께 휴가를 갔다. 집에서 함께 텔레비전을 보기도 했다. 그렇게 특별할 것이라곤 없는, 평범한 일상을 함께 했다.

의사의 진단은 틀렸다. 존에게 주어진 시간은 5년이 아니라, 겨우 3년이었다.

그는 모니카가 부엌에서 식사를 준비하고 있는 동안 갑자기 죽었다. 저녁 준비를 끝낸 모니카가 거실로 걸어 나와 이제 식사할 시간이라고 말했을 때, 존은 이미 몸을 떠나 있었다.

"심장마비로 거의 죽을 뻔했던 경험은 존을 완전히 다른 사람으로 만들었어요." 모니카가 말했다. "그를 그토록 화나게 하고 짜증나게 만들었던 사소한 일들이 더 이상 그를 괴롭히지 않았죠. 우리는 너무 행복했어요. 결국 존을 먼저 떠나보내야 했지만, 우리는 충분히 가치 있는 시간을 보냈습니다."

존은 자신의 이야기를 마무리할 충분한 시간을 갖지 못한 채 떠났지만, 말할 기회가 주어진다면 그는 아마도 사랑—비록 상처를 주더라도—을 선택하고 미지의 세계로 나아가기로 한 것은 좋은 결정이었다고 말할 것이다. 잠시 의식을 잃었던 순간 그가 빛을 봄으로써 깨달은 것은, 사랑하지 않는 것이 사랑하는 것보다 더 큰 상처가 될 수 있다는 것이었지 않을까.

나는 어머니 집에 갔다가 예상치 못한 감정이 치고 올라와 스스로 놀란 적이 있다. 식탁 위에 올려진 사진들을 보다가, 내 딸 니콜의 첫 아이, 그러니까 손자 줄리안의 사진을 발견했을 때였다. 그 순간, 갑자기 마음에 무언가가 흘러넘치는 것 같았다.

'맙소사, 이게 웬일이지? 완전히 무방비 상태가 된 이 기분! 누군가가 다시 안으로 쑥 들어온 기분!'

내 마음을 비집고 들어온 건 다름 아닌 사랑의 감정이었다.

아, 우리 자신을 보호하기 위해, 그리고 통제감을 얻기 위해 우리가 행하는 것들! 당신은 지금껏 얼마나 많은 것들을 견디고 이겨왔는지 아는가? 얼마나 용감했었는지 아는가? 우리들 대부분은 살아남기 위해 우리의 마음 깊은 곳을 단단히 걸어잠근 채로 살아간다.

인생이 우리에게 던지는 수많은 상실에 대처하려면, 우리에게는 수많은 기술이 필요한 것이 사실이다.

'어느 누구도 믿으면 안 돼. 나약해지면 안 돼. 누군가를 믿거나 나약해지면, 너는 곧 실망하게 될 거야. 상처받게 될 거라고. 제발 안전하게 있어. 통제력을 상실하면 안 돼.'

우리는 자신을 과보호하려고 들기 일쑤다. 어느 날, 한 친구가 물었다. "멜로디, 넌 스카이다이빙도 하고 이 나라 저 나라를 돌아다니지. 넌 정말 용감해. 그런데 왜 사람들한테는 마음을 여는 것을 두려워하는 거지? 왜 그렇게 상처받는 것을 두려워하지?"

나는 이 질문에 대해 곰곰 생각했다. 스카이다이빙을 할 때 내게 닥칠 수 있는 가장 큰 위험은, 내 몸이 부서지는 일일 것이다. 그러나 내가 다른 사람에게 마음을 열었을 때는 마음이 다친다. 다시 또.

나는 아주 어릴 때부터 누구도 나를 행복하게 하거나 슬프게 할 수 없다고 생각했다. 행복감과 성취감을 찾는 일은 전적으로 나에게 달려 있다. 하지만 여기에는 주의 깊게 살펴봐야 할 또 다른 점이 있다. 내가 하는 사랑이나 맺고 있는 관계, 이에 관여하는 타인들이 우리를 행복하게 만드는 데 책임이 있는 것은 아니지만, 우리가 삶으로 들어오도록 허용한 이상 이들이 내 행복의 일부가 될 수도 있다는 것이다.

그렇다. 어떤 관계는 예상대로 첫날부터 비참하다. 사랑을 위해 우리가 시도하는 많은 것들은 우리가 원하거나 바라는 대로 흘러가지 않는다. 어떤 사람들은 사랑에 중독되어 하루가 멀다 하고 사랑에 빠지고, 빠져나갔다가도 다시 또 사랑을 찾는다.

어느 날 열네 살짜리 아들을 잃은 한 여성이 편지를 보내왔다. 그녀는 아들이 죽은 후에도 그의 삶을 기억하고 축하하기 위해 애써 왔는데, 이번이 그의 스물두 번째 생일이라고 했다. 그녀는 아들이 스케이트보드를 타는 모습, 문제를 해결하기 위해 애쓰는 모습, 심지어 그녀와 뭔가에 대해 논쟁을 벌이는 모습을 보는 것이 얼마나 기뻤는지 이야기했다. 그녀는 아들이 첫 연애를 경험하면서 겪은 고통과 괴로움에 대해, 십대들의 짝사랑에 대해서도 이야기했다. "내가 가장 행복한 것은 그래도 아들이 인생의 마지막 해에 사랑에 빠지는 경험을 했다는 것입니다." 그녀가 적은 편지의 마지막 문장이었다.

사랑이 들어오기 위해서는 경계심을 늦추고 느슨해져야 한다. 그렇게 하는 것이 정말 어렵다면, 신께 당신의 손을 붙잡아 달라고 간구하라. 사람들이 자신의 인생에 들어오는 것을 허용하라. 다른 사람이 들어올 수 있도록 스스로 나약해져라. 상대가 연애의 대상이든, 가족이든, 친구든, 그 누구라도. 위험할 수도 있지만, 이 역시 우리의 선택이다.

그렇다, 우리 자신을 사랑하는 것은 중요한 일이다. 그러나 거기에만 머물면, 금방 지루해진다.

리스크를 무릅써라.

누군가 다른 사람을 사랑하도록 당신 자신을 허용하라.

5
이제 도망가지 않아요

제이미는 해가 뜰 때 일어나 커피를 끓인 뒤 밖으로 나가 신문을 집어들었다. 그가 왜 그렇게 시시콜콜 자기 이야기를 늘어놓는지 납득할 수 없었다.

이 남자와 함께한 지 5년이 되었다. 그는 자신이 지금껏 이룬 것들에 대해 제이미가 알고 싶어 하거나 알 필요가 있는 것 이상으로 많은 말을 했다. 그 남자가 쏟아내는 이야기를 내내 서서 들으며, 제이미는 닥쳐! 그만 얘기하라고. 나한테 할 필요 없는 얘기잖아. 아, 이런 행동 정말 역겨워, 하고 마음속으로 외쳤다.

그러나 결국 제이미는 마음속으로만 했던 그 모든 말들을 남자에게 쏟아부었다. 신경안정제를 복용하고 몽롱한 상태로 일주일을 보낸 후였다.

뭐랄까. 이 남자와의 관계는 제이미가 맺고 있는 다른 관계들과 너무 달랐다. 그는 진짜 친절해 보였다. 거기다, 오, 하나님, 그녀는 그를 교회에서 만났다. 평소의 패턴대로라면 제이미는 당장이라도 짐을 싸서 그를 내쫓아버렸겠지만, 이번에는 어떤 이유에서인지 그러지 않았다. 제이미는 이 남자와 잠자리를 갖지도 않았다. 방을 따로 썼다. 그리고 그에게 치료 받을 것을 요구했다. 그러면서 한편으로는 궁금했다. '왜 이런 일이 났을까? 이런 일을 통해 내가 배워야 할 것이 있다면, 그것은 무엇일까?'

제이미는 치유를 서두르지 않았다. 그럼에도 불구하고 몇 가지 문제가 풀리기 시작했다. 제이미가 다섯 살 때 아버지가 돌아가셨다. 제이미의 엄마는 장례식에서 신경안정제를 제이미의 입에 쑤셔넣었다. "자, 이제 기분이 좋아질 거야. 굳이 고통을 참아가며 애쓸 필요가 없단다."

제이미는 혼자 있는 것이 두렵거나 단순히 돈이 필요해서 이 남자와 관계를 유지하는 것이 아니었다. 그녀는 자기 직업이 있고, 자기 인생이 있고, 자기 취미도 있었다. 매우 독립적인 여성이었다.

제이미가 이 남자 곁에 여전히 있는 건, 일이 끝나기도 전에 도망가는 대신 이번에는 제대로 끝을 보고 싶었기 때문이다. 이런 결정은 그녀의 인생에서 처음 있는 일이었다. 그리고 그 일이 일단락되면, 그녀 스스로 이제 다 끝났다는 것을 저절로 알게 될 것이다. 이런 방식의 자기 신뢰 역시 처음 경험하는 것이었다.

이 남자 곁에 더 있기로 결정하자, 다음 단계로 나아가는 데 도움이 되는 작은 정보들이 하나씩 나타났다. 필요한 사람들이 나타나고, 필요한 시기에 그녀가 듣고 싶은 말을 듣게 되기도 했다.

몇몇 친구들이 자신의 뜻을 내려놓고 신께서 하시는 대로 따르는 것을 이야기한 적이 있는데, 제이미는 이렇게 일이 펼쳐지는 대로 맡겨놓고 다 괜찮아질 것이라고 믿는 것이 바로 그런 것이 아닐까 하고 느꼈다.

그녀는 이런 일이 있고 나서 인터넷에 접속했다. 비슷한 문제를 겪은 사람들이 그녀의 치유를 도우려고 나타났다. 온라인 커뮤니티를 운영하는 여자도 알게 됐다. 재미있었다. 그리고 바로 어제는 갑자기 이상한 속삭임을 들었다.

'너는 곧 그 여자를 만나게 될 거야. 그 여자가 돌아올 거거든.'

얼마 후, 제이미는 편의점에 들렀다. 사탕 진열대에 시선이 갔다. 정말 말도 안 되는 일이지만, 사탕 한 상자가 그녀 앞으로 튀어나오는 것 같았다. 사탕 상자 겉면에는 'Melody's Pop'이라고 적혀 있었다. 그녀는 글자 하나를 빠뜨렸네, 라고 생각했다. 'Melody's Pops(멜로디의 아빠)'라고 해야 하는데, s자가 빠진 것이다. 아무런 근거도 없이 그런 생각이 들었다.

제이미는 신문을 보면서 커피를 마셨다. 무엇 때문인지 부고 기사에 눈이 갔다. 평소라면 눈길도 주지 않고 넘기는 페이지였다. 전혀 관심이 없었기 때문이다. 그런데 오늘은 이상하게도 부고 기사를 지나치기가 어려웠다. 고인의 성이나 이름을 보지도 않은 채 부고 기사를 끝까지 읽었다. 맙소사, 기사 내용을 읽어 보니, 고인은 바로 자기 자신의 계부이자 멜로디 비티의 친부였다. 멜로디 비티는 강연 여행 중인데!

나는 그때 워싱턴 D.C.의 한 호텔 방에 있었다. 2001년 9월 11일, 세계무역센터 폭파 사건 직후로 나는 분주한 일정을 소화하느라 여념이 없었다. 보통 나는 집에 들르지 않고 일정을 연이어 잡는 것을 선호했다. 일정은 더할 나위 없이 빡빡했고, 피곤에 지쳐 있었다.

종종 그렇듯이, 강연 요청을 받으면 거기에 따라 필요한 호텔 예약은 나를 후원하는 사람들이 해준다. 그러나 호텔방에서 장거리 전화를 할 있는 서비스까지 별도로 신청하는 경우는 없었다. 아마도 내가 밤새 장거리 전화 통화로 지루함을 달랠 가능성을, 그로 인해 전화 요금 폭탄을 맞을 가능성을 차단한 것이리라. 그날도 나는 전화를 사용할 수 없었다. 그리고 여행 일정에 대해 누구에게도 알린 적도 없었다. 나는 캘리포니아를 떠나는 바로 그 전날까지도 정확히 어디로 가게 될지 몰랐다. 여행을 하다 보면 가끔 그런 일이 일어난다. 대부분 나는 그저 흐름을 따를 뿐이다.

휴대폰도 가져오지 않았기 때문에 전화도, 메시지도 받을 수 없었다. 며칠 동안은 계속 같은 상태였다. 그래도 노트북은 가지고 왔다. 그리고 그날 아침, 이메일을 확인하기 위해 인터넷에 접속했지만, 무슨 이유 때문인지 접속이 원활하지 않았다. 겨우 이메일 하나만 확인했을 뿐이다. 그리고 이내 연결이 끊겼다.

내가 확인한 단 하나의 메일. 그것은 제이미에게서 온 것이었다. 다행히 나는 그것을 읽었다.

"언니, 아버지가 돌아가셨대. 나도 부고 기사를 보고서야 알았어."

나의 아버지는 내가 세 살 때 집을 나갔다. 오랜 세월, 나는 그를 거의 본 적이 없다. 아버지의 가족은 아마도 내게 어떻게 연락해야 할지 몰랐을 것이다. 그래서 부고 기사에 내 이름을 넣음으로써, 누구든 내게 연락을 해서 아버지의 죽음을 알려주기를 바랐을 것이다.

나는 남은 일정을 조정할 시간이 충분하지 않았고 항공편도 구하기가 쉽지 않아서, 장례식 바로 직전에야 겨우 고향에 돌아올 수 있었다.

추도식은 조용히 진행되었다. 의붓오빠가 말했다. "아버지에게 문제가 있었다는 사실은 부인할 수 없습니다. 하지만 오늘은 그가 행한 선한 일과 그의 삶이 우리에게 주었던 선물을 기억하면 좋겠습니다."

제이미가 말했다. "모든 것을 다 하나님께 내맡겨야 한다는 말을 처음으로 들었을 때, 저는 그것이 내가 아프리카로 가서 선교 사업을 해야 한다는 뜻이라고 생각했어요. 그런데 나는 그러고 싶지 않았죠. 생각만 해도 끔찍했어요. 그러다 나는 그것이 그런 뜻이 아니라는 걸 알게 됐죠. 어쩌면 아프리카 선교보다 더 어려울 수도 있지만, 어쨌든 그건 내 삶에서 일어나는 모든 경험을 회피하려고 하지 말고 있는 그대로 받아들이라는 뜻이었어요. 설령 그로 인해 내가 상처를 입더라도 큰 뜻에서 보면 더 좋은 일이 일어날 것임을 신뢰할 수 있어야 한다는 것이지요. …재미있는 것은, 이제 지고한 섭리에 내맡긴다는 것이 어떤 것인지 경험하고 나니, 아프리카에 가는 것쯤은 아무렇지도 않게 생각된다는 거예요. 영성이란 제가 생각한 것과는 다르더라고요. 우리 가족은 어떤 희생을 치르더라도 고통은 무조건 피하라고 말하곤 했어요. 그런데 내가 이 삶을 통해 배운 것은 고통이란 것이 사실은 선물이라는 것, 우리가 삶을 새로운 방식으로 볼 수 있도록 도와주는 우주의 선물이라는 것입니다."

제이미는 달아나기를 멈추고 미지의 세계로 들어섰을 때, 그녀는 신을 향해 달려가 안긴 셈이다.

때로 인생은 우리의 관심을 끌기 위해 벽돌로 우리의 머리를 내려치려고 하기도 한다. 고도의 알아차림 또한 하나의 선택이다.

우리가 배우는 중이라는 것을 신뢰하는 것,
납득이 잘 되지 않더라도 그렇게 믿어주는 것은,
인생의 신비가 펼쳐지도록 허용하는 방법이다.

6
침대에서 만난 괴물

그날, 마지는 그가 코 고는 소리에 잠이 깼다. 그리고 간신히 몸을 일으켰다.

그녀는 사실 매일 같은 생각을 했다. '코 고는 소리가 점점 심해지는 것이, 혹시 심장 상태가 악화되고 있는 것은 아닐까? 이러다 곧 죽는 거 아니야? 이 결혼 생활에서 자유로워지려면 도대체 얼마나 더 기다려야 할까?'

마지는 매일 아침 일어나는 일이 너무 힘들었다. 사는 것이 답답하고 두려웠다.

커피를 한 잔 따르고, 신문을 펼쳤다. 이제 곧 그는 기침을 하며 부엌으로 내려올 것이다. 아니면, 방에서 뭔가를 던져 부수거나… 그것도 아니면, 그녀 이름을 기분 나쁘게 불러댈 것이다.

일어났는데 기분이 좋지 않다면, 그는 아마 둘 다 할 것이다.

그녀는 그날 하루가 어떻게 흘러갈 것인지 마음속으로 상상했다. 그는 점심을 달라고 소리 지를 것이고, 저녁에도 그럴 것이다. 만약 전화가 와서 통화가 길어지면, 그녀에게 와서 거칠게 전화기를 낚아챌 것이다. 마지는 빨래를 하고, 시계를 볼 것이다. 8시쯤이 되면, 그는 술을 두 잔 정도 마신 상태가 된다. 그리고 잔다. 마지가 원하는 것을 할 수 있는 시간은 그로부터 서너 시간 정도이다. 이따금 그녀는 억지로 늦게까지 깨어 있기도 했지만, 잠이 필요한 것을 부정할 수는 없었다. 더구나 그보다 늦게 일어난다는 것은 있을 수 없는 일이었다.

확실히 그녀가 꿈꾸던 삶은 이런 게 아니었다. 그러나 이제 마지는 자신이 어떤 삶을 원했었는지 기억조차 나지 않는다. 남편. 아이들. 사랑 같은 것. 뭐가 되었든 적어도 예측 가능한 일이었고, 그녀에게 있어서 예측 가능하다는 것은 안전을 의미했다. 그녀는 무엇을 기대해야 할지 알았으며, 강인했다.

그녀는 충분히 감당할 수 있었다.

하지만 그녀는 '두려움'이라는 느낌에 너무 익숙해진 나머지, 자신이 그렇다는 것조차 인식하지 못했다.

오늘 아침이 다른 모든 아침과 다를 이유는 전혀 없었다. 어쩌면 그 모든 것은 그녀가 그의 허락하에 매일 오후에 보는 토크쇼의 조각들일지도 모른다. 희미한 빛이 들어왔다. 그녀가 읽고 있던 신문 기사의 내용이 흐려졌다.

'나는 그저 그가 죽기만을 기다리고 있는 것이 아니야. 이건 내가 죽을 때까지 똑딱거리는 시계를 지켜보고 있는 거나 마찬가지라고.'

마지는 전화번호부를 집어들고 화장실로 들어가 문을 잠그고 도움을 요청했다. 오늘 아침에 본 것을 믿을 수가 없었다. 겁이 났다. 침실에는 괴물이 누워 있었다. 만약 빨리 뭔가를 행하지 않으면, 그녀는 자기 인생을 살 수 없을 것이다.

주말이 가까워진 어느 날, 시장을 보러 나가기로 되어 있던 바로 그날, 마가렛은 처음으로 심리 상담을 받으러 갔다. 괴물은 아마도 그녀가 마트에서 꾸물거리느라 시간이 늦어진다고 생각하고 있을 것이다. 하아!

그녀는 자신의 감정, 어린 시절, 현재의 삶을 드러내놓고 이야기하기 시작했다. 그리고 자신이 그를 괴물로 만든 것이 아니라, 그가 스스로 그렇게 되었다는 것을 이해하기 시작했다. 또한, 스스로 불행하다고 느낀다면, 언제라도 떠날 수 있다는 것도 알게 됐다. 그녀는 얼마 지나지 않아 일자리를 찾았다. 월급이 그리 많지는 않았지만, 그래도 충분했다. 차도 한 대 장만했다. 머물 곳도 마련했다.

미지의 세계로 나아가는 모든 단계가 천천히 그녀를 새로운 삶으로 이끌었다. 처음에는 뭔가 낯설고 불편한 느낌이었다. 그러나 이제 마지는, 자신도 할 수 있다면 누구라도 할 수 있을 것이라고 말한다. 그녀가 침대에서 괴물을 보았던 날, 오랜 잠에서 깨어난 그날은, 그녀의 나이 일흔한 살의 어느 날이었다.

뉴욕주의 시러큐스에서 사람들과 이야기를 하고 있을 때, 한 여성이 손을 들고 물었다. "자기 자신을 돌보는 데에는 법칙이 있나요? 정확히 어떻게 해야 하는 건가요? 그런 말이 처음이라, 많이 헤매게 되네요."

나는 대답을 시작했다. 어쩌고 저쩌고 어쩌고 저쩌고 한참을 말하다 잠시 멈췄다. 그 여자는 나한테 거의 매달리고 있었다.

공동의존에 대한 것이나 약물 중독에서의 회복법, 자녀를 돌보는 방법, 혹은 결혼과 배우자와의 관계 등, 초심자가 새로운 기술을 습득하는 것은 어려운 일이다.

물론, 우리 스스로는 결코 이해할 수 없을 것 같은 일들을 아주 쉽고 편하게 하는 사람들도 있다. 이들은 종종 자신이 하고 있는 것에 대해 자기만의 방식으로 별칭을 붙여 사용하기도 한다. 그런 별난 용어들은 외국어처럼 알아들을 수가 없다.

그런 말을 듣게 되면 '난 전혀 이해하지 못하겠어. 무슨 말인지 짐작조차 안 돼.' 하고 생각한다.

무엇을 하든 초심자는 늘 어려움을 겪을 수밖에 없지만, 그 어려움이 있는 곳이야말로 우리 인생에 매우 중요한 지점이다. 모르고, 실수하고, 무언가 시도하고, 실패하고, 좌절하고, 또 다른 것을 시도하는 것. 이 모든 것이 우리가 배우는 방법이다. 이전에는 한 번도 사용한 적이 없던 근육—신체적인 것이든, 정신적인 것이든, 영적이든, 감정적이든, 아니면 이 가운데 어떤 것들의 조합이든—을 사용하게 되는 것이다.

서고 걷는 법을 배우는 조랑말처럼, 우리는 우리가 지금 배우고 있는 것이 무엇이든 그것에 관한 근육 기억muscle memory*을 발달시키기 위한 시간이 필요하다.

질문을 하여, 다른 사람들에게 지혜를 요청하라. 우리에게 이런저런 것들을 줄 수 있는 사람들이 많다. 지지와 격려를 보내주고, 또 자기만의 의견을 피력해 줄 사람들을 만날 수 있다. 자신을 지지하는 사람들이나 멘토로부터 피드백과 사랑과 응원, 훈련을 받는 것은 매우 가치 있는

* 몸이 기억한다는 뜻으로, 특정한 운동을 반복한 사람이 일정 기간 그 운동을 하지 않다가 복귀해도 초보자가 그 운동을 하는 것과는 비교할 수 없을 정도로 예전 상태를 회복하게 되는 신체의 기전을 가리키는 말이다.

일이다. 그러나 어둠 속에서 더듬거리며 무엇이 바른 길인지를 자기 자신의 느낌으로 터득해 가는 이 기이한 과정을 대체할 수 있는 것은 어디에도 없다.

새로운 것에 마음을 여는 간단한 결정만으로도
우리는 삶을 극적으로 변화시킬 수 있다.

7
비어 있는 그 상태 그대로 즐기기

주말이었다. 특별할 것이라곤 없는 평범한 주말. 켈리는 불현듯 자신이 뼛속까지 외롭다는 것을 깨달았다.

켈리의 마지막 연애는 4~5개월 전에 끝났다. 유효기간은 1년 반이었다. 켈리는 그를 끔찍이 사랑한 것은 아니었지만, 자신이 안전하다고 느꼈다. 그렇고 그런 연애가 이어졌지만, 곁에 누군가가 있다는 것이 좋았다.

이별 후에 켈리는 몇 차례 다른 사람들과 데이트를 했으나, 잘된 건 하나도 없었다. 처음에는 열정적이었지만 금세 희망을 잃었고, 자기도 모르는 사이 데이트 요청을 거절하고 있었다. 그렇다고 그녀가 혼자 지내고 싶어 하는 것은 아니었다. 지난 몇 년 동안 관계를 통해 아주 많은 것을 배웠다고 할 수도 있었다.

지금 즉시 누군가가 곁에 있었으면 하고 바라는 것은 아니었다. 혼자가 되는 것이 두려워 누군가에게 매달리고 관계를 맺는 일은 그만하고 싶었다. 적어도 이번 주말까지는.

켈리는 전화가 울리기를 기다리며 전화기를 바라보았다. 전화를 걸 수도 있긴 했다. 당장 전화를 걸 수 있는 번호들이 있었다. 옛날 남자친구들의 전화번호도 아직 유효했다. 누구한테 전화를 걸면 좋을까? 아냐, 아냐, 아냐. 그녀는 마음속으로 전화를 걸 만한 사람들을 한 사람씩 떠올리면서 전화를 걸면 어떤 반응을 보이게 될까, 하고 생각했다.

금요일 밤의 황금 같은 시간이 속절없이 스러져가고 있었다. '뭐, 하는 수 없지 뭐. 어쨌든 나에게는 선택권이 있어.' 하고 그녀는 생각했다.

그러나 뭔가 이상한 느낌이 들었다. 당장 할 일이 아무것도 떠오르지 않았다. 선택사항들이라는 게 있을지는 몰라도, 도대체 그게 어떤 어떤 것들인지는 아무래도 알 수가 없었다.

켈리는 몇몇 친구들에게 전화를 걸어 보았다. 자신의 집으로 와서 같이 TV를 보지 않겠느냐고 묻고 싶었다. 그러나 아무도 집에 없었다. 집에 있을지도 몰랐지만, 어쨌든 전화를 받은 사람은 없었다.

좋아, 그녀는 생각했다. '혼자 영화를 보는 거야.' 그리고 그녀는 그렇게 했다. 토요일 아침이 되어 잠에서 깼지만, 금요일에 느꼈던 그 공허한 감정은 그대로였다.

'왜 아무도 나한테 전화를 걸지 않는 거지?' 그녀는 생각했다. '오늘 밤, 옛 남자친구들 중 누구라도 나한테 전화를 해서 데이트를 신청한다고 해도, 나는 거절할 거야. 그러면 내가 선택권을 가지고 있다는 것을 확실하게 느낄 수 있을 테니까.'

그러나 전화는 울리지 않았다.

대신, 공허함이 땡땡거리며 울렸다. '그 무엇도 제대로 굴러가고

있는 것 같지가 않네. 무엇을 해야 할지 도대체 감을 잡을 수가 없어.'

그러니 자각이라는 것이 생길 리 없었다.

'여러 해 동안, 나는 인생의 다음 단계로 나아가고 싶다고 말해왔어. 인간관계에서나 사랑에서나. 그러나 나는 과거를 너무 붙들고 있었어. 과거에 연연하고 있으니 새로운 것이 들어올 리가 없지.' 켈리는 조용한 거실을 바라보며 생각했다. '나는 항상 혼자가 되지 않기 위해 누군가가 필요했어. 나 자신과 단 둘이 남겨지는 것을 피하기 위해서 말이야. 나는 내가 어디론가 가고 있다는 감각을 얻기 위해서 사람들과 어울렸지. 내가 원하는 관계는 아니었지만, 익숙했으니까. 적어도 그 속에 있으면 나는 혼자가 아닐 수 있었거든. 내가 원하는 관계가 아니었으니까 지겹고 불행하다는 느낌뿐이었지만. 어쨌든 뭔가로 채워지게 되면, 적어도 내가 얼마나 공허해하는지 그걸 느껴야 할 필요는 없게 되니까.'

전화는 울리지 않았다. 켈리는 여전히 무엇을 해야 할지 알 수 없었다. 그런데도 이상하게 편안했다. 이상하게 느낄 만도 하지, 하고 그녀는 생각했다. '드디어 내 인생이 새로운 곳으로 나아가고 있는 거야. 나는 공空의 나라에 와 있는 것이니까.'

'무슨 일이 벌어질지 너무 기대돼.' 일요일 밤, 켈리는 생각했다. '나는 뭔가 새로운 것을 배우고 있는 거야.'

미지의 동굴은 어둡고 무섭다. 하지만 '모르겠다!' 하고 인정하고 말하고 나면—적어도 나 자신에게라도— 그 미지의 동굴은 마법의 장소가 될 수도 있다. 우리는 마법이 일어나고 있어도 그런 변화를 항상 볼 수 있는 것은 아니다. 돌이켜보고서야 우리는 그 시간이 얼마나 강력했는지 알게 된다.

살다 보면 누구나 미지의 동굴을 방문한다. 어떤 사람들은 고작해야 몇 번 정도이지만, 또 어떤 사람들은 좀 더 많이 방문할 수도 있다. 더 이상 갈 곳이 없어서 미지의 동굴에 들어서게 되기도 하고, 그 동굴이 슬그머니 우리 곁으로 다가오기도 한다. 우리는 그저 불현듯 미지의 동굴 속에서 스스로를 발견하게 될 뿐이다. 때로 우리는 어떤 한 가지를 배우고 있다고 생각하지만, 시간이 지나 뒤돌아보면, 그동안 다른 기술들 또한 실질적으로 발전시키고 있었다는 것을 깨닫게 된다.

우리는 대개 경험을 통과하고 있는 중에는 뭘 배우고 있는지 알지 못한다. 큰 실수를 저지른 것처럼 고통스러울 수도 있다. 미지의 세계로 나아가기로 결정하는 것—우리가 끝까지 발버둥치고 비명을 지르더라도—은 마법 같은 변화가 일어나는 방식이다.

우리는 삶의 어떤 시기마다 미지의 세계로 들어서게 되고, 그것에 대해 서로 다른 이름을 붙인다. 결혼하기, 이혼하기, 관계 시작하기, 문제를 해결하기 위해 관계 유지하기, 또는 기꺼이 혼자 있기…. 미지의 세계로 나아가기로 한 결정은 우리가 다음에 무엇을 해야 할지 모른다는 사실을 인정하고, 친구나 치유자, 또는 더 지고한 신께 도움을 요청하는 일만큼이나 간단한 것에서부터 시작될 수 있다.

우리는 할 수 있는 한 최선을 다해야 한다. 우리가 최선을 다하면, 나머지는 신께서 도우실 것이다. 이런 단순한 진리를 알고, 거기에 따라 살고 있는 사람들이 의외로 많다. 마법은 항상, 최선을 다하지만 할 수 없다고 인정하게 되는 시간의 언저리 어디쯤에선가 일어난다.

미지의 동굴은 불편하고 두려울 수 있다. 보장된 것은 아무것도 없다. 하지만 너무 익숙하고 편하기만 하다면, 그것은 우리가 새로운 것을 하지 않고 있다는 것의 반증이다. 인생 수업은 때마다 우리를 새로운 영역, 친숙하지 않은 어딘가로 안내한다. 아이의 탄생, 투병, 새로운 직업, 자식들이 모두 독립한 후 다시 시작하는 인생, 사랑하는 사람의 죽음, 금주, 강박증이나 주의력결핍증, 공동의존과 같은 심리적인 문제 다루기….

인생이란 이런저런 것이라고 미리 가정하지 말라. 이건 이렇고 저건 저래야 한다는 낡은 믿음을 내 삶에 투사하지 말라. 삶에 대한 경이로움을 키워 나가라. 물론 삶의 마법과 신비를 경험하기 위해 일부러 공空 가운데로 들어가거나 어떤 문제나 고통을 겪을 필요는 없다. 매일 아침 잠에서 깨어나 겸허한 마음, 열린 마음, 열린 가슴으로 새로운 하루를 열어라. 인생의 신비는 그렇게 찾아온다.

발밑에 무엇이 있는지 모르고,
어디로 가는지 확신할 수 없을 때는 조심해서 걸어라.
어둡고 무서운 만큼 거기에는 분명 마법도 있을 것이다.
삶이 어떠해야 한다는 기준과 낡은 생각을 버릴 때,
당신은 모든 창조가 시작되는 신비한 공空 속에 있게 된다.
빛을 보고자 한다면, 빛이 보일 때까지 천천히 걸어라.
그리고 준비하라.
우리에게는 넘어야 할 산이 있다.

제3장

다르마의 수레바퀴

속도를 늦춰라. 호흡을 하라. 선택을 하고, 기회를 잡으라.
경험을 피하지 말라. 생의 수레바퀴를 타고 가라.
마법은 내일이나 어디 먼 곳에 있는 것이 아니다.
마법은 바로 이 순간,
당신이 있는 그곳 그 자리에서 일어난다.

"사람들은 곧잘 카르마에 관해 이야기하지." 조가 말했다. "그런데 다르마dharma, 곧 진리에 대해서는, 그리고 그것을 터득하고 수행하는 것에 대해서는 이야기하는 걸 좋아하지 않는 것 같아. 다르마의 수레바퀴는 끝도 없이 돌고 돌아가지. 우리 자신이 고운 모래가 될 때까지 갈아야 할 것처럼. 온갖 다르마들이 우리 안에 완전히 녹아들어 우리 자신의 것이 될 때까지."

오전 4시 30분. 배낭을 메고 제1성산을 향해 출발해야 할 시간이다. 조와 나는 푸퉈산普陀山이 깨어나는 소리를 들으며 작은 섬의 조용한 거리로 나섰다.

우리는 호텔 옆에 있는 명상 사원을 지나갔다. 그런 다음 산으로 이어지는 길을 따라 왼쪽으로 방향을 틀었다.

무슨 일이 일어나게 될지, 나로서는 상상할 수도 없었다. 나는 등산을 잘하는 편도 아니었다. 곧 콘크리트 계단이 시작됐다.

조는 "바로 이거야."라고 설명했다. "중국의 성산을 오르는 방법이 바로 이거래. 계단 오르기!"

"정상까지 얼마나 남았어?" 내가 물었다.

"그런 건 계산하지 마, 멜로디. 정상에 도착하면 저절로 알게 될 테니까. 더 이상 올라가지 못하도록 계단 방향이 내려가는 쪽으로 바뀌어 있을 거 아니야."

여행 책자에는 푸퉈산 높이가 300미터라고 되어 있었다. 고개를 들자 끝도 없이 펼쳐진 계단이 보였다. 계단, 계단, 계단…. 미터의 개념은 더 이상 큰 의미가 없었다. 무릎이 아팠다. 토스트 생각이 간절했다. 국수는 생각만 해도 질린다. 버터, 달걀… 미국식의 기름진 음식들이 너무도 그리웠다. 하지만 나는 지금 여기에 있고, 무릎 통증은 계속되고 있지만, 그래도 정상까지 오르기로 마음 먹은 상태였다.

제1성산은 가장 오르기 쉬운 산이었다. 고도가 낮아서 등반 시간도 짧기 때문이다. 그렇다고 해서 내가 고도에 대해 제대로 이해하고 있는 것은 아니다. 내가 아는 것이라고는, 높이 올라갈수록 공기층이 얇아지고, 그래서 덴버Denver처럼 고도가 높은 곳에서는 약간 멍해진다는 것이 전부였다. 실제로 스카이다이빙을 하기 위해 비행기로 상공 3,800미터 높이까지 가보면, 호흡이 조금 어려워지는 것을 경험하기도 한다. 하지만 그건 스카이다이빙이고, 여기는 산이고, 나는 전문 산악인이 아니지 않은가. 이곳에 온 목적은 등산이 아니라 영적 탐구를 위한 것이었다.

조는 31세로 나보다 훨씬 어렸고 자칭 여피족*이었으며 야외 활동을 좋아하는 스타일이었다. 누가 봐도 그는 산을 정복하기 위해 여기에 온 사람 같았다. 우리 둘은 의외의 조합이었지만, 서로가 가진 반대 성향이 적절히 섞여 좋은 여행이 되기를 바라는 마음만은 똑같았다.

---

* 도시에 사는 젊고 세련된 고소득 전문직 종사자. 젊은(young), 도시의(urban), 전문적인(professional)에서 딴 YUP에서 나온 말.

우리는 오르고, 오르고, 또 올랐다. 마치 거대한 스테어마스터 Stairmaster*에 갇혀 끝도 없이 올라가야만 할 것 같았다. 어떤 계단은 좁고 가팔랐으며, 어떤 계단은 넓고 완만했다.

처음에는 이 등산을 끝내는 것 말고는 다른 어떤 생각도 할 수가 없었다. 무릎 통증은 다리를 뻣뻣하게 만들어, 구부리지 않고 한 걸음씩 끌어올리면 좀 덜한 것 같았다. 계단을 오를 때마다 점점 더 지치고, 숨이 더 가빠졌다.

'빨리 올라가자. 빨리. 빨리 올라가자고. 그런데 내가 과연 정상까지 올라갈 수 있을까? 성공일까, 실패일까?' 나는 항상 이렇게 다음 단계를 상상하면서 머리로 지금 여기의 나를 앞질러 갔다. '천천히 해. 여유를 좀 갖자고. 하나씩 올라갈 때마다 그 순간에 온전히 머물러 보는 거야. 너를 지치게 만드는 건 계단 오르기가 아니야. 진짜 너를 지치게 만드는 건 두려움과 긴급함으로 너를 몰아넣고 있는 너 자신이라고. 지금 여기에 현존하는 것을 피하고 있는 너 자신 말이야.'

모든 단계에는 배울 것이 있다. 두려움, 죄, 죽음, 상실, 관계, 권력, 돈, 놀이, 용서, 동정심—이 모든 것이 다 우리가 배울 것들이다. 배움은 우연히 일어나지 않는다. 엘리자베스 퀴블러 로스 Elisabeth Kübler Ross는 이러한 인생 수업에 대해 "생의 수레바퀴"라는 이름을 붙였다.

때로 우리가 얻는 배움은 매우 개인적이다. 마치 수많은 사람 중 나에게만 이런 일이 일어나는 것처럼 여겨진다. 그러나 주위를 둘러보고, 여러 통계치들을 살펴보면, 살아가면서 누구나가 겪는 일이라는

---

* 계단 오르기를 반복하는 운동 기구. 한국에서는 '천국의 계단'이라고 불린다.

것을 알게 된다. 우리는 그 배움으로 인해 우리의 의식이 바뀌는 경험을 한다. 나에게만 이런 경험이 일어나는 것 같지만, 나보다 먼저 경험한 사람도 있고, 나를 따라 좀 더 늦게 이 길을 걷게 되는 사람도 있다. 혼자 이겨내고 있는 것 같지만 그건 착각인 것이다.

우리는 이 길을 결코 혼자 가는 것이 아니다.

때로 이 배움은 규모가 커져서 세계적인 수준에서 일어나기도 한다. 규모가 큰 집단, 혹은 대규모 집단 의식에 영향을 미칠 만큼 충분한 힘을 가진 개인(들)에게 일어나는 것이다. 이런 문제에 직면하면 우리는 개인으로서, 그리고 집단으로서, 함께하는 것의 가치를 생각하고, 느끼고, 찾게 된다. 나에게 일어나는 이 배움을 겪고 있는 또 다른 누군가가 있을까 하며 주위를 두리번거릴 필요도 없다. 바로 옆에 있는 모든 사람들이 함께 겪고 있기 때문이다.

우리 중 많은 사람들이 그 게임의 일부로 공동의존(자기 자신을 사랑하고 돌보는 법을 배우는 것)이나 약물 의존, 혹은 여러 중독으로부터 깨달음을 얻는다. 또한 봉사에 대해서, 주고받는 일에 대해서, 그리고 이 두 가지 모두의 중요성에 대해서도 배운다. 인내심과 믿음 또한 인류의 공통적인 배움이다.

다른 사람들보다 배움의 기회가 더 많이 주어지는 사람들도 있다. 배움의 과정이 까다롭게 느껴질 때가 있는데, 우리 뜻대로 풀려가지 않으면 막상 기회가 주어져도 우리가 그것을 불편하게 받아들이기 때문이다. 무슨 일이 일어나고 있는 것인지 확신할 수 없을 때가 많고, 설령 우리를 모래처럼 곱게 만들기 위해 갈고 있는 수레바퀴일 거라는 생각이 들어도 당장 고통스러우면 차라리 멈췄으면 좋겠다고 바라기도 한다.

평생 배움이라는 개념은 결코 새로운 것이 아니다. 구약성서의 욥을 기억하는가? 하나님의 부르심을 받은 의로운 사람 욥. 그가 가진 것을 모두 잃었을 때 그의 친구들은 그 자리에 서서 손가락질하며 말했다. "이런 일을 당하다니 넌 뭔가 끔찍한 일을 저지른 게 분명해."

욥은 하나님께 분노했다.

그러나 그가 이 사건을 통해 분노, 수용, 항복, 그리고 무엇보다 중요한, 친구들을 용서하는 법을 다 배우게 되자, 그를 곱게 가는 거대한 생의 수레바퀴가 다 돌아간 셈이 되었다.

걸음의 속도를 좀 늦추자 따뜻한 햇빛이 느껴지기 시작했다. 왜 많은 신앙인들이 신께 이르는 길을 계단 오르기에 비유했는지 알 것 같았다. 염소가 언덕에서 풀을 뜯고 있다. 대나무 숲 그늘이 계단에 복잡한 디자인을 만들어낸다. 목이 마르면 길가에 샘이 나타났고, 피곤해지면 쉴 곳이 나타났다.

조와 나는 드디어 정상에 도착했다. 우리는 그곳에 있는 사원을 방문했다. 그러고는 산 정상 주변을 걸으며 언덕 옆에 지어진 칸막이식 작은 건물에 들어가 보았다. 대부분은 비어 있었으나, 어느 한 곳에는 스님이 앉아 명상 기도를 하고 있었다. 우리가 안을 들여다보자 스님은 고개를 끄덕이며 들어오라고 손짓했다.

우리는 들어가 앉았다.

그가 나에게 재단에 향을 올리지 않겠느냐고 말했다. 나는 불을 붙여 향을 올렸다.

산 정상에 있는 동안에는 잠시 기분이 좋았다. 그러나 다시 내려가야 했다. 내려가는 길에 보니, 사람들이 샘터에 가게를 차려놓고 물을 팔고 있었다. 조금 전까지만 해도 공짜였던 물을 이제는 돈을 주고 사야 했다. 사실 우리가 필요로 하는 것은 자연이 모두 제공한다. 하지만 상업적인 사람들은 그것을 이용해 자본적 이득을 취한다.

웃음이 났다.

속도를 늦춰라. 호흡을 하라. 선택을 하고, 기회를 잡으라. 경험을 피하지 말라. 생의 수레바퀴를 타고 가라.

춘 차이 Tsun Tsai는 『마스터의 뼈 Bones of the Master』에서 "서두르고 걱정하는 것은 효과가 없다."라고 말했다. 마법은 내일이나 어디 먼 곳에 있는 것이 아니다. 마법은 바로 이 순간, 당신이 있는 그곳 그 자리에서 일어난다.

3장은, 생의 수레바퀴를 돌리는 데 도움이 되었던 사람들의 선택에 관한 이야기들이다. '도대체 왜 나한테 이런 일이 일어난 거지?'라고 묻는 대신, '나는 누구인가?', '지금 어떤 느낌이 드는가?', '나는 무엇을 하고 있는가?', '나는 지금 무엇을 배우고 있는가?' 하고 묻기 바란다. 우리가 실제 감사하다고 느끼든 느끼지 않든, 모든 일 하나하나에는 감사할 거리들이 들어 있다. 그 비밀을 간파해 보라.

1
작별 연습

말린은 병원 문을 열고 들어가 엘리베이터를 타고 7층으로 올라갔다. 오늘은 사흘 동안의 휴가를 마치고 돌아온 첫 근무일이었다. 오늘 밤 근무는 제발 조용히 지나갔으면 하고 바라는 마음이었다. 담당하는 환자들 중 일부는 말기 환자들이어서, 그녀는 늘 그들이 평화롭고 고통이 없기를 바랐다.

말린은 미로 같은 병원 복도를 지나 자신의 근무지에 도착했다. 어이쿠! 보니Bonnie가 막 퇴근하려고 하는 중이었다. 보니를 보니 짜증이 났다.

이제 곧 보니는 낮 근무 동안 있었던 일들에 대해 짤막한 보고를 시작할 것이다. 보니가 설명하는 환자의 상태를 듣는 건 너무너무 짜증이 나는 일이었다.

말린은 입술을 깨물며 보니의 설명을 듣고 있었다. “212호는 또 징징거려요. 날이면 날마다 새로운 불평할 꺼리가 생긴다니까요. 그 환자 어떤지 알죠? 진통제를 더 많이 받으려고 꼼수를 쓰는 것 같아요. 209호는 저녁 식사를 아예 안 했어요. 고스란히 반납했더라고요. 입맛에 맞지 않았나 본데, 여기가 리츠 호텔도 아니고 자기가 룸서비스라도 시킨 줄 안다니까요."

말린은 '그들은 숫자가 아니야. 엄연히 이름이 있어.'라고 말하고 싶었다. 말린은 아픔이 느껴질 만큼 입술을 세게 깨물고 있었다.

'닥쳐, 말린.' 그녀는 혼자 중얼거렸다. '괜히 시빗거리를 만들지 말라고. 보니는 좋든 싫든 네 동료잖아.'

"아미슨 부인은 어때요?" 말린이 물었다. 아미슨 부인은 퇴원할 수 없는 환자 중 한 명이었다. 그녀는 말기 신경질환을 앓고 있었다. 기껏해야 그녀가 살 수 있는 시간은 10일에서 2주 남짓일 것이다.

"아, 205호요? 석션으로 분비물을 뽑아내고 있어요. 오늘 밤을 넘기지 못할 것 같아요."

"그래서 어떤 조치를 했나요?" 말린이 물었다.

"임종 단계라, 해줄 수 있는 게 없어요. 그냥 보내줘야죠."

말린은 주위를 둘러보았다. 간호조무사인 로렌이 교대 근무를 위해 막 도착한 것이 보였다. "잠시 도와줄래요?" 말린이 묻자, 로렌이 고개를 끄덕였다.

"그건 그렇고, 205호가 지난 며칠 동안 당신을 찾았어요." 보니가 말했다.

말린은 보니를 보지도 않고, "고마워요." 하고 짧게 응수했다.

말린은 생각했다. '이 여자를 상대하다 보면, 조만간 폭발해 버릴 것 같아. 자제력을 잃어버릴 거야. 그러면 직장을 잃게 되겠지.'

말린이 방으로 들어오는 것을 본 아미슨 부인의 눈이 빛났다. 말린은 침대 커버를 부드럽게 펼쳐 정리해 주었다. 그리고 아미슨 부인의 발을 덮어 따뜻하게 해주었다. 좀 더 편한 자세로 누울 수 있도록 베개도 좀 만졌다. 말린은 IV를 체크하고, 이어서 몇 가지 의료 절차를 수행했다. 그녀는 앉아서 에이미슨 부인의 손을 잡은 채로 그런 일들을 했다.

로렌은 말린이 아미슨 부인에게 하는 것을 지켜보면서, 말린의 지시에 따라 그녀를 도왔다. 아미슨 부인은 몹시 고통스러워 보였다. 말린이 다른 간호사들과 다른 점은 죽어가는 환자와 눈을 맞추기를 두려워하지 않는다는 것이었다. 그녀는 환자들에게 특별히 정중하고 친절한 간호사였다. 말린은 죽어가는 사람들이라고 해서 조금도 차별하지 않고, 매 순간 살아있는 사람이나 똑같이 대했다.

하지만 로렌은 여전히 죽음이 두려웠다. 때로는 와락 겁이 나기도 했다.

아미슨 부인은 말린이 방에 들어온 지 한 시간도 채 되지 않아 사망했다. 말린은 아미슨 부인의 곁에 앉아 그녀가 죽는 순간까지 자리를 지켰다. 아미슨 부인은 마치 말린이 작별 인사를 하러 와주기를 기다리고 있었던 것 같았다.

말린은 생각했다. '아니 어쩌면, 그녀는 죽음이란 것을 혼자 통과하고 싶지 않았을 수도 있지.'

말린은 자기 자신을 특별한 존재라고 생각해 본 적이 없었다. 그러나 로렌과 아미슨 부인은 말린이 뭔가 다르다는 것을 이미 알고 있었다.

말린의 아버지는 10년 전에 돌아가셨다. 말린의 열세 살 된 딸은 8년 전에 자살했다. 말린은 딸아이를 발견하고는 부둥켜안은 채 구급차를 불렀지만, 상황을 되돌리기에는 너무 늦었다.

'도대체 왜 이런 짓을 한 거야?' 말린은 고래고래 소리라도 지르고 싶었지만, 참았다. 그저 딸을 안고 작별 인사를 건넸을 뿐이다.

말린은 아버지나 딸의 죽음으로부터 얻은 좋은 점에 대해서는 생각해 본 적이 없었다. 그녀는 아버지와 딸이 다시 살아올 수만 있다면 세상의 무엇이든, 정말 무엇이든, 내주었을 것이다. 말린은 자기 삶을 살아내느라 너무 바빠서 자신의 영혼에 이미 스며들어 있었던 연민이라는 선물을 알아차리지도 못하고 있었다.

"세상 살면서 이보다 더 고통스러운 일이 어디 있겠어. 하지만 언젠가는 그 일이 반드시 나쁘기만 한 것은 아니라는 걸 알게 될 거야. 내가 장담할게." 내 아들이 죽었을 때 가장 친한 친구인 에코가 내게 해주었던 말이다.

그녀는 내가 삶을 포기하지 않고 계속해서 나아가야 하는 이유를 열심히 이야기했지만, 그녀의 말은 전혀 와닿지 않았다. '그래, 언젠가는 이런 일에서도 좋은 점을 볼 수 있을지도 몰라.' 하고 생각은 했다. '하지만 세상 어떤 것을 준다고 해도 이런 일을 치를 생각은 없어.'

어떤 상실은 너무 파괴적이어서 우리는 그런 일이 일어난 것을 결코 행복하게 받아들일 수 없다. 하지만 다시 행복해지는 것은 분명 가능하다. 인생의 어떤 사건은 우리가 전혀 통제할 수 없는 범위에서 일어난다. 그리고 그 비극에서 좋은 부분을 발견하기 위해 강박적으로 애쓰다 보면 스스로 미쳐버릴 수도 있다.

우리가 경험을 통해 얻게 되는 선물도 당연히 통제할 수 없다. 모든 단계를 충실히 깨어서 경험한다면, 각 경험은 저절로 자연스럽게 선물을 내놓을 것이다. 우리는 상실을 통해서 아무리 좋은 것을 배우게 된다고 해도, 또 배움을 통해 갖게 된 가치—동정심, 부드러움, 자비, 사랑 같은 것—가 아무리 선한 것이라 하더라도, 그것을 알아차리기가 힘들 뿐만 아니라, 거기에 대해 감사한 마음을 가진다는 것은 더욱 더 힘들다.

하지만 그런 선물을 알아차리는 사람들이 있는 것도 사실이다. 그들은 경험으로부터 터득한 것에 대해 감사의 마음을 품는다.

때로 우리가 할 수 있는 최선은 한껏 웅크리고 자기 자신을 방어하면서, 살아남아 힘든 그 시기를 헤쳐나가는 것뿐이다. 너무 힘들어 마트에 가서 식료품을 구매하는 간단한 일조차도, 마치 산을 오르는 것만큼 에너지가 고갈되고 소진되는 느낌이 들더라도 말이다.

삶의 힘든 현실을 한 순간에 모두 받아들일 필요는 없다. 감당하기 힘든 상실을 완전히 받아들일 필요도 없다. 그저 각 단계를 받아들이는 데 집중하면 된다. 각각의 느낌(하나 이상의 느낌일 수도 있다.)에, 매일의 날들에, 매 시간에, 무엇이 되었든 지금 우리가 하고 있는 그것에, 집중하는 것이다. 그러면 우리는 매 시간, 매 순간 온전히 현존하는 것이 삶을 살아가는 데 있어서 얼마나 실용적이고 가치있는 일인지를 깨달을 수 있다.

감당하기 어려운 일들은 트라우마나 충격의 형태로 찾아온다. 그리고 그것이 걷히고 나면, 엄청난 슬픔이 밀려온다. 우리는 상실로 인해 생겨난 빈 공간을 바라보며, 무감각해지고, 망연자실하여 침묵하게 된다. 때로는 시간이 지남에 따라 우리가 잃은 것이 얼마나 큰 의미였는지를 깨닫게 되어, 그 고통이 더욱 거대해지기도 한다. 그러고 나서,

원하든 원하지 않든, 우리는 다시 움직이기 위해 노력할 것이다. 원하든 원하지 않든, 다시 행복해지기 위해 노력할 것이다. 앞으로 나아가기 위해 할 수 있는 것이라고는 그저 이 고통을 치유하는 일에 집중하는 것, 그리하여 삶을 다시 사는 것을 지금처럼 힘들게 느끼지 않도록 만드는 것이다. 그러다 보면, 어느 날 기대감을 느끼며 잠에서 깨어 삶의 순간에 더 열심히 참여하고, 꿈꾸던 일을 하고, 그러면서도 어느 한편 상실감을 안고 살아가는 자신을 발견하게 될 것이다. 물론 이런 변화가 그다지 만족스럽지 않을 수는 있다. 그러나 놀랍게도 우리는 평화 속에서 지내고 있을 것이다.

우리는 많은 이들이 슬픔이라고 부르는 과정을 경험하면서, 사물과 사람, 삶과 죽음을 새로운 방식으로 보는 법을 배워 왔다. 그런 경험을 하면, 다시는 예전과 같은 사람으로 돌아갈 수 없다.

삶은 끔찍하지만, 동시에 거룩할 수도 있다. 그리고 그 끔찍한 순간들은 우리의 삶을 눈치채지 못하도록 조금씩 바꾸어 놓는다.

삶과 죽음. 원인과 결과. 우리 중 누구도 우리에게 시간이 얼마나 남았는지 알 수 없다. 어느 날 한 친구가 말했다. "나는 이 무상한 것들이 다 마음에 들지 않아."

내가 말했다. "나는 그것들에 목매지도 않아. 하지만 네가 거기에 익숙해지기만 하면, 넌 무상한 것들과 더불어 함께할 수가 있게 돼."

걸음 걸음마다를 충분히 깨어서 경험해야 할 이유는 차고도 넘친다.

슬픔은 비정상인 상태가 아니다.
슬픔은 우리의 가슴을 치유하는 자연스러운 방법이다.
상실을 직면하고 치유하기로 선택하는 것은
우리가 할 수 있는 가장 어려운 결정 중 하나이다.

2
빙빙 도는 것 같아요

"엄마, 또 화가 나기 시작해요." 찰리가 방에서 뛰쳐나오며 말했다.

엄마는 통화 중이었다. "죄송합니다." 전화에 대고 엄마가 누군가에게 말했다. "가봐야 해서요."

찰리 자신도 자신의 갑작스러운 분노 폭발이 끔찍했다. 몇 분 전만 해도 그렇다. 그가 화를 내자 엄마는 경찰을 불러야 했다. 찰리는 정말 화가 났다. 완전히 터질 것 같았다. 더 이상 참는 것이 힘들어진 찰리는 뭔가를 던져 깨뜨렸다. 그녀가 가장 좋아하는 탁상용 스탠드였다. 그러고 나서, 찰리는 눈에 보이는 대로 집어 던졌다. 물건을 부수기 시작하자 그는 스스로 멈출 수가 없었다.

찰리는 『조이, 열쇠를 삼키다 Joey Pigza Swallowed the Key』의 주인공 조이가 했던 것처럼 벨트를 풀어 자기 몸에 칭칭 감고 스스로를 회전시킬 필요가 없었다. 많은 시간 동안, 찰리는 자신이 빙빙 돌고 있는 것처럼 느꼈기 때문이다.

사실 이 때문에 찰리는 약을 먹고 있었다. 그리고 지금은 스스로 분노를 다스리는 법을 배우는 중이다. 일단 처음에는 올바른 생각을 함으로써 분노가 잠잠해지도록 시도한다. 참을 수 없는 상태가 계속되면 엄마나 그 외 책임감 있는 어른—가령 특수학교 선생님 같은—에게 자신의 상태를 알려야 한다. 그러면 그들은 찰리를 특별한 장소에 데려가 며칠 동안 머물게 하고는 다시 평온해질 수 있도록 도울 것이다.

찰리는 자기 자신을 책임지는 법을 배우고 있다. 어린이 감옥에 가는 것보다는 특별한 장소에 가서 마음을 가라앉히는 것이 더 쉬웠다.

"저는 특별한 아이예요. 그렇죠, 엄마?" 찰리가 특별한 장소로 가는 차 안에서 말했다. 찰리의 아빠는 돌아가셨다. 그는 술을 너무 많이 마셨다. 찰리의 동생도 죽었지만, 찰리는 그것에 대해서는 생각하고 싶지 않았다. 엄마는 충분히 좋은 엄마였지만, 정말 열심히 일해야 했다. 정말. 진짜. 아주 열심히.

찰리가 기억할 수 있는 건, 그저 빙빙 도는 것 같은 어지럼을 느꼈다는 것이다. 의사들은 그것을 주의력 결핍(Attention Deficit Disorder, ADD)이라고 불렀다. 그리고 뇌 손상에 의한 의사결정 장애가 있다고 했다.

"한 가지만 더요." 엄마가 차에서 내려주기 전에 찰리가 말했다.

"그래, 찰리. 왜 그러는데?" 엄마가 물었다.

"하나님이 심심하면 우리랑 놀아줄까요?"

때로 인생 수업은 아주 일찍 시작되기도 한다. 너무 어릴 때 어려운 과목을 배우기 시작하는 것이다. 주의력 결핍 장애도 그렇게 어려운 과목 중 하나이다. 하지만 대부분의 경우, 뇌 손상으로 인해 상태가 더 복잡해진 찰리만큼 심각하지는 않다. 그렇다 하더라도 여전히 학습, 일, 행복, 일상적인 목표를 달성하는 데에는 어려움이 클 것이다. 물론 정도에 따라 더 힘든 시간을 보내는 사람도 있다. 특히 강박 장애(Obsessive Compulsive Disorder, OCD)를 비롯한 다른 장애로 인해 상태가 복잡해지는 경우는 더욱 그렇다. 그래도 사람들이 가진 대부분의 문제에 대해 우리는 신께 도움을 요청할 수 있고, 응답을 받기도 한다는 것은 감사할 일이 아닐 수 없다. 그것이 주의력 결핍 장애든, 강박 장애든, 불안 발작이나 조울증이든, 또 그 외 우리의 건강과 선택, 삶의 질을 저해하는 어떤 문제라도 말이다.

그렇게 삶이 힘들어야 한다는 것이 공평하지 않다고, 또 옳지 않다고 느껴질 수도 있다. 그러나 우리의 자녀가 겪고 있는 장애를 받아들이는 것, 그리고 그들과 우리 자신을 위해 최선의 해결책을 찾는 것은 우리가 할 수 있는 가장 애정 어린 선택이다.

3
엉망진창 딸의 방

샐리는 잠시 둘러보려고 딸의 방에 들어갔다. 바닥에는 침대 시트와 이불이 그대로 깔려 있었다. 어수선하고 어지럽혀져 있는 방이라면 응당 그런 풍경이게 마련이다.

'좀 치워야겠군.' 샐리는 쓰레기통을 뒤지며 생각했다. "그럴 줄 알았어." 이것저것 뒤엉켜 있는 쓰레기 더미 속에서 말려 있는 종이 한 뭉치를 집어 올리며 소리쳤다. "또 약을 하고 있다니!"

샐리는 약물 중독 치료 프로그램에 딸을 한 번 보낸 적이 있었다. 프로그램에 참여하는 그 6주 동안은 정말 모든 것이 좋았다. 그러나 집으로 돌아오고 몇 주가 지나자, 딸아이는 다시 심술궂고 무례해지기 시작했다. 특히 딸은 모든 문제를 샐리 때문이라고 비난했다. 변화가 필요한 사람은 바로 엄마—샐리—이지 자신이 아니라고 소리쳤다.

"엄마가 모든 걸 다 망쳐버렸어요." 딸이 말했다. "내가 약을 하는 건 당연한 거라고요. 그것도 모르겠어요? 엄마처럼 이것저것 다 참견하는 사람이 어디에 또 있겠어요?"

딸은 이 말을 몇 번이나 반복했다. 엄마는 참고 견디며 그저 들을 뿐이었다. 그러다 결국 딸은 다시 치료를 받기 시작했고, 엄마는 알아논 Al-Anon*에 가게 되었다.

그리고 어떻게 되었을까?

샐리는 "살아있는 지옥이 따로 없었어요."라고 말했다.

10대 자녀—호르몬 변화가 심하고, 독립을 원하는 것과 어린이가 되고 싶은 것 사이를 오가며, 이제 막 인과의 게임을 배우기 시작한—를 키우는 일은 아무리 성자라도 인내심의 한계를 드러내고 말 것이다.

하물며 약물 중독에 빠진 아이를 키우는 것은 어떻겠는가! 그 힘듦은 어떤 말로도 표현할 수 없을 것이다.

아이들이 마약을 하고 있는지 모른다면 그것은 또 그것대로 우리를 고통스럽고 혼란스럽게 만든다. 아이의 행동이 뭔가 변한 것 같고, 무엇이 잘못된 것인지 계속 의문을 품는 것 말고는 달리 할 수 있는 일이 없기 때문이다. 아이들은 점점 무뚝뚝해지고, 침울해지며, 말수가 줄고, 못된 행동도 서슴지 않는다.

아이들이 술이나 마약으로 스스로 가해하는 것을 보는 것은 참 마음 아픈 일이다. 약물을 사용함으로써 일어날 수 있는 모든 가능한 결과에 대해 생각하는 것 또한 충분히 끔찍한 일이다. 아이들과 관련된 문제는 특히 더 많은 죄책감을 유발한다.

나는 자녀의 약물 중독과 그 치료에 대해 실패부터 성공에 이르기까지 다양한 이야기들을 들어왔다.

---

* 알코올 중독자들의 가족이나 친구의 자조모임으로 Alcoholics Anonymous의 앞글자를 따서 알아논(Al-Anon)이라고 부른다. 알코올 중독자들의 자조 모임인 AA 역시 Alcoholics Anonymous에서 땄다.

“저는 알아논에 갔어요. 아들이 치료를 받았는데, 결과적으로는 약을 끊게 되는 기적이 일어났어요. 모든 게 다 괜찮아졌죠.”

“저는 알아논에 갔어요. 아들이 몇 년 동안이나 중독되어 있었는데, 일단 저부터 변하기로 했죠. 제 태도가 바뀌면서 아들에게도 변화가 찾아왔어요.”

“저는 알아논에 갔어요. 그래도 아들은 약을 끊지 못했죠. 도저히 멈출 수 없었고, 결국 사망했어요.”

고전과도 같이 전해지는 또 다른 이야기가 있다. “나는 아무 도움도 필요하지 않아요. 그리고 내 아들도 마찬가지고요. 지금은 좀 엉망이지만, 실은 아주 좋은 아이예요. 다 괜찮다고요.”

10대 자녀가 알코올 및 약물과 관련해 단순 호기심 정도의 경험을 하고 있는지, 아니면 도움이 필요한 문제에 직면해 있는지는 구별하기 어려울 수도 있다. 때로 우리는 무엇을 해야 할지, 또 언제가 그 일을 해야 할 적기인지 알 수 없다. 그러나 두 가지는 확실하다. 첫째, 아이가 알코올이나 약물에 잠재적으로 중독되어 있는 경우, 그 아이는 전문적인 도움을 받으면 문제에서 회복될 가능성이 더 높다. 처음에는 치료가 필요할 수도 있고 그렇지 않을 수도 있지만, 적어도 아이는 자신이 문제를 가지고 있다는 사실, 다시 말해 자신이 문제 자체가 아니라는 사실을 알고, 가능한 해결책 또한 자신에게 있다는 것을 알게 된다. 나중에 싹이 틀 수 있도록 미리 씨앗을 심는 것이다.

둘째, 만약 당신이 사랑하는 사람이 술이나 마약에 문제가 있다면, 알아논 모임에 가는 것이 당신 자신에게도 도움이 된다는 것이다.

현실을 직시하는 것은 좋은 선택이다.
우리를 미치게 만드는 문제가 누구에게 있든,
정신을 차리고 자신을 돌보아야 한다.
그것이 우리가 해야 할 일이다.

4
그녀의 자리는 어디에도 없었다

제니퍼는 남편과 마주 앉아 아침 식사를 하고 있었다. 남편이 팬케이크와 계란, 오렌지 주스를 먹고 마시는 것을 보고는 미소지었다. 나직하게 흘러나오는 배경음악처럼, 그녀의 마음 한구석에서 이런 소리가 흘러나왔다. '나는 이 마을이 싫어. 내 인생도 싫어.' 그리고, 남편이 신문을 집어드는 것을 보며 생각했다. '나는 남편을 점점 더 미워하고 있어.'

남편은 자신이 꿈에 그리던 미생물학자가 되었다. 그것을 위해 열심히 공부했고, 준비했다. 대신, 제니퍼는 모든 것을 포기해야 했다. 친구도, 인생도. 그리고 결국 이 외딴 작은 마을로 이사까지 했다. 남편은 대단히 만족스러워했다.

그녀는 자기 안에서 죽어가고 있었다.

제니퍼는 이 느낌에서 벗어나기 위해 할 수 있는 모든 것을 다 했다. 자원봉사 활동에도 참여하고, 친구를 사귀려고 노력했다. 그 지역에 있는 회사의 회계 부서에 일자리도 얻었다. 그리고 제니퍼는 기다렸다. 기도했다. 그러나 무엇을 해도 자신이 서서히 죽어가는 느낌은 사라지지 않았다.

제니퍼는 온 마음을 다해 남편의 삶을 망치지 않기만을 바랐다.

제니퍼는 남편을 사랑했다. 그와 결혼하고 싶었고, 그의 아내로서의 삶을 원했다. 적어도 한때는 그랬다. 하지만 이제는 자신의 삶이 싫고, 남편을 미워하는 것이 하루 일과처럼 반복되고 있다.

'나한테 무슨 문제가 있는 게 틀림없어.' 제니퍼는 주방을 정리한 다음, 출근하는 남편의 뺨에 키스를 하며 생각했다. '그래, 더 열심히 노력하면 이런 느낌도 더 이상 들지 않을 거야.'

'뭘 하면 좋을까?' 마음에서 조용한 목소리가 말했다. '그런데 아직 시도해볼 수 있는 게 남긴 했나? 이 문제를 해결하기 위해 넌 이미 네가 할 수 있는 건 다 했어. 그럴수록 너는 네 인생을, 네 일상을 더 싫어하게 됐잖아.'

'그냥 참아야지, 뭐. 더 이상 무엇을 해야 할지 모르겠어.'

그날 아침, 제니퍼와 예전에 같은 동네에 살았던 오랜 친구로부터 전화가 왔다. 제니퍼는 그 친구와 우정을 유지하려고 애썼지만, 시간이 지날수록 두 사람 사이에 이야기가 줄어들었다. 이사한 곳에서의 새로운 삶이 어떤지 친구들이 물어올 때면, 제니퍼는 그냥 괜찮다고 거짓말을 했다.

그러니까 그날 아침, 친구의 전화도 크게 다를 것이 없었다. 그저 제니퍼는 늘 해오던 것처럼 "그럼, 잘 지내."라고 대답하면 그뿐, 다른 대답을 할 이유가 전혀 없었다. 자신의 감정을 솔직하게 털어놓는 것—다른 사람에게든 자신에게든—은 제니퍼의 스타일이 아니었다. 그런데 결국 터지고 말았다.

"남편한테 네가 어떻게 느끼고 있는지 사실대로 말하는 건 어때?" 친구가 물었다.

"안 돼." 제니퍼가 대답했다. "그렇게는 못 해."

"제니퍼, 내 생각에 너는 공동의존에 대해 좀 살펴보면 좋을 것 같아." 친구가 말했다.

제니퍼는 이전에도 그 말을 들어본 적이 있었다. 물론 어떤 사람들은 정말로 그럴 필요가 있다. 예를 들면 그녀의 오랜 친구 마지처럼 말이다. 마지는 맥주를 좋아하는 남편 해리와 결혼했다. 마지는 해리가 술을 끊게 하려고 술집까지 쫓아다니면서 정말 별짓을 다했다. 해리의 직장 상사에게 거짓말도 했다. 그러나 결국 마지는 엉망이 되었다. 마지는 공동의존자였다.

그러나 제니퍼는 다르다. 제니퍼는 공동의존적이지 않을 뿐만 아니라, 그녀는, 음, 그녀는 좋은 아내였다.

친구와 통화한 그다음 주에 출판물과 서적이 우편으로 도착했다. 제니퍼는 공동의존의 개념이 자신에게는, 자신의 삶에는 적용되지 않는다고 생각했지만, 결국 친구는 그것을 보내왔다. 게다가 우편물이 도착했을 때 제니퍼는 친구와 통화한 내용을 거의 잊어버린 상태였다.

제니퍼는 2주 동안 책 주위를 맴돌았다. 벽난로 위에 올려놓고 쳐다봤다가, 다시 서재에 있는 책상으로 옮겨 놓았다.

"그게 대체 뭐야?" 남편이 물었다.

"아, 아무것도 아니야. 친구가 나한테 책을 몇 권 보냈더라고."

"아, 그래?" 남편도 건성으로 넘어갔다.

그 책들은 제니퍼를 괴롭혔다. 결국 그녀는 작은 선택을 했다. '나 자신에게 공동의존이니 뭐니 하는 이름을 굳이 붙일 필요는 없어. 난 공동의존자가 아니야. 그래도 그와 관련된 책쯤은 볼 수도 있지.'

제니퍼는 책을 펼쳐 20쪽 정도 읽다 말고 집어던졌다. 그녀 마음속에 있는 어떤 분노가 순간적으로 올라온 것이다. 제니퍼는 이런 발작적인 분노에 스스로도 놀랐다. 왜냐하면 제니퍼는 절대로, 절대로 화를 내지 않는 사람이었기 때문이다. 책을 집어던진 건 분명 제니퍼 자신이 아닐 것이다.

그러나 책이 바닥에 채 떨어지기도 전에 그녀는 울기 시작했다. 한 번 터진 울음은 도저히 멈출 수가 없었다.

지금까지 어느 누구도 이 책이 이야기하는 것—그러니까 그녀가 어떤 모습이어도 괜찮다고—을 말해준 적이 없었다. 제니퍼가 살아온 평생을 통틀어 단언컨대 정말 아무도, 아무도 그런 말을 해주지 않았다. 오히려 어렸을 때부터 자기 자신이 아닌, 더 나은 다른 사람이 되어야 한다는 미묘한 압박감을 느끼면서 살았다. 좋은 학생이 되어야 한다는 압박, 착한 딸이 되어야 한다는 압박, 그리고 좋은 아내가 되어야 한다는 압박! 제니퍼는 그런 모습을 갖추기 위해 열심히 노력했다. 그러나 그런 애씀 사이에서 정작 제니퍼 자신은 사라졌다. 뭘 잘한다는 것은 그녀의 삶에 더 이상 존재하지 않았다.

그다음 달은 제니퍼의 인생에서 가장 두렵고, 그러면서도 자유로운 시간이었다.

제니퍼가 용기를 내어 남편에게 자신의 감정을 있는 그대로 말하기까지는 꽤 오랜 시간이 걸렸다. 입을 열고, 자신이 어떻게 느끼고 생각했는지 솔직하게 말하고, 그래도 괜찮다고 생각하는 것, 그것은 아주 낯선 곳—심지어 지금 그녀가 살고 있는 이 외딴 작은 마을보다 더 낯선—으로의 여행이었다.

그녀는 항상 자신이 책임감이 강하고 좋은 사람이라는 자부심을 가지고 있었다. 이제 막 30대에 접어든 제니퍼는, 인적이 드문 이 작은 마을에서, 통제하려는 마음을 내려놓고 자기 자신을 책임 지는 공부를 하고 있는 셈이었다.

"그 일이 진행되는 동안 나는 너무 혼란스럽고 마치 길을 잃은 것 같았어." 제니퍼는 시간이 흐른 뒤 친구에게 이렇게 말했다. "지금 그 경험들을 돌아보면, 지금껏 내게 일어난 일들 중 최고의 일이었던 것 같아. 나는 내가 어떻게 느끼는지를 남편한테 솔직하게 말했지. 사랑한다고, 그리고 그의 아내로서 계속해서 살기를 바란다고, 만약 원한다면 떨어져서 남편 혼자 작은 마을에 사는 것도 괜찮지만, 나는 나를 좀 돌봐야 할 것 같다고, 그럴 필요를 느낀다고, 다 얘기했어. 남편이 충격을 받은 것 같더라고. 하지만 내가 이렇게 말하지 않았더라면 그가 내 상태를 어떻게 알 수 있었겠어? 너무 오랫동안 괜찮은 척을 해와서 나도 내가 누구인지 모르겠는데 말이야."

"그리고 우리는 고향으로 돌아왔지. 우리의 결혼 생활은 이전보다 더 단단해졌어. 나는 피해자가 아니었던 거야. 그걸 배웠지. 남편은 나에게 아무 짓도 하지 않았어. 내가 나를 그렇게 만든 거지."

주드는 회의에 참석하지 못하고 회사 화장실에서 가장 친한 친구 브리짓에게 전화를 걸었다. 그녀는 울면서 하소연했다. 그녀가 한 일이라곤, 18개월 동안 만났다 헤어졌다를 반복한, 제멋대로이면서,

사랑은 하지만 결혼은 극도로 싫어하는 헌신 공포증commitment phobic을 가진 남자친구에게 같이 휴가를 가자고 요청한 것뿐이었다. 그 남자는 제안을 거절했을 뿐만 아니라, 그 자리에서 당장 헤어지자고 했다.

결국 주드는 화장이 다 지워지도록, 아이라이너가 실컷 번지도록, 화장실에 갇혀 울고 또 울었다.

"나는 공동의존자야." 주드가 말했다. "내가 그렇게 많은 것을 바란 거니?"

『브리짓 존스의 일기 Bridget Jones' Diary』에서 브리짓은 주드에게 아니라고, 너는 전혀 문제가 없다고 말했지만, 사실 주드는 자연스럽게 모든 것을 자기 탓으로 돌리는 경향이 있었다.

또한, 브리짓은 주드에게 공동의존자가 아니라고 사랑스럽게 안심시키고, 오히려 헤어지자고 한 남자친구가 바보라고 말한다.

한 TV 프로그램에 출연했을 때, 내 인생을 다룬 다큐멘터리를 함께 본 후 여성 아나운서가 "『공동의존자 더 이상은 없다 Codependent No More』를 읽었어요."라고 고백했다. 함께 진행을 맡은 또 다른 아나운서는 그녀를 바라보았다. 내가 그때 그들의 눈에서 본 것은 두려움이었을까? 내 책을 읽었다고 했던 그 아나운서는 "그 책을 읽었을 때는 제가 공동의존자이던 시절이었어요."라고 재빨리 변명하듯 설명했다.

처음으로 알아논 모임에 갔을 때 활기 넘치는 한 여성을 문 앞에서 만났다. 그녀가 말했다. "환영합니다. 당신은 알아논이지요, 그렇지요?"

나는 같이 미소를 지을 수 없었다. 대신, 이렇게 말했다. "아니에요, 저는 알아논이 아니에요. 저는 알코올중독자예요."

그녀는 여전히 미소를 지으며 말했다. "아, 그렇군요!" 그때 그녀의 눈이 나를 이해한다는 듯이 반짝거렸다. "그렇다면 당신은 더블 위너double winner네요! 이곳에서 만나게 되어 너무 기뻐요."

하지만 나는 아니었다. 나는 내가 그곳에 있는 것이 지옥에 있는 것보다 더 수치스럽고 화가 났다. 잔뜩 움츠러든 채로 서 있을 수밖에 없었다.

"당신도 정말 공동의존자였나요?" 그곳에서 처음 본 사람들이 계속해서 묻는다.

나는 거짓말을 하고 싶다. '난 단지 그들과 함께 일했을 뿐이야. 나는 절대 그런 부류가 아니었다고!'

20대 중반으로 보이는 한 여성에게 내가 물었다. "당신은 자신을 공동의존자라고 생각하나요?"

그녀는 이렇게 대답했다. "글쎄요. 저는 제가 공동의존자라기보다는 과잉돌보미였다고 생각해요. 문제는, 제가 한 사람에게 너무 많은 관심을 쏟으면, 다른 누군가는 받아야 할 자기 몫의 돌봄을 받지 못하게 된다는 것이에요. 그리고 대체로, 그렇게 관심 밖으로 벗어나는 대상은 바로 저 자신이었죠. 도대체 누가 자기 자신을 통제가 아주 많이 필요한 괴물이라고 인정하고 싶겠어요? 저는 아니에요. 그냥 자기 자신을 공동의존자라고 조용히 인식하기만 하면 돼요. 그리고 스스로 힘을 길러야 해요. 모든 사람들이 그것을 인정할 수 있도록 말이에요."

1986년, 『공동의존자 더 이상은 없다』를 썼을 당시만 해도, 대부분의 사람들은 중독자의 보호자로 사는 사람들이라면 응당 상황을 통제하고, 돌봄 대상에게 집착하고, 매달리고, 그들의 행동에 책임을 지고, 감정을 억누르고, 죄책감을 느끼고, 그러면서도 정작 자기 자신은 무시하고 마치 아무런 권리도 없는 것처럼 살아야 한다고, 그것이 공동의존자의 의무라고 믿었다. 그리고 이런 식으로 행동하는 것이 도움이 될 것이라는 사회적, 문화적인 암묵적 결론이 팽배해 있었다.

그러나 공동의존자에 대한 인식은 제법 많이 바뀌었다. 우리가 자신을 돌보는 것은 문화적으로나 사회적으로 보다 허용적인 것이 되었으며, 심지어 마땅히 그래야 한다는 인식이 확산되고 있다.

『공동의존자 더 이상은 없다』를 쓴 이후 여러 해에 걸쳐, 공동의존자에 대한 대중적 분위기는, 우리가 '공동의존'이라고 부르는 고통을 다른 형태의 고통과 분리하여 명명함으로써 이들 존재에 대한 인식이 분명해졌다는 것에 대한 '감사'에서 우리도 공동의존자였거나 공동의존자라는 사실을 꺼리는 것으로 바뀌었다. 우리는 통제나 불필요한 희생, 순교자적 고통, 조종, 일상화된 희생자 의식을 상징하는 단어와 연관되고 싶지 않은 것이다.

사실은 나조차도 그 단어를 별로 좋아하지 않는다.

그러나 '공동의존'은 알코올 중독을 포함해 여러 다른 유사 장애에 밀접하게 노출된 수백만 명의 사람들에게 과거에도 그랬고 지금도 여전히 생명을 구하는 단어인 것만은 틀림없다. 제니퍼가 발견한 것처럼, 공동의존을 인식하고, 이해하고, 대처하는 것은 결국 삶을 회복하고 유지하는 첫걸음이다.

"당신은 언제 공동의존을 다루기 시작했나요?" 어느 날 한 여자에게 내가 물었다.

그녀가 대답했다. "벽돌에 머리를 박는 것이 지겨워졌을 때였어요.

나 자신을 제외한 모든 사람과 모든 것을 통제하려고 했었지요."

어쨌든 우리가 명심해야 할 것은 딱 하나다. 피해자가 되는 길은 버리고, 자신을 돌보는 길은 삶 속으로 들여놓는 일.

자기 돌봄은 우리 모두의 당연한, 최종적 선택지이다.

5
건너뛴 지점으로 돌아가기

더그는 제복을 입은 남자를 따라 비틀거리며 복도를 따라 내려갔다. 그 남자가 멈춰 서자, 더그는 교도소 자기 방으로 들어갔다. 그의 뒤에서 문이 찰칵 소리를 내며 닫혔다.

"안녕, 더그!" 누군가 복도 아래에서 소리쳤다. "이번에는 무슨 일로 들어왔어?"

더그는 문으로 걸어가서 주위를 둘러보았다. 그의 오랜 친구 카터였다. "차를 훔쳤어." 더그가 말했다. "너는 뭣 때문에 왔는데?"

나중에 보안관은 더그가 있는 방문을 열고 복도의 미로를 통해 그를 다시 어딘가로 데려갔다. "당신 아버지가 기다리고 계세요." 보안관이 말했다. 그리고 고개를 저었다. "더그, 나는 당신의 가족을 여러 해 동안 알고 지냈어요. 아주 좋은 사람들이죠. 그런데 당신은 왜 자꾸 이런 짓을 하는 거죠?"

더그는 대답하지 않았다. 그는 보안관을 따라 면회실로 갔다. 아버지가 기다리고 있었다.

더그는 아버지가 고래고래 소리 지르는 것을 들었다. "넌 도대체 왜 이러는 거야? 어떻게 이렇게 엄마와 나에게 상처를 줄 수 있냐고! 우리가 너한테 얼마나 잘 해줬는데 이런 짓을 할 수 있어?"

더그는 의자에 털썩 주저앉아 아버지가 잠잠해지기를 기다렸다. 마침내 그의 아버지가 소리를 지르는 것을 멈추었다. 불편한 침묵이 방 안을 가득 채웠다. 더그가 말했다. "보석 심리가 내일 아침이에요. 거기서 봐요."

아버지는 이제 소리를 지르지 않았다. 아버지가 목소리를 낮추고 말했다. "너희 엄마와 나는 너를 도우려고, 너에게 기회를 주기 위해 최선을 다했다. 하지만 아무것도 해결되지 않았고, 결국 넌 다시 여기로 돌아왔지. 네 행동은 날이 갈수록 더 심해지고 있어. …네 엄마와 나는 몇 사람에게 전화를 걸었다. 그리고 이번에는 너를 구제하지 않기로 결정했어. 그동안 우리는 할 수 있는 모든 것을 다 했어. 판사에게도 네가 충분히 죗값을 치를 수 있도록 선고해 달라고 요청할 생각이야."

더그는 아버지가 일어서는 것을 지켜보았다.

"사랑한다, 아들아." 아버지가 말했다. "하지만 이제 그만하면 충분해."

더그의 아버지는 돌아서서 문 쪽으로 걸어갔다. 보안관은 그를 내보내주었다. 그런 다음 그는 더그에게 돌아왔다. 어쨌든 으름장을 놓던 그 사람은 이제 더그 곁을 떠난 것이다.

6주 후, 더그는 상담실의 딱딱한 철제 의자에 앉아 있었다. 이 모든 것이 현실이라니, 믿을 수가 없었다. 그는 판사가 차라리 자신을 감옥에 보냈더라면 좋았을 것이라고 생각했다. 적어도 거기에서는 아무것도 할 필요가 없을 테니 말이다.

상담사는 더그를 바라보며 말했다. "똑바로 앉으세요. 셔츠 단추도 잘 채우시고요. 귀 뒤에 꽂은 담배는 쓰레기통에 버리세요."

더그는 한숨을 쉬고 일어나 쓰레기통으로 걸어갔다. 두 줄쯤 뒤에 앉은 남자가 그를 비웃었다. 더그는 주먹을 쥐고 그를 쳐다보았다.

"자, 더그! 협박으로 2주간 청소팀에 합류합니다! 이제 자리로 돌아가서 똑바로 앉으세요. 다시 시작할 거예요." 상담사는 몸을 뒤로 젖혔다. "시간은 아주 많아요."

더그는 신음했다. '도대체 나한테 원하는 게 뭐야? 날 좀 내버려둬! 이미 내가 아는 건 다 말했잖아.'

"당신이 무엇을 했는지, 왜 그랬는지 말해주세요."

"차를 훔쳤어요. 난 망할 놈이니까."

더그는 방을 둘러본 후 상담사의 눈을 피했다. 그 말은 이전에도 매번 했던 말과 똑같았다. 더그는 그것만으로는 충분하지 않다는 것을 알고 있었다. 그렇다고 달리 할 말도 없었다.

"언제부터 문제가 생기기 시작했는지 알려주세요."

"내가 태어난 날부터요." 더그가 대답했다.

그들은 한동안 왔다갔다했다. 어린 시절에 대해 좀 이야기해주세요. 학창 시절에는 어땠나요? 가족관계는요? 어머니와 아버지에 대해서도. 자, 기분이 어때요, 더그? 아니, 정말로 기분이 어떤가요? 지금 어떻게 느껴요?

"화가 나요!" 더그는 마침내 비명을 질렀다. "그냥 좀 쉬었으면 좋겠다고요!"

"좀 낫네요." 상담사가 말했다. "적어도 당신은 지금 솔직하게 말하고 있어요. 자, 더그, 누가 당신을 다치게 했는지 말해보세요. 얼마나 아픈지 말할 수 없을 정도로 당신에게 상처를 준 사람은 누구입니까?"

"아무도 나에게 상처를 주지 않았어요." 더그가 말했다. "내가 나를 아프게 하고 있다고요."

"혹시 어머니였나요, 더그? 아니면 아버지? 아니면 두 분 다? 고통을 느낄 수 없을 정도로 당신을 아프게 한 사람은 누구입니까? 무슨 일이 있었죠? 괜찮아요, 더그. 이제 당신은 안전합니다. 말해 보세요."

상담사는 더그에게 그 자신이 어렸을 때 겪었던 일, 그의 아버지가 그에게 행한 일, 또, 그 일로 인해 자신이 스스로를 얼마나 부끄럽고 창피하게 여겼는지를 털어놓았다. 세상과 너무 동떨어진 일이 자신에게 일어나 고통마저도 그냥 못 본 척 지나칠 수밖에 없었다고, 그러다 어떻게 그 고통에서 도망쳤는지, 결국 자신이 얼마나 상처받고 화가 났는지 스스로에게 알리는 유일한 방법은 그것뿐이라 변화할 수밖에 없었다고, 모든 이야기들을 털어놓았다.

"누가 당신을 다치게 했지요, 더그? 나는 정말로 알고 싶어요. 나는 진심으로 당신이 걱정됩니다." 상담사가 더그의 눈을 들여다보았다. 그것은 그냥 하는 말이 아니었다. 상담사의 진심어린 마음이 고스란히 전해졌다.

감정은 예기치 않게 터져 나왔다. 마치 화산 폭발 같았다. 천천히, 처음에는 조금씩, 눈물이 나기 시작하다, 분노가 올라오고, 급기야 더 많은 눈물이 났다. 상담사는 더그를 안고 괜찮을 거라고 다독였다.

삼촌이었다. 아버지의 동생. 가족들로부터 사랑과 존경을 받던 삼촌. 삼촌은 더그가 혼자 있을 때마다 자신의 몸을 만지게 했다. 더그는 부모님에게 사냥이 됐든 일이 됐든 어디라도 삼촌과는 같이 가고 싶지 않다고 몇 번이나 이야기했다. 그러나 그럴 때마다 아버지는 다른 이야기를 했다. 삼촌과 같이 가는 게 더그 자신에게 분명 도움이 될 거라고. 과연 그랬을까? 실상은 전혀 그렇지 않았다. 그러나 어느 누구도 더그의 말은 신경 쓰지 않았다. 아무도 더그의 말을 듣지 않았다. 싫어요. 같이 가기 싫다고요!

더그는 꽁꽁 숨겨왔던 자신의 비밀을 상담사와 자기 자신에게 털어놓고 몇 시간 동안이나 계속 울었다. 그러자 더그는 지난 10년 동안 기억했던 것과는 다른 이상한 기분을 느꼈다.

"와," 더그가 말했다. "이런 감정이 있을 줄은 몰랐네요."

20년 후, 더그의 전화가 울렸다. "더그, 소년원에 새로운 학생이 왔어요." 입학 담당 비서가 말했다. "자동차 절도 두 건과 학교에서 문제를 좀 일으킨 것 같네요. 이름은 제이크예요. 당신의 그 마법을 이번에는 제이크에게 보여줄 차례인 것 같아요."

더그는 검은 머리에 헐렁한 바지를 입고 코에 피어싱을 한 열일곱 살짜리 아이가 거들먹거리며 방으로 들어오는 것을 보았다. 이 아이를 보자 더그는 자신의 과거가 떠올랐다. 더그에게 그 아이는 그저 반항하는 문제아가 아니었다. 그는 화가 나고, 상처 받고, 이 모든 복잡한 감정들을 사회적으로 용납되지 않는 방법으로 표출하는 어린 영혼이었다.

더그는 자신이 특별한 마법을 가지고 있다고는 생각하지 않았다. 그저 문제가 있는 청소년들과 함께 일을 할 때면 자연스럽게 능력이 발휘되었을 뿐이다. 그래서 그는 다른 십대들이 자신들의 고통을 치유하도록 돕기 위해 본인의 재능을 사용하기로 결정했다. 더그는 나쁜 습관이 각자의 삶에 치명적인 영향을 미치고, 결과가 어떻든 자신이 한 일에 대한 책임은 자기가 져야 한다는 것을 알고 있었다. 또한, 자기 감정을 치료하는 데 적용되는 인과의 게임도 이해하고 있었다.

"재활원에 온 것을 환영해." 더그가 말했다. "나는 네 담당 상담자란다. 먼저 가서 그 코에서 피어싱을 좀 빼렴. 그리고 다시 여기로 와서 이야기하자."

우리는 다양한 방법으로 고통으로부터 도망친다. 부정하고, 아닌 척하고, 억압하고, 치료하고, 복수를 하고, 느낌을 분리시키고, 고통을 행동으로 표현한다. 우리가 아는 최선의 방법으로 대처해가는 것이다. 그리고 이런 식으로 삶을 잘 통제하고 있다고 생각하지만 실은 전혀 그렇지 않다. 우리에게 일어난 어떤 일이 여전히 우리를 지배하고 있다. 때로 우리는 그 사건을 너무 멀리 뒤로 미루어서 그 사건과 그로 인해 우리가 느꼈던 감정을 제대로 기억하지 못하기도 한다.

1973년, 내가 약물 중독에서 회복되기 시작했을 때, 내 안에 숨어 있던 감정이 끝내 폭발하고 말았다. 윌마 주립병원의 벽을 뒤흔들 만큼의 위력을 가진 대단한 놈이었다. '와,' 하고 나는 생각했다. '내 안에 이런 감정이 쌓여 있었다니! 전혀 몰랐어!'

내가 공동의존에서 회복되기 시작할 무렵, 처음 참석한 알아논 모임에서 나는 매우 격분해 있었다. 그러나 건강하고, 사랑이 많고, 자기 자신을 위해 진심으로 노력하는 사람들 무리 가운데—나는 그곳이 매우 안전하다고 느꼈다— 앉아 있는 나를 발견하고는 분노와 부정의 감정은 점차 사라지기 시작했다. 나는 더 이상 나를 부정할 필요가 없었다. 그 감정이 걷히고 나자, 내가 할 수 있는 일이라곤 거기 앉아서 그저 우는 것밖에 달리 할 일이 없었다. 강박적으로 통제하고 조작하려고 했던 그 모든 필사적인 시도의 이면에는 슬픔과 비탄의 거대한 수레바퀴만이 있었을 뿐이었다. '와,' 하고 나는 생각했다. '내 안에 이런 감정이 쌓여 있었다니! 전혀 몰랐어!'

회복과 변화를 위해서는 여전히 도움의 손길이, 회복 프로그램이 필요했다. 언제 폭발할지 모르는 감정을 위해, 폭발 전이나 폭발 도중이나 폭발 후에나 회복 프로그램이 절실했던 것이다. 그러나 억압되었던 감정이 모두 폭발하고 흘러나오자, 내 인생을 바꿀 만한 행동 변화가 저절로 이어졌다. 제프리 슈워츠Jeffrey M. Schwartz 박사는 그의 저서 『강박에 빠진 뇌 Brain Lock: Free Yourself from Obsessive-Compulsive Disorder』에서 강박 장애를 성공적으로 극복한 환자를 소개하고, 강박 행동과 억압된 감정의 상관관계에 대해 자신이 깨달은 내용을 소개한 바 있다.

"그는 [자신의 감정을 느끼고] 그대로 행할 수 있을 때 자신의 강박 수준이 매우 낮다는 것을 알게 되었다. 반면, 자신의 감정을 억누르면 강박 수준은 최악이었다. …그는 여러 해 동안 치료를 위해 약물을 복용했다. 그는 실제로 '약물이 성질을 누그러뜨린다. 약을 먹으면, 즉시 무감각해지고 멍해졌다. 감정이 매우 잘 억제되었던 것이다. 강박장애를 극복하려면 자기 감정을 내려놓아야 한다.'라고 믿기도 했다."

그 환자는 어머니가 돌아가셨을 때 울지 않았다. 그러나 미키 맨틀

Mickey Mantle*이 죽었을 때는 울었다.

감정에는 두 종류가 있다. 하나는 표면적인 감정—상담사가 더그에게 기분이 어떠냐고 물었을 때 더그가 느꼈던 짜증 같은—이고, 이것은 더 깊은 감정으로 이어지는 중요한 단서나 연결고리가 될 수 있다. 대부분의 사람들은 표면적인 감정 이면에 더 깊은 감정을 숨기고 살아간다.

내가 미니애폴리스의 치료 공동체에서 다른 상담사들과 함께 집단 프로그램을 진행하던 시절, 우리는 쥐를 잡겠다고 헛간을 다 태워버리는 식의 사고를 치곤 했다. 우리는 벽을 무너뜨리려고 애쓰다가 건물을 다 태워버리고 말았다. 뜨거운 자리에 있었던 사람, 상담사, 그룹의 다른 구성원 등 모든 사람이 그룹을 떠났고, 여러 날 동안 버틴 사람들만이 변화되었다.

마법 같은 순간들이 있었다.

사람들은 자신의 감정에 '대해' 이야기하지 않았다.

오롯이 느낄 뿐이었다.

자신의 감정으로부터 떨어져 나와 자신과 감정을 분리하는 능력은 생존을 위해 인간이 만들어낸 안전장치이다. 그것은 우리가 자신을 보호하는 다른 방법을 터득할 때까지는 압도적인 감정으로부터 우리 자신을 보호한다.

각 단계에서 현재 상태에 온전히 머문다는 것은 우리가 실제로 느껴지는 대로 느끼기로 선택하는 것을 의미한다. '아야! 아프네, 아파!'

---

* 뉴욕양키스 팀에서 활약한 야구선수.

그렇다, 그것은 아마 오랫동안 존재했을 것이다. 만약 우리가 아이였을 적에 한두 단계를 건너뛰었더라면, 지금 현재에 머문다는 것은 그때로 돌아가서 그때 느꼈던 것을 그대로 느껴 본다는 것을 의미한다.

해묵은 감정적 상처를 치유하는 것은 힘든 일이지만
그것은 기적을 작동하게 하는 선택이다.

6
발을 헛디딘 그녀

사고라는 것이 늘 그렇듯이 이번 일도 갑작스럽게 일어났다. 캐롤이 샤워실에서 나오고 있을 때였다. 그 순간, 전화와 초인종이 동시에 울렸다. 캐롤은 서둘러 가운을 챙겨 아래층으로 이어지는 계단으로 향했다. 그때 자신이 키우던 개가 그녀 쪽으로 뛰어왔다. 그녀는 정신없이 빠른 속도로 움직였다. 앗! 그녀는 발을 헛디디며 균형을 잃었다. 그리고 굴러 떨어졌다.

잠시 동안 캐롤은 정신을 잃었다. 모든 일이 순식간에 일어났다. 일어나려고 했지만, 그럴 수 없었다. 캐롤은 자신의 다리를 바라보았다.

그제서야 다리가 부러졌다는 것을 알아차렸다.

맙소사, 정말 아팠다.

이틀 후, 캐롤은 병원에서 당분간 휴식을 해야 한다는 의사의 당부를 듣고 진통제 처방전과 함께 퇴원했다. 거실 소파에 누워 계단 아래를 노려보았다.

'아주 인생이 바닥을 쳤군.' 하고 생각했다. 그녀는 진통제 병을 바라보았다. 필요에 따라 6시간마다 1~2알씩 섭취하라고 되어 있었다.

그녀는 두 알을 삼키고 한 알을 더 먹을까 고민했다. '왜 나쁜 일은 한꺼번에 일어나는 걸까?' 그녀는 약이 효과를 발휘하기를 기다리며 생각했다. 그녀는 7년 동안이나 마이클이 돌아오기를 기다렸다. 그는 돌아왔지만, 얼마 안 있다 다시 전처에게 돌아갔다. 그리고 다시 자신에게로 왔다.

이 일은 끝도 없이 반복되고 있었다. 나갈 수 없는 회전문 같았다.

그는 콜라 중독으로 치료를 위해 센터에 가곤 했는데, 이 역시도 그가 무한 반복하고 있는 일 중 하나였다.

'그 오랜 세월 동안 애처롭게 기다리는 게 얼마나 어리석은 짓인지! 나는 대체 무슨 생각을 하고 사는 거지? 우리가 좋은 시간을 보낸 것은 분명하지만, 그 사람이 내게 준 것은 비참함과 고통뿐이었잖아.' 캐롤은 자신의 부러진 다리를 바라보았다. '이 다리처럼 말이야.'

캐롤은 3개월 전 드디어 이 관계를 완전히 끝냈었다. '이제 마이클은 없어. 영원히. 그리고 나는 여기에 갇혀 있지. 여전히 고통스럽고, 여전히 그를 기다리면서, 여전히 혼자인 채로.'

2주가 지나고 3주가 지났다. 돈이 다 떨어져 갔다. 다리 상태는 생각보다 심각했고, 통증도 여전했다. 의사는 그녀에게 필요한 모든 진통제를 처방해주었다. 그냥 약에 취해서 소파에 누워 있고 싶기만 했다. 그나마 약을 먹으면 다리가 욱신거리는 게 조금 나아졌다. 가슴의 고통까지도 무감각해지는 것 같았다.

캐롤은 약을 한 알 더 먹으려고 손을 뻗었다. 그때 조용한 소리가 들려왔다. "조심해. 당신 지금 중독되고 있어."

이틀 동안 캐롤은 소파에 누워 진통제를 초콜릿처럼 게걸스럽게 먹어댔다. 그리고 수요일, 목발을 짚고 절뚝거리며 음료수를 가지러 냉장고에 갔을 때, 불현듯 마지막으로 마음이 맑았던 때가 언제인지 기억나지 않는다는 것을 깨달았다. 계단에서 떨어져 다리를 다친 이후 줄곧 약을 먹고 있었다.

캐롤은 계속 이대로 가면 나도 중독 치료를 받아야 하게 될 거라는 생각을 하며 전화기로 향했다. '다른 방법이 있을 거야. 다리는 아직 너무 아프지만, 이제 더 이상 진통제를 먹는 건 안 돼.'

그녀는 의사에게 전화를 걸었다.

그다음 주 월요일, 캐롤은 의사가 알려준 주소로 택시를 타고 갔다. 약물을 사용하지 않고 신체적 통증을 관리하도록 돕는 클리닉이었다. 그녀는 치료를 위한 여러 세션과 집단 프로그램에 참석했다. 그리고 마침내 통증을 안고 살아가는 방법을 배우기 시작했고, 약에 의존하지 않고도 마음을 놓는 방법을 터득했다. 그 결과 예전만큼 아프지는 않은 것 같았다. 그러나 다리는 아직 깁스 상태에 있었고, 통증 또한 여전했다.

통증을 관리하는 방법을 배우는 것, 그것이 전부였다. 캐롤이 다녔던 클리닉 프로그램은 7일 동안 외래 진료를 통해 이루어졌다. 후속 조치는 몇 달 동안 가능했다. 캐롤은 필요에 따라 일주일에 한두 번 방문하여 지속적인 도움을 받았다.

그곳에서 그녀는 제이슨을 만났다. 그도 통증 클리닉에 다녔다. 전문 산악인이었는데, 등반을 하다가 허리를 다쳤다고 했다.

"우리, 저녁 먹으러 가요. 그리고 통증에 갇혀 있지 않을 때에는 우리 인생이 얼마나 아름다운지 얘기해 보자고요!" 그가 말했다.

캐롤은 동의했다.

16개월 후, 캐롤은 샤워실에서 나와 몸을 닦고 가운을 입은 다음 조심스럽게 계단을 내려갔다. 오늘은 절대 미끄러지고 싶지 않았다. 4시간 후면 제이슨과의 결혼식이 열릴 예정이었다.

"두 사람은 어떻게 만난 거야?" 결혼식이 끝난 뒤 리셉션에서 이모가 물었다.

캐롤은 무슨 말을 해야 할지 고민하며 잠시 침묵했다. '음… 만족스럽지 않은 옛 남자친구와의 관계를 끝내기로 결정했었지. 그리고 잠시 한눈을 파느라, 계단 아래로 굴러떨어졌고. 아, 개가 달려와 안기려고 하는 바람에 그랬었지! 다리가 부러졌고, 통증이 너무 심해서 진통제를 엄청나게 먹었었지. 그만 먹어야겠다고 결정했지만 혼자서는 어려웠어. 도움이 필요했고… 그리고…

"무슨 운명의 장난 같았어요." 캐롤이 대답했다. "언젠가는 다 얘기해 드릴게요!."

때로 우리는 발을 헛딛어 계단에서 넘어지기도 한다. 그러나 그 이후에라도 침착을 되찾고 나아간다면 문제될 것이 없다.

어떤 사람들은 마법 같은 무언가를 찾기 위해 여러 해 동안 곳곳을 헤매고 다닌다. 여유를 갖고 아름다움을 느끼지 못한 채 지나쳐버리는 바람에 좌절하고 실망하는 일이 생기기도 한다. 너무 열심히 마법 찾기에 매달리지 마라. 그보다는 차라리 자기 일에 집중하는 편이 낫다. 인생의 모든 결정에 대해 세심하게 주의를 기울여라. 매 순간 현존하라. 마법이 알아서 당신을 찾아오도록.

수스 박사 Dr. Seuss가 『네가 갈 곳 the Places You Will Go』에서 했던 말을 기억하는가? "오늘은 너의 날이야! 너의 산이 너를 기다리고 있어. 그러니까… 너의 길을 가."

어떤 일이든 일어날 수 있다. 어떤 일이든.

7
흰 머리쯤이야 웃어넘기자

지니는 거울을 보았다. '또 흰 머리. 아마 열 개는 더 있을 거야.' 라고 생각하며 하나씩 뽑았다.

그녀는 거울을 들여다보고 눈살을 찌푸렸다. '스무 살 아가씨는 어디로 갔지?' 지니는 50세의 몸 안에서 아직도 그녀를 느낄 수 있었다.

눈 밑의 피부를 잡아당겨 보았다. '흠. 성형수술을 해야 할까? 입술을 귀 쪽으로 좀 당기는 게 낫지 않겠어? 아니면, 이 모든 변화를 자연스럽게 받아들여야 할까?'

'모르겠다.' 그녀는 생각했다. '좀 기다려 보지, 뭐.'

전화가 울렸다. 그녀의 딸이었다.

"엄마, 저랑 놀아주세요. 제발. 제발. 제발요." 딸이 애원했다. 최근 딸이 원하는 것이라곤 엄마와 시간을 보내는 것, 그것이 전부인 것 같았다.

"안 돼, 얘야. 이제 너도 네 삶을 살아야지. 나도 그렇고."

그들은 오랫동안 통화했다. 마침내 지니는 전화를 끊고 웃었다. 항상 이렇지는 않았다. 처음 딸이 독립해서 이사를 갔을 때만 해도 둘 사이에는 지금으로서는 도저히 상상도 할 수 없는 긴장이 감돌았다. 서로 거의 말을 하지 않았지만, 막상 말을 시작하면 긴장감이 고조되었다. 둘 사이에서 무슨 일이 일어나고 있는지 파악하는 데는 시간이 좀 걸렸다.

지니는 빈 둥지 증후군*을 겪고 있었다.

그녀는 말했다. "난 상처받고, 거부당하고, 화가 났어요. 혼란스러웠지요. 나는 무슨 일이 일어나고 있는지 전혀 몰랐어요. 딸에게 나는 세상에서 가장 중요한 사람이었거든요. 딸 또한 내 인생의 전부였죠. 그런데 갑자기 어느 날부터인가 딸은 저와 이야기를 하려고 하지 않았어요. 더 이상 저는 딸에게 중요하지 않은 것 같았죠. 맞아요. 전혀 중요하지 않은 사람이 되어 있었어요. …급기야 저는 딸이 만나는 새로운 친구들에게 은밀한 질투심을 느끼기 시작했어요. 딸이 한때 나에게 주었던 모든 사랑을 친구들에게 가로챈 것처럼 느꼈으니까요. …나는 내가 할 수 있는 한 최고의 엄마가 되려고 노력했어요. 그런데 딸이 한 일은 도리어 나를 밀어내고 내가 저지른 모든 잘못을 지적하는 것뿐이었죠. 어느 날 나는 무슨 일이 일어나고 있는지 깨달았어요. 딸은 나와 별개로 자신의 정체성을 확립해 가고 있는 중이었죠. 나를 밀어내는 것은 마땅히 해야 할 일이었어요. 딸한테 매달리려고 하면 할수록 딸은 더 세게 저를 밀어냈어요. 아, 정말 힘들었습니다. 많이 아팠어요. 하지만 결국 품에서 떠나보내야 했지요."

지니는 돌봐야 할 대상인 딸이 집에 오기를 기다리지 않았다. 대신,

---

* 자녀가 독립하여 집을 떠난 뒤 부모나 양육자가 경험하는 슬픔, 외로움, 상실감

그녀는 스스로를 돌보는 법을 배워나갔다. 여행을 가고, 이곳저곳 둘러보며, 이전에는 상상조차 할 수 없던 일들을 하기 시작했다.

"무슨 일이 있었을까요?" 지니가 말했다. "우리 딸이, 내 아기가 돌아온 거예요. 하지만 다시 돌아왔을 때 딸아이는 이미 성인이 되어 있었고, 저는 또 저대로 새로운 삶을 살고 있었어요. 딸이 어려서 한 집에 살던 때가 물론 그립기는 해요. 힘든 일도 있었지만요. 아마도 제 인생에서 최고의 시절이 아니었을까 싶네요. 하지만 지금도 좋아요. 예전보다 서로를 훨씬 더 많이 사랑한다고 느끼거든요. 더 좋고 나쁘고의 문제가 아니라 그냥 달라진 거지요. …우리 둘 다 삶의 다음 단계로 나아간 거예요."

당신은 점점 나이 들고 있다.

이제 무엇을 할 생각인가? 복부 지방 수술? 눈 리프트? 아니면 염색? 그것도 아니면, 자연스러운 길을 따라 걸으며 흰 머리 그쯤은 웃어넘기면 어떨까?

그것 역시 당신의 선택이다.

8
그는 아프다는 것이 아프다

“인공항문을 달아야 한다고요? 그러니까 내가 화장실에 갈 때마다 무슨 가방 같은 걸 끼고 가야 한다는 거잖아요. 제발…그건 아니에요.” 랄프가 말했다. “절대! 절대 안 돼요. 다른 방법은 없을까요?”

의사는 인공항문을 다는 수술 대신 화학 요법과 방사선 치료를 할 수도 있다고 설명했다. 또, 어떤 수술도 받지 않는 것을 선택할 수도 있다고 했다. 그러나 의사는 화학 요법과 방사선 치료를 받고 나서 인공항문 수술을 받는 것을 가장 추천했다.

랄프는 “집에 가서 좀 생각해봐야 할 것 같아요.”라고 말했다. “나중에 다시 연락드릴게요.”

집으로 돌아오는 길, 그는 옆에 앉은 아내에게는 말도 건네지 않고 운전만 했다.

그의 삶은 도대체 어디로 흘러가는 것일까? 지난 봄까지만 해도 건강에는 아무런 문제가 없었다. 그러다 갑자기 복통이 시작되었다. 병원에 갔을 때, 의사들은 그의 위에서 암을 발견했다. 수술을 받았고, 한동안은 괜찮았다. 그러나 검진 차 다시 병원을 찾았을 때는 또다시 암이 발견되었다. 이번에는 위가 아니라 결장에서였다. 심지어 지난 번보다 양이 더 많았다. 많아도 너무 많았다. 랄프는 8개월이 넘도록 상태가 좋지 않았다.

의사는 랄프에게 결국 인공항문을 다는 것이 좋겠다고 말했다.

"여보, 난 당신이 곁에 있었으면 좋겠어." 아내가 말했다. "하지만 그것은 당신의 몸이고 당신의 삶이야. 어떻게 할 건지는 당신이 결정해."

아프다는 건 참 힘든 일이다. 병은 우리의 감정, 관계, 신앙, 삶의 질에 영향을 미친다. 그러나 다른 한편으로는, 우리로 하여금 만반의 준비를 하게 한다. 자기 돌봄의 비상 절차를 가동하여, 할 수 있는 한 최선을 다해 자신을 돌보기 위한 또 다른 기회로 생각할 수도 있다.

나이가 든다고 해서 반드시 몸이 망가지는 것은 아니다. 어떤 사람들은 태어날 때부터 신체적 장애를 가지고 태어나기도 하고, 어떤 사람들은 아주 어린 나이에 심각하게 아프기도 한다. 또 어떤 사람들은 신체적 질병을 거의 경험하지 않고 100세까지 살기도 한다.

나는 신체가 마비되고 다리가 없어도 스카이다이빙을 하는 사람들을 알고 있다. 70대 초반의 어떤 남자는 몇 년 전에 인공항문 수술을 받고도 날마다 스카이다이빙을 하기 위해 오토바이를 몰고 낙하 지점까지 간다고 한다.

어디 그뿐인가? 심각한 소아마비로 청소년기와 성인기의 대부분을 요양원에서 보낸 여자도 있다. 그녀는 제대로 걷지도 못할 만큼 상태가 나빴고, 화장실에 갔다가 간호사가 도와주러 올 때까지 몇 시간이나 꼼짝없이 화장실에 갇혀 있던 적도 있었다. 그런 그녀가 50세가 되었을 때, 처음으로 혼자서 살 아파트를 얻었다. 심지어 지금은 남자친구도 있다. 그들은 그녀의 신체적 장애 때문에 사랑을 나눌 때는 성 보조기구를 사용한다.

나는 에이즈를 앓고 있는 여자도 알고 있다. 그녀는 젊고 아름다우며 연인 관계에서도 친구 관계에서도 늘 에너지가 넘친다. 그녀는 내가 아는 여성들 가운데 누구보다 구혼자가 많다.

망가졌든, 좋은 몸매를 유지하고 있든, 어쨌든 당신의 몸이다.

사람들은 무엇을 먹어야 하는지에 대해 끊임없이 이야기한다. 이건 콜레스테롤이 없다거나 낮다거나, 고기나 계란이 들어가지 않은 것이라거나, 파스타 양이 너무 많다거나 하는 식이다. 저마다 자기만의 방식에 따라 각자 다른 말을 한다. 마트의 식품 진열대에 있는 상품들 중 어떤 것은 '나를 먹지 마세요. 나를 먹으면 죽어요.' 라고 외치고 있는 것만 같다.

우리는 의사가 내리는 처방과 조언을 들을 수 있다. 두 번째, 세 번째, 네 번째에 해당하는 조언들도 있다. 전인치유나 서양 의학 또는 이 둘의 조합을 택할 수도 있다. 의사가 주는 약은 무엇이든 복용할 수 있고, 그런 체제에 의문을 갖고 정보를 얻을 수도 있다.

그러나 우리가 18세 이상 성인이라면, 무엇을 해야 할지, 무엇을 먹을지, 그리고 우리 몸을 의학적으로 어떻게 치료할지를 결정하는 것은 전적으로 우리의 선택이며 우리의 몫이다.

9
운명의 파도를 타고 가라

'배우고 나면, 고통이 사라진다.' 엘리자베스 퀴블러 로스가 『생의 수레바퀴 The Wheel of Life』에 쓴 문장이다.

『죽음과 죽어감 Death and Dying』이라는 저작으로 널리 알려진 그 여인이 거실에 놓인 병원용 침대에 누워 있다. 그녀는 일어날 수 없었다. 19번 이상의 뇌졸중으로 인해 그녀는 심각한 장애를 갖게 되었다. 몸 한쪽은 완전히 마비되었다. 아침이었다. 그녀는 목이 말랐다. 엘리자베스 퀴블러 로스는 짧게 기도했다. "하나님, 제발 사람을 좀 보내주세요. 차 한 잔만 마실 수 있으면 정말 좋을 것 같아요."

나는 애리조나의 골목길에서 길을 잃었다. 내비게이션 안내를 따랐는데도 웬일인지 주소를 찾을 수가 없었다. 나는 사륜구동차를 타고 이리저리 헤매고 다녔다. 같이 있던 로리가 눈살을 찌푸렸다.

"사륜구동차 타본 적 있어요?" 내가 물었다.

"없어요." 그녀가 대답했다.

"그럼 오늘이 바로 첫날이네요." 로리는 「마이애미 헤럴드 Miami

Herald」의 기자직을 그만두고, 프리랜서로 일하며 책을 쓰고 있었다. 우리는 함께 엘리자베스 퀴블러 로스를 인터뷰하기 위해 가는 길이었다. 이 세상에 여자 영웅은 별로 없다. 그러나 그중 한 명은 분명 엘리자베스일 것이다. 그녀는 슬픔, 죽음, 임종, 죽음 이후의 삶을 주제로 수많은 획기적인 작업을 해왔다. 나는 그녀가 죽기 전에 꼭 만나고 싶었다.

드디어 주소를 찾았고, 초인종을 눌렀다. "들어오세요." 엘리자베스가 소리쳤다. 우리는 문을 밀고 들어갔다.

"안녕하세요, 엘리자베스" 내가 말했다. "내가 차 한 잔 타 드릴까요?"

그로써 그녀의 기도가 이루어진 셈이다. 우리는 그녀를 위해 음식을 준비했다. 그녀는 나에게 반바지 입는 것을 도와달라고 청했다. 나는 조심스럽게 그녀가 부탁한 대로 해주었다.

그녀가 말했다. "나는 도움을 받는 법을 배운 적이 없었어요. 이제 하나님께서는 제가 도움을 구하고 받아들일 수밖에 없는 상황에 처하게 하셨어요."

나는 그녀가 휠체어에 타는 것을 돕고, 화장실까지 데려다주었다. 나는 그녀가 세수를 하고 이를 닦는 동안 그녀의 프라이버시를 위해 시선을 돌린 채로 기다렸다.

나는 엘리자베스가 탄 휠체어를 밀고 다시 거실로 돌아왔다. 그리고 로리와 함께 그녀를 마주보며 앉았다.

"계속하세요." 그녀가 말했다. "아무거나 다 물어봐요."

로리는 목을 가다듬었다. "책을 좀 읽고 왔어요. 그런데 '스스로 자기 힘을 갖는다'는 것이 무슨 의미인지 잘 모르겠더라고요."

“그건 쉬워요.” 엘리자베스가 말했다. “당신이 해야 할 일은 그저 당신 자신이 되는 것뿐이니까요.”

엘리자베스는 나를 바라보며 말했다. “그리고 당신도, 묻고 싶은 것이 있으면 물으세요.”

이제 내가 목청을 가다듬을 차례였다.

“당신은 정말로 죽음 이후의 삶을 믿으시나요? 죽음이 조금도 두렵지 않으세요?” 내가 물었다.

엘리자베스는 웃었다. “제가 쓴 책, 안 읽은 거예요? 죽음 이후의 삶이 있다는 건 믿음의 대상이 아니에요. 그냥 그렇다고 아는 거죠. 그리고 죽는다는 것은 쉬운 일이에요. 힘든 건 삶이죠.”

우리는 작별 인사를 했다. 엘리자베스는 부드럽게 손가락을 뻗쳐 자신이 ‘ET 터치’라고 부르는 인사를 했다. 그 이상의 접촉은 통증을 유발하기 때문이었다.

나는 몸을 굽혀 엘리자베스의 귀에 속삭였다. “고마워요. 그리고 귀향길이 편안하시길 바랄게요.”

배움. 배움. 그리고 더 많은 배움. 길을 가는 동안에는 언제나 배울 것이 있게 마련이다. 모든 것을 다 이뤘다고 생각하는 순간, 또 다른 배움이 찾아온다.

어떤 배움은 우리가 해결해야 할 문제나 사건으로 위장하여 나타난다. 또 어떤 배움은 우리가 나이를 먹으며 성숙하는 과정에서 자연스럽게 나타나기도 한다. 또한, 배움의 각 영역에는 무수히 많은 작은 배움들이 있다.

그중에서도 두려움은 재미있는 배움이 될 수 있다. 나는 그것을 스카이다이빙을 배우며 느꼈다. 처음에는 하기 싫고 강요에 의해 어쩔 수 없이 시작하게 되더라도, 놀이는 즐거운 배움이 될 수 있다. 물론 어떤 사람들에게 배움은 놀기를 멈추고 해야 하는 일일 수도 있다. 어떤 배움은 그다지 즐겁지 않은 상태로 진행되기 때문이다. 그런 배움은 때로 우리에게 상처를 입힌다. 상실의 슬픔에 빠지게 되어 신체적이고 감정적인 상처가 오래도록, 아주 오래도록 지속될 수도 있다. 누군가를 잃은 슬픔과 상실감은 2~8년, 때로는 그 이상이 걸리기도 한다.

죄책감은 배우기가 가장 어려운 과목이다. 죄책감에 사로잡히게 되면 우리는 무력해지고, 우리는 그런 감정이 내게 존재한다는 인식조차 하지 못할 만큼 저 밑바닥에 가둬 버리기도 한다. 그러나 그 생각은 우리 마음을 계속해서 떠다닐 뿐, 결코 사라지지 않는다.

그것은 지구상에서 나를 가장 괴롭히는 사람과 관계를 맺는 것과도 같다. 죄책감은 끊임없이 우리에게 말한다. '너는 자격이 없어. 사람들이 다 알게 될 거야. 이제는 좀 달라져야 하지 않아?' 때로 죄책감은 우리를 벼랑 끝까지 데려갈 수도 있다. '너는 행복을 누릴 자격이 없어. 너는 살 가치가 없어.' 그것은 아주 미묘하고 은밀한 방법으로 스며든다. 닥치라고 말해도 소용이 없다. 여전히 우리를 비난의 눈으로 쳐다볼 것이기 때문이다.

우리는 배움의 결과로 죄책감을 가질 수도 있고, 또 현재 배우고 있는 것에 대해서도 죄책감을 가질 수 있다. 죄책감은 우리의 삶 곳곳에 스며들어 있다.

인생이 배움의 연속이라는 개념이 내게는 무척 매력적으로 다가왔다. 하지만 그것은 배움의 과정이 나에게 펼쳐지기 전의 일이었다. 막상 배움이 시작되자, 나는 그것이 어서 끝나기를 기다리는 것 말고는 할 수 있는 것이 없었다. 그리고 배움이 일단락 지어지면, 또 다른 배움이 다가올 때까지 한숨 돌리고, 놀기도 했다.

'글쎄, 이 정도면 괜찮아. 내 생각엔 그래. 어서 끝내버려서 파이 한 조각을 얻어야지. 꿈꾸던 그것을 이제 얻게 되겠지.' 빌 윌슨 Bill Wilson은 『익명의 알코올 중독자들 Alcoholics Anonymous』*에서 행복과 즐거움, 그리고 자유에 대해 이야기한다. 나는 그렇게 되고 싶었다. 그리고 배움의 한 과정이 끝날 때마다 '그래, 드디어 도착한 거야.'라고 생각했다. 하지만 매번 다음 수업이 시작되곤 했다.

2001년 패서디나에서 열린 세미나에서 달라이 라마는 모든 사람이 원하는 것은 다 똑같다고 말했다. 모두 행복해지기를 원한다는 것이다.

이것이 바로 생의 수레바퀴가 하려는 일—행복하고 자유로운 곳으로 우리를 데려가는 것—이다. 비록 그 일이 우리가 생각했던 것과는 많이 다르더라도. 때로는 천천히, 때로는 순간적인 변화를 통해, 우리는 우리가 배워야 할 것이 무엇이든 결국 그것을 배우고 만다. 어떤 때는 배움의 시간이 너무 길어져서 우리가 배움을 통해 얻으려던 것이

---

* 수많은 남녀들이 알코올 중독에서 회복한 경험담으로, 책의 두께 때문에 일반적으로 '빅북'으로도 알려져 왔다. 1939년 '익명의 알코올 중독자 모임(A.A.)'의 창립자 중 한 명인 빌 윌슨과 이 그룹의 초기 100명의 회원이 알코올 중독에서 회복하는 방법을 기록한 교본이다.

무엇인지, 또 뭔가를 배우고 있었다는 사실조차 망각하더라도. 주변에서 일어나는 갖가지 일들을 통제하려고 몇 해에 걸쳐 시도에 시도를 거듭하다 보면, 결국 항복할 수밖에 없는 시점이 찾아온다. 몇 년 동안 어려움과 두려움으로 가득 찼던 마음에서 용서와 관용, 연민이 넘쳐나는 것이다.

여러 해 동안 이기적이고 자기 자신밖에 모르고 살다가 어느 날부터는 갑자기 주는 것을 배우게 되기도 한다. 그 반대의 경우도 있다. 모든 것을 아낌없이 내어주기만 하다, 결국 자기 자신이 가장 연약한 존재가 되어 무언가를 받는 것에 대해서도 마음을 열게 되는 것이다.

experience. 이 단어는 명사도 되고 동사도 된다. 우리에게 어떤 일이 일어나면, 우리는 그 시나리오에 몰입한다. 그 속으로 뛰어든다. 그렇다면 이제 그것을 온전히 다 겪어라. 깊이 빠져라. 그러고 나서 변화된 모습으로 나와라—물론 그렇지 않을 수도 있다. 우리는 우리에게 주어진 배움을 다 끝낼 때까지, 때로는 여러 수준에서라도, 배움의 수레바퀴를 따라 계속해서 돌고 돌고 또 돌 것이다.

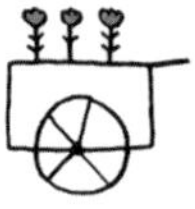

배움이 끝나더라도 무엇을 배웠는지는 잊지 마라.
다음 산을 오를 때 분명 그것이 필요할 것이다.

제4장

지상을 천국으로 만드는 법

천국에서 가장 멀리 떨어진 곳은 우리가 우리 자신을 섬기는 자리—오로지 자기 자신만을 위해 점점 더 많은 것을 원하는 자리—라는 것이다. 우리가 그것을 자기 잇속만 차린다고 하든, 단순히 이기적이라고 하든, 혹은 자기 의지라고 하든, 어쨌든 모두 불행의 자리인 것만은 확실하다.

"선택? 어려운 결정?" 어느 날 친구인 댄 케인이 말했다. "사실 그렇게 어려운 결정은 아니었어. 예전에는 어떤 선택이 내게 가장 좋은지, 그것만 생각하면 됐거든. 그걸 기준으로 선택했던 거야. 이기적이고 강박적일 만큼 나만 생각했던 거지. 나, 나, 나! 그런데 운 좋게도 살 만큼 살아보니 인생이 역설적이라는 걸 깨달았어. 나를 덜 강조하면 할수록 실제로는 내게 더 많은 것들이 주어지더라고."

댄은 말을 이어갔다. "세상에서 떠들어대는 소위 진부한 말씀들은 대개 다 진실이야. 솔직히 말하면, 반드시 새겨야 할 말씀은 그리 많지 않아. 하지만 '세상에 공짜 점심은 없다', 이런 말씀은 새겨야지. 받으려면 그에 상응하는 대가는 치러야지. 신을 찾으러 가고 싶어? 그러려면 점심 값은 챙겨가. 네가 대접받고 싶은 대로 다른 사람을 대접하라! 황금률만 실천하면, 신께서 너를 찾아오실 거야."

시인 이백은 제2성산인 구화산九華山의 9개 봉우리를 보고, '세상과 하늘을 모두 다 받쳐주네'라고 썼다.

버스가 산기슭에 자리잡은 한 마을에 정차했을 때, 조는 "어쩐지 이 산이 내가 가장 좋아하는 산이 될 것 같아."라고 말했다. 당시에는 몰랐지만, 이후 구화산은 나 또한 좋아하는 산이 되었다.

우리가 계단을 막 오르기 시작했을 때는 비가 내리고 있었다. 고도가 높아질수록 오르기가 더 어려워진다. 구화산은 높이가 1,342미터로, 지난번 등반보다 훨씬 힘들 것이 분명했다. 한 걸음 한 걸음에 집중하는 것 말고는 방법이 없었다. 계단은 올라갔다 내려갔다를 반복했다. 내려가는 계단이 나온다는 건, 결국 다시 올라가야 한다는 뜻이었다.

몇 시간 동안 올라가다 휴게실에서 잠시 휴식을 취했다. 경사가 꽤 가파른 구간이었다. 계단 폭이 어찌나 좁은지 하늘로 곧장 뻗은 사다리를 타고 올라가는 기분이었다. 계단 하나하나를 올라가는 데 이전보다 훨씬 더 많은 에너지와 집중력이 필요했다.

기둥으로 쓰일 만한 목재를 다발로 등에 짊어진 마른 남자가 나타났다. 몸무게가 65킬로그램도 나갈 것 같지 않았고, 그렇다고 몸이 탄탄해 보이지도 않았다. 그런데도 그는 자신의 몸무게와 거의 비슷하거나 어쩌면 그 이상이 될지도 모르는 짐을 짊어지고 계단을 오르기로 결심한 것이다.

"꼭대기에 있는 절에서 쓸 목재예요." 그는 고개를 끄덕이고 미소를 지으며 말했다.

조와 나는 그와 비슷한 속도를 유지하며 올라갔다. 같이 매점에 들렀고, 같이 계단을 올라갔다. 한 매점에서 조와 나는 그에게 바나나와 탄산음료를 사주기도 했다.

"우리가 할 수 있는 최소한이에요." 조가 말했다. "그렇게 무거운 짐을 짊어지고 계단을 오른다는 게 믿어지지 않네요."

정상에 가까워질수록 그 남자의 힘과 투지에 더욱 감탄하지 않을 수 없었다. 나는 어마어마한 산의 높이와 등반의 가혹함으로 인해 견딜 수 없을 정도로 지쳤고 안간힘을 쓰고 있었다. 계단을 오를 때마다 근육에 극심한 부담이 가해졌다. 하지만 어떻게든 계속 올라갈 힘이 생겼다.

그도 마찬가지였다.

나는 서랍 속에 간직해둔 지폐 뭉치를 바라보았다. 결혼은 나에게 5만 달러의 빚을 남겨주었다. 나는 한 달에 800달러를 벌고, 부양해야 할 두 명의 아이가 있었다. 뭘 어떻게 할 수 있을까? 이 모든 것에 스스로 책임을 지기로 결정했을 때, 내면의 소리가 속삭였다. '그냥 최선을 다하면 돼. 한 번에 하나씩!' 빚은 천천히 나눠 갚기 시작했다. 채권자들에게도 솔직하게 이야기했다. 어느 시점에선가부터 힘이 나기 시작했다. 탄력이 붙었다. 그리고 마침내 산 정상에 이르렀다. 모든 빚을 다 갚았다.

이 힘은 반대 방향으로도 작용했다. 내가 한창 술과 마약에 중독되어 살 때, 나는 과연 내가 중독에서 벗어날 수 있을지 의문스러웠다. 1969년 미네소타주 세인트폴에서 나는 헤로인, 코카인 등 환각 상태를 유지하는 데 필요한 갖가지 마약을 구할 수 있었다.

내가 선을 택하든, 악을 택하든, 어쨌든 그 출발은 언제나 나의 선택이었다. 그리고 일단 무엇을 선택하고 나면, 나를 움직이는 힘이 작용하여 단순한 생각을 현실로 바꾸는 데 필요한 일들이 벌어졌다. 산을 오르는 것과 마찬가지로, 그 여행은 나에게 엄청난 긴장과 부담을 주었고, 여행 도중 어떤 강한 감정이 일어나기도 했다. 하지만, 이제 와서 돌이켜보면, 불가능해 보였던 일도 나의 선택에 의해 가능해지곤 했다.

나는 그 남자가 나무 기둥을 짊어지고 산 정상에 오르는 것을 보았다. 지극히 평범한 사람도 비범한 행동—선하든 악하든—을 할 수 있다. 선택을 하고 한 번에 한 걸음씩 내딛음으로써.

우리는 산 정상에 도착하여 주변을 둘러보고 잠시 쉬었다. 다시 마을로 돌아왔을 때, 날은 이미 어두워져 있었다. 수도원에 있는 게스트하우스로 돌아오기 전에 저녁거리를 살 목적으로 식료품점에 잠시 들렀다. 나는 과자 한 봉지, 컵라면 한 개, 바나나 한 개를 선택했다. 카운터를 보던 남자는 내가 구매한 물품의 전체 가격을 종이에 적어 보여주었다. 나는 그가 요구한 금액이 미국 통화로 얼마인지 계산해보고 깜짝 놀랐다. 과자 한 봉지, 라면 하나, 바나나 하나가 모두 20달러라고? 나는 너무 비싸다고, 이 가격이 맞느냐고 항의했다. 그러나 그는 20달러가 맞다고 주장했다. 나는 어이가 없었다. 이곳은 마을에서 문을 연 유일한 식료품점이었고, 나는 배가 몹시 고팠다. 그러나 나는 카운터를 보는 남자 쪽으로 물건을 모두 밀어놓고는 고개를 저은 다음 몸을 돌려 문 밖으로 걷기 시작했다. 그러자 그가 나에게 소리를 지르기 시작했고, 종이에 새로운 숫자를 적었다. 내가 계산해야 할 금액은 2.50달러가 되어 있었다. 나는 한결 낫군, 하고 생각했다.

다음날 아침 일찍 우리는 양자강가의 항구도시 우후蕪湖로 돌아가기 위해 버스를 탔다. 버스는 승객들로 반쯤 채워져 있었다. 그때 한 여성이 자기 옆자리에 아무도 앉지 못하도록 부지런히 애를 쓰는 모습이 보였다. 우리 일행은 이 모습을 재미있게 지켜보았다. 먼저 그녀는 옆좌석에 지갑을 올려두었다. 버스가 출발했고, 정거장에 멈출 때마다 사람들이 계속 탔다. 그들은 빈 좌석을 찾아 두리번거리다가 그녀 옆자리가 비어 있는 것을 확인하고는 그쪽으로 걸어갔지만 모두 허사였다. 그 자리는 이미 그녀의 지갑이 차지하고 있었기 때문이다. 그녀는 옆으로 다가온 사람 쪽으로는 고개도 돌리지 않았다. 누군가 한참을 서서 지갑이 놓인 자리를 쳐다보면, 그때는 자기도 어쩔 수 없다는 듯 지갑을 가리키며 말했다. "그 자리에는 앉을 수 없어요. 이미 다른 사람이 차지했어요."

마침내 이 여성의 옆자리, 그러니까 지갑이 차지한 자리를 제외하고는 모든 좌석이 채워졌다. 그때 정거장에서 버스가 멈추고 열세 살 정도 되어 보이는 소녀가 탔다. 꽤 예쁜 외모에 최신 유행하는 스타일의 운동화와 청바지를 입고 있었다. 사랑스럽고 순진한 표정을 한 그 아이는 유일한 빈 자리인 여자의 옆 좌석으로 걸어갔다. 그리고 지갑이 놓여 있는 것을 발견했다. 여자는 앞서 다른 승객에게 했던 것과 마찬가지로 지갑을 가리켜 보이며 자신도 어쩔 수 없다는 듯이 고개를 저었다. 소녀는 혼란스러운 표정으로 계속 서서 기다렸다.

버스 운전기사도 분명 이 여자가 자신의 옆자리를 어떤 식으로 지키고 있는지 보았을 것이다. 결국 그는 버스를 공원에 잠시 세우고 자리에서 일어나 지갑이 있는 자리로 걸어갔다. 그러고는 지갑을 여자의 무릎에 올려놓은 다음 소녀에게 앉으라고 손짓했다.

승객들이 갑자기 박수를 치기 시작했다. 그 여자는 당황스럽고 불편한 표정을 지었다. 다음 정류장에서 그녀는 버스에서 서둘러 내려 버렸다.

버스가 마을에서 점점 멀어질수록 슬픔이 밀려오는 것이 느껴졌다. 우후로 다시 돌아왔을 때는 그 슬픔에 완전히 사로잡혀 우울감마저 느껴질 지경이었다. 구화산에서 내가 경험한 감정은 너무 은밀해서 그것이 사라질 때까지는 알아차리기도 어려웠다.

'그래, 바로 이런 거야.' 하고 나는 생각했다. '구화산을 방문한 것은 천국에 갔다 온 것이나 마찬가지야. 하지만 나는 그곳을 떠났고, 그곳에서는 자연스럽게 느껴졌지만 지금은 점점 희미해지는 것들을 그리워하고 있어. 여행 책자에서 본 내용은 사실이었어. 영적인 분위기가 뚜렷하게 느껴질 거라고 했던 것 말이야. 이 우울감, 이 무거움, 이 감정적 동요는 우리가 하나님에게서 멀어질 때 느끼는 공허감 같아.'

조작. 거짓. 사기꾼. 너 나 할 것 없이 사람들은 자기 자신을 위해 무엇인가를 원한다. 사람들은 서로를 배신한다. 그리고 때로 우리는 타인뿐만 아니라 우리 자신도 배신한다.

사람들은 사랑스럽고 친절할 수도 있고, 또 완전히 비열할 수도 있다.

지구에는 어디에나 중력이 강하게 작용하고 있다.

'주위를 둘러보고 조심해야 해. 오직 나만 생각하고 행동하자.'라고 생각하기는 쉽다. 혹은, 내면의 공허함 속에서 새 자동차 광고를 보고는 "아, 저 차가 나를 행복하게 만들어줄 거야. 이 공허함도 채워줄 수 있을 거야."라고 생각할 수도 있다.

우리 중 대부분이 진정으로 원하는 것은, 단지 더 많은 것을 소유하거나 또 다른 관계를 맺는 것이 아니다. 랍비 필립 버그 Philip S. Berg가 말했듯이, 우리는 관계, 일, 소유물이 우리의 행복의 일부가 되기를 원한다.

우리는 우리의 선택이 좋은 결과로 이어지길 바란다.

세상의 모든 종교와 내가 공부하고, 참여하고, 실천했던 모든 영적 프로그램은 하나의 일관된 진리를 지지해 왔다. 천국에서 가장 멀리 떨어진 곳은 우리가 우리 자신을 섬기는 자리—오로지 자기 자신만을 위해 점점 더 많은 것을 원하는 자리—라는 것이다. 우리가 그것을 자기 잇속만 차린다고 하든, 단순히 이기적이라고 하든, 혹은 자기 의지라고 하든, 어쨌든 모두 불행한 자리인 것만은 확실하다.

내 말을 무조건 믿고 받아들일 필요는 없다. 대신, 한 번 실험을 해보자. 직접 확인해보자. 일단 식료품점으로 가라. 그리고 추수감사절 저녁 식사에 필요한 모든 것을 구입하는 거다. 그리고 집으로 돌아와 칠면조 요리를 시작하라. 그레이비 소스도 만들고, 칠면조 안에 넣을 소와 파이도 만든다. 크랜베리도 빼먹지 않도록! 준비가 끝났으면, 이제 식탁에 앉아 음식을 먹는다. 이 모든 것을, 전부 다 당신 혼자서.

아마 별로 재미가 없을 것이다. 그렇지 않은가?

그렇다면 이제 가족이나 친구를 초대하라. 낯선 사람도 몇 명 정도는 초대할 수 있다. 배고픈 사람, 외로운 사람, 피곤한 사람, 가난한 사람, 모두 초대하는 거다. 그리고 이제 그들과 대화를 나누어라. 웃어라. 그들에게 진심으로 관심을 가져라.

내가 무슨 말을 하려는지 눈치챘는가?

사실 이건 아주 구식의 방법이긴 하다. 하지만 수많은 세월 동안 지속되어 왔음에 주목해야 한다. 만약 당신이 당신 자신에 대해 생각하다가 왜 이렇게 충분하지 않은지, 왜 더 나아질 수 없는지, 왜 더 이상은 안 되는 건지 궁금해진다면, 그 비밀은 다른 사람들을 섬기는 당신의 태도에 있다.

이번 장에서는 다른 사람을 섬기고 자기 자신에게는 지나치지 않을 정도로 합리적 관심을 주기로 선택한 사람들에 대한 이야기를 할 것이다. 의도는 강력한 힘이다. 우리는 이 모든 비참함과 증오에 대해 이기적이고, 비열하고, 이기적인 태도로 대응할 수도 있고, 그 반대의 행동을 취하여 사랑의 근원으로 만들 수도 있다.

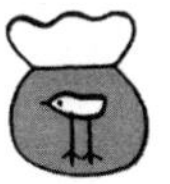

지상을 천국으로 만들기 위해서는
힘든 선택과 결정을 해야 한다.

1
어려운 결정이 어려운 이유

브렌다는 복도를 따라 행정 관리 부서로 걸어가면서 벽에 덕지덕지 붙은 사진들을 바라보았다. 회장에게 축하 인사를 건네는 주지사 사진, 무대 위에서 유명인사와 악수를 나누고 있는 세 명의 회사 직원들 사진, 얼마나 훌륭한 회사인지 보여주는 명판과 영상물들….

'전부 다 사기야.' 브렌다는 책상에 앉아 생각했다. '사람들이 진실을 알게 된다면….'

"좋은 것만 생각해." 그녀의 보스가 말했다. "별거 아니야. 서비스업에 종사하는 사람들만이 누릴 수 있는 특권이지. 월급만으로는 먹고 살 수 없다고. 이건 우리가 열심히 일한 것에 대한 마땅한 보상이야."

브렌다는 몇 달 동안 회사 사람들이 급여 이외의 혜택을 가져갈 수 있도록 서류 작업에 몰두했다. 이것이 그녀의 업무였다. '만약 내가 아무도 모르는 회사에서 이 일을 하는 거라면 좀 더 쉬웠을 텐데, 아는 사람이 소개시켜준 게 아니라면 말이야.' 그녀는 생각했다. '문제는, 지금 이 도둑질을 하는 사람들이 내 친구들이라는 거지.'

그녀는 다른 식으로 상황을 보려고 노력했다. 그러나 오늘만큼은 문제를 제대로 봐야 할 것 같았다. 한 고객이 그녀를 옆으로 불러 자신이 받고 있는 서비스가 만족스럽지 않을 뿐만 아니라, 프로그램에서 제공하는 음식도 형편없다고 불평했다.

"브렌다, 이런 쓰레기 같은 음식, 더 이상 못 먹겠어요." 그가 말했다. "여기 온 후로 항상 배가 고프다니까요. 대체 문제가 뭐예요? 왜 이렇게 식사가 형편없이 나오는 거죠?"

브렌다는 아무 말도 할 수 없었다. 속에서 뭔가 끓어오르는 것이 있었다. 고객들이 식사를 제대로 못하는 이유는 간단하다. 회사 피라미드의 꼭대기에 있는 사람들이 배를 불리기 때문이다. 고객 서비스에 써야 할 돈이 전혀 다른 곳으로 가고 있는 것이다. 그녀는 전화기를 바라보았다. 만약 전화를 집어 들고 책임 기관에 보고한다면, 아마도 이 프로그램은 조기 종료될 것이다. 그러고 나면 다음 수순은 뻔하다. 브렌다는 오랫동안 원했던 그 일자리를 잃게 될 것이다. 그녀의 친구들도 상황은 마찬가지였다. 당연히 직장을 잃을 것이고, 다시는 이 분야에 발도 붙이지 못할 것이다. 그러나 그녀가 그저 신경을 끄면, 책임 기관에 전화를 걸지 않으면, 회사는 계속해서 일을 진행시킬 것이다. 심지어 어떤 부분은 충분히 좋고 가치 있는 일이라는 사실을 브렌다 자신도 인정할 수밖에 없었다.

별 생각 없이 일만 열심히 할 수 있다면 얼마나 좋을까? 브렌다는 이 일이 가지는 좋은 부분만을 보며 살고 싶었다. 하지만 오늘 그녀가 느낀 분노는 모른 척 지나가기엔 너무 컸다. 깊은 곳 어딘가에서 부글부글 끓어올라 곧 터질 것 같았기 때문이다. 고객들은 이곳에 머무는 동안 자신의 필요를 충족시킬 권리가 있다. 그리고 그 필요 때문에

이 프로그램을 찾았을 것이다. 그런데 지금 이 회사는 도움이 절실한 사람들을 이용하고 있다.

결국 브렌다는 담당 기관의 전화번호를 찾았다. 수화기를 집어드는 손에서 땀이 났다.

"프로그램 면허 담당하시는 분과 이야기하고 싶은데요." 브렌다가 용기를 내어 입을 열었다. "저는 사회 복지 프로그램을 운영하는 곳에서 일하고 있는 사람인데, 내부 문제로 보고해야 할 것이 있습니다. 조사가 좀 필요한 문제예요."

통화를 마치고 나서도 브렌다는 여전히 불안감과 죄책감, 두려움을 느꼈다. 그녀의 직업, 미래, 친구들과의 관계는 물론, 예전에는 미처 상상할 수도 없었던 것들이 머리를 복잡하게 만들었다. 하지만 이상하게도 그보다 더 깊은 곳에서는 또 다른 감정이 느껴졌다. 평화. 몇 달 만에 브렌다는 숙면을 취했다.

이제 브렌다 앞에는 해결해야 할 많은 문제들이 산재해 있는 것은 분명하지만, 적어도 자기 자신만은 잃지 않은 셈이었다.

무엇이 우리의 책임일까? 우리의 책임이 아닌 것은 또 뭘까? 우리의 의도는? 무엇이 옳은 것일까? 우리는 얼마나 참여하면서 살아야 할까? 우리는 어떤 길을 택해야 할까? 어느 쪽을 선택하더라도 기분이 좋지는 않다. 그중 하나는 정말로 잘못된 길일 수도 있다.

힘들더라도 통 크게 바른 결정을 하고 나면 마음이 편안해진다.

2
전쟁 중에도 평화는 있다

마빈은 다이닝 룸 테이블에 앉아 눈앞에서 전쟁이 터지는 것을 바라보고 있었다. 딸아이가 마빈의 약혼자에게 고래고래 소리를 질렀다. "당신이 내 엄마야? 당신은 나한테 이래라저래라할 자격이 없어."

딸이 그를 노려보았다.

마빈과 약혼자는 서로를 바라보았다. 이것이 바로 신호였다. 마빈은 이 관계를 다시 잘 이어보려고 애썼지만 그때마다 벽에 부딪혔다. 약혼자의 아이. 그리고 내 딸. 전쟁이 따로 없었다. 마빈은 더 이상 참을 수가 없었다. 더 이상 그의 인생에 이런 형편없는 쓰레기 같은 것은 필요하지 않았다.

'차라리 혼자였을 때가 편했어. 딸을 키우고, 싱글대디가 되었을 때….' 마빈은 식탁에서 일어나면서 생각했다. '너무 복잡해. 가족사? 나와 상관 없는 가업? 그냥 나는 평화롭고 조용하게 지내면 된다고. 내 인생을 되찾고 싶어.'

그는 약혼자가 식탁에서 접시를 치우는 것을 지켜보았다.

'그런데 문제는 내가 이 여자를 너무 사랑한다는 거야.'

그는 재킷을 챙겨 밖으로 나가 오랫동안 산책을 했다.

깊은 영혼 탐구의 순간이라고까지는 할 수 없었다. 그저 조용히 기도를 했을 뿐이다. '제게 주어진 선택지는 딱 두 개인 거 같아요, 하나님. 전쟁 지역에 그냥 살거나, 사랑하는 여자를 잃거나.'

마빈은 이 두 가지 선택지 중 어느 쪽도 받아들일 수 없을 것 같았다.

그는 집으로 돌아갔다. 약혼자가 부엌 청소를 마치는 것을 돕고 나서 약혼자의 볼에 키스한 뒤 자러 가겠다고 말했다. 그녀도 잘 자라는 인사를 건네고, 집에 갈 채비를 했다. 불안한 긴장감이 공기를 가득 메우고 있었다. 마빈은 지금 이 상황이 그에게만 어려운 것이 아니라는 걸 잘 알고 있었다. '분명 약혼자에게도 충분히 힘든 일일 거야. 도저히 뭘 어떻게 해야 할지 모르겠어.' 그는 지금의 순간을 인정하는 말을 자기 스스로에게 건네면서, 모든 것을 그냥 다 내려놓았다.

그날 밤 마빈은 침대에 누워 자신의 과거를 돌아보았다. 정말 많은 일이 있었다. 술을 끊으면서 인생이 많이 바뀌었다. 어찌어찌 이혼도 했다. 지금은 제법 큰 회사의 대표이기도 하다. 생각해 보니, 사람들의 말을 듣고 그들이 가진 문제를 해결하도록 돕는 것이 그에게는 아주 익숙한 삶의 방식이었다. 그런데 지금은 자신이 문제를 겪고 있다. 그것도 인생에서 가장 사랑하는 사람들과!

마빈은 과거에 효과가 있었던 문제 해결 패턴을 떠올리려 애썼다. 매번 벽에 부딪혔지만, 마침내 돌파하고야 말았던, 그 공통분모는 무엇이었을까? 머릿속에 두 가지 방법이 떠올랐다. 더 쪼개면 사실 세 개가 될 수도 있었다. 할 일을 다하라. 내려놓아라. 그렇게 할 일을 다하는 것이 사람들을 섬기고 도울 수 있는 길이 될 수도 있다.

그때, 이전에는 전혀 생각지도 못했던 선택지가 떠올랐다.

시간이 걸리고, 헌신해야 하고, 그만큼 에너지가 필요한 일이 되겠지만, 아마 효과가 있을 것이다.

다음 날, 마빈은 약혼자가 일하는 회사로 전화를 걸었다.

그녀도 마빈의 아이디어를 좋아했다.

그로부터 3개월도 채 되지 않아, 마빈과 그의 약혼자는 재혼을 꿈꾸는 여러 다른 가족들을 비공식적으로 이끄는 역할을 맡게 되었다. 모든 그룹이 누구에게나 열려 있었기 때문에 아이들도 참석이 가능했다. 이 모임은 2년 넘게 지속되며, 참여한 가족들에게 자신의 감정을 표현하고 서로를 지원할 수 있는 시간과 공간을 제공했다.

마빈은 그때 약혼자였던 여성과 결혼해 벌써 12년째 살고 있다. 그리고 그는 "그때 그 아이디어가 성공할 수 있을지는 전혀 예측할 수 없었어요."라고 말한다. "그러나 다른 사람들을 위해 문을 열어두는 것, 즉 다른 사람들을 돕는 것이 나 자신의 문을 통과할 수 있는 방법이라는 걸 배웠어요."

다른 사람을 위해 문을 열어두는 것은 실제로 오랫동안 존재해온 개념이다. 익명의 알코올 중독자 모임과 같은 여러 자조 단체의 기본이 되는 정신이기도 하다.

삶은 공유될 때 더 나아지며, 이 공유의 대상에는 문제거리들도 포함된다. 때로 우리는 이전에는 전혀 생각지도 못했던 아이디어를 듣거나, 우리가 겪고 있는 일에 대해 완전히 새로운 관점을 갖게 된다. 다른 사람들이 나와 같은 감정을 느낀다는 말을 듣는 것만으로도 나를 인정하고, 받아들이고, 계속 나아갈 수 있을 만큼 평온해지기도 한다. 혼자서는 찾을 수 없는 용기와 힘, 영감을 얻기도 한다.

어느 날 커피숍에 들렀다가 우연히 '12단계 프로그램'*에 참여하고 있는 사람을 만났다. 그는 12단계 그룹들에 참여해 본 적도 없었거니와, 참여자들이 어떤 사람들인지도 잘 이해하지 못한 채, 그저 자리를 차지하고 앉아 있을 뿐이었다. 내 친구는 이 신참자에게, 왜 자신이 12단계 그룹에 새로 온 사람들에게 계속해서 무언가를 하려고 하는지 이유를 설명하고 있었다.

"나는 그들의 생명을 구하기 위해 이 일을 하는 것이 아닙니다. 나는 나를 구하기 위해 이 일을 하고 있는 거예요. 내가 그들에게 하는 말은 곧 나 자신에게 하는 말이기도 하다는 것을 깨닫곤 합니다."

섬김에는 마법이 있다. 여럿이 함께 하는 모임에도 마법이 있다.

우리 자신을 위해 무언가를 얻고자 한다면, 우리는 그것을 먼저 내주어야 한다.

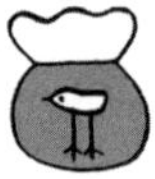

어려운 결정이라고 해서 항상 두 가지 선택지만 있는 것은 아니다.

때로는 세 번째 선택지가 있을 수도 있다.

내가 무엇을 해야 하는지, 신께 보여달라고 요청하는 것이다.

---

* 익명의 알코올 중독자들 모임에서 활용했던 회복 프로그램으로, 중독을 인정하는 1단계부터 출발하여 다른 사람들 앞에서 자신의 병을 고백하고, 치료를 통해 사회로 복귀하게 되기까지 12단계를 거쳐 치료하게 된다.

3
옆집 노인에게 베푼 호의

말리스는 포장된 마지막 선물 박스를 크리스마스 트리 아래에 내려놓고, 뒤로 물러서서 자신의 작품을 대하듯 쭉 훑어보았다. 나무는 높이가 1.5미터나 되었고, 그 아래에는 선물이 가득했다. 말리스는 올해도 좋은 휴가가 되기를 바랐다. 하나님은 그녀에게 매우 선하신 분이셨다. 그녀에게는 너무 예쁜 딸아이가 있었다. 그녀는 자신의 배를 가볍게 쓰다듬어 보았다. 이제 곧 또 한 명이 태어날 것이다. 그녀는 아름다운 집에 살고 있었고, 가족들은 모두 건강했다. 남편은 그녀가 일을 하지 않아도 될 만큼 좋은 직업을 갖고 있었다. 전업주부로 지내도 전혀 문제될 것이 없는 풍족한 환경이었다.

말리스는 대체적으로 자신의 인생이 축복이라고 느꼈다.

하지만 딱 하나, 마음에 걸리는 것이 있었다. 지금도 말리스는 왜 남편이 그 말을 했는지 이해할 수 없다. 자세한 내막은 모르는 편이 훨씬 나았을 것이다. 그렇다면 그녀는 지금보다 더 잘 살 수 있었을 텐데. 어느 날 갑자기 남편은 결혼 생활에 좀 지쳤을 때 바람을 피운 적이 있다고 고백했다. 그들은 부부상담을 받아 보기도 했지만 예전처럼 돌아갈 수는 없었다.

여러 가지 이유로, 말리스는 결혼 생활을 그냥 이어가기로 마음먹었다. 그녀는 가족들이 뿔뿔이 찢어져 사는 것을 원치 않았다. 그리고 무엇보다 여전히 남편을 사랑했다. 그것도 많이. 그는 사랑하는 연인이기도 했지만, 가장 친한 친구이기도 했다. 그런 일이 있고 난 후에도 말리스와 남편은 사이가 아주 좋았다. 물론 그러다 갑자기 말다툼이 생기기도 했다. 싸움은 늘 별것 아닌 일로 터졌다. 그러나 말리스는 그 싸움의 밑바닥에 해소되지 않은 문제, 그러니까 남편의 불륜 사실이 깔려 있다는 것을 알고 있었다.

그래도 말리스는 결혼 생활을 계속하기로, 떠나지 않고 머물기로 했다. 그녀 자신은 결코 피해자가 아니었으며, 그녀 스스로도 이것을 알고 있었다. 자신과 남편 사이에서 일어났던 일들이 그냥 흘러가 주기를 바랐다. 그러나 그것은 결코 쉬운 일이 아니었다. 아주 많은 노력이 필요했다. 남편을 바라보는 말리스의 눈에서 사랑이 뚝뚝 넘쳐흐르는 날도, 마치 낯선 사람을 쳐다보는 것처럼 냉랭한 날도 있었다. '대체 이 남자는 누구지?' 말리스는 생각했다. '매일 밤 옆에 누워서 자는 이 사람을, 나는 과연 안다고 말할 수 있을까?'

말리스는 그런 일이 다시 일어날까 봐 걱정이 되었다.

때로 그녀의 두려움은 그녀 자신을 비열하게 만들기도 했다.

말리스는 크리스마스 트리 밑에 쌓인 선물 꾸러미들을 바라보며 자신에 대한 연민과 축복이 교차하며 지나가는 것을 느꼈다. 그러다 갑자기 세 집 떨어진 곳에 사는 노인의 모습이 떠올랐다. '나에게는 내 아이와 나 이외에 다른 사람을 돌볼 에너지가 정말로 있을까?'

그녀는 한동안 혼잣말을 하다가 부엌으로 들어가 앞치마를 두르고 두 시간에 걸쳐 과자를 구웠다.

과자를 다 만든 후 그녀는 그것을 밀폐 저장 용기에 넣고 체리색 빨강 리본으로 묶었다. 그러고는 동네에 사는 학생 한 명에게 전화를 걸어 잠시 동안 아이를 봐줄 수 있는지 물었다.

말리스는 과자를 들고 노인이 살고 있는 집으로 가서 문을 두드렸다. 인터콤을 통해 그녀는 자신의 신분을 밝혔다. 물론 아무 대답이 없었다. 그 노인은 침대에만 누워 지내므로 사실 아무 대답이 없는 게 당연했다.

"친구가 필요하지 않으세요?" 말리스가 물었다.

"항상, 항상 필요하지." 그가 큰 소리로 대답했다.

말리는 그에게 과자(그가 가장 좋아하는 땅콩 버터맛)를 건넨 다음 그가 누워 있는 침대 옆으로 의자를 끌어 왔다. 그리고 노인의 아이들에 대해 이야기하기 시작했다. 그에게는 다 큰 세 딸이 있었다. "자주 볼 수는 없지만 괜찮아."라고 그는 말했다. "다들 먹고 살기 바빠. 그리고 인생이 얼마나 바쁘게 흘러가는지 나도 다 알지. 아마 이번 크리스마스 때는 나를 자기 집으로 데려가려고 하는 것 같더라고."

그는 손주들에 대해, 그들이 무엇을 좋아하는지에 대해, 그리고 딸들이 자신을 아빠라고 불렀을 때 얼마나 좋았는지에 대해 이야기했다. 그러다가 아내를 회상하기 시작했다.

그녀는 7년 전에 세상을 떠났다. 그는 그 이후로 혼자 살았다. 그는 죽음 이후의 삶은 전혀 믿지 않는 사람이었다. 아내를 다시는 볼 수 없을 것이라고 생각했고, 그 생각 때문에 외롭고 슬펐다.

말리스는 노인의 이야기에 어쩐지 마음이 좀 불편했다. 그녀는 사실 죽음 이후의 삶을 굳게 믿고 있었기 때문이다. 이런 식의 대화가 오고간 적이 없으므로, 말리스는 그저 혀를 깨물고는 노인의 말을 듣기만 했다. 그녀는 노인에게 죽음 이후의 삶을 설득시키기 위해 온 것이 아니라고, 그저 위로를 건네기 위해 온 것이라고 스스로에게 계속해서 되뇌었다.

따뜻한 차와 과자, 그리고 대화를 나누는 동안 두 시간이 금세 지나갔다. 노인이 점점 피곤해하는 것이 말리스의 눈에도 보였다. 이제 다시 집으로 돌아가야 할 시간이 된 것이다. "메리 크리스마스." 그녀가 말했다.

그리고 집으로 돌아왔다. 노인의 집에 가기 전에 겪었던 모든 문제가 여전히 있는 곳! 말리스는 이 문제가 어떻게 해결될 것인지 전혀 예측할 수 없었다. 어쩌면 또다시 배신을 당하게 될지도 몰랐다. 하지만 어쩐지 발걸음이 조금 더 가벼워진 것 같았다. 미소를 한 번 지어 보았다. 스스로를 미치게 만드는 강박적인 사고에서 벗어나는 것은, 그렇게까지 어려운 일이 아닌 것 같았다.

오디오 쪽으로 가서 CD를 켰다.

"기쁘다 구주 오셨네"가 집 안 가득 울려 퍼졌다.

나는 이웃을 위해 과자를 굽는 것이 결혼 문제나 다른 어떤 문제를 해결하는 데 도움이 된다고 믿을 만큼 순진한 사람은 아니다. 그리고 의무감에 사로잡혀 봉사하는 행위는 때로 우리의 삶을 파멸 직전까지 몰고 가기도 하기 때문에, 잠시 주는 행위를 멈추는 것이 나을 때도 있다.

상황이 어떻게 전개될지는 언제나 알 수 없다. 어떤 관계의 문제는 시간이 지나면서, 오랜 시간이 걸리더라도, 저절로 해결되는 경우도 있다. 문제가 잠복해 있을 때에는 아무리 노력해도 여유를 갖다는 게 한없이 어려워질 수 있다. 하지만 언제 또 상처를 입을지 노심초사하면서 거기에 대해 너무 많은 생각을 하는 것은 바람직하지 않다. 그럴 때는, 자기 자신에 대해서는 잠시 잊어버리고 다른 사람을 위해 뭔가 좋은 일을 하는 것이 가장 좋은 치료법이 될 수 있다.

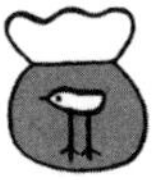

이왕 줄 거라면 당신 자신을 행복하게 만드는 선물보다는
상대가 받고 기뻐할 것을 주는 것이 백배 낫다.

4
힘든 만큼 배움도 크다

2주간의 비행이 끝났다. 제리는 그 이후 그녀와 이야기를 나눈 적도 없었고, 만난 적도 없었다. 그러다 그날 왜 갑자기 전화를 걸었던 걸까? 자기 자신도 정확히 그 이유를 설명할 수 없었지만, 어쩐지 그래야 할 것 같았다.

"어떻게 지내?" 그가 물었다.

"좋아!" 그녀가 말했다. "지금 막 병원에 갔다 집에 왔어."

"병원? 병원은 왜?"

"나, 아기를 낳았어." 그녀가 대답했다.

제리는 머릿속으로 거꾸로 숫자를 세기 시작했고, 곧이어 온몸에 소름이 돋았다. 그녀는 사정을 굳이 설명할 필요가 없었다. 그는 이미 알고 있었다. 그 아기는 자신의 아기였다.

제리는 전화를 끊고 몇 분 동안 서성거렸다. 그리고 차를 타고 급히 달려갔다. 제리는 자신의 아들을 한눈에 알아볼 수 있었다.

그는 아기를 부드럽게 안고 머리부터 발끝까지 키스를 했다.

"내가 네 아빠가 되어 주고 싶어."라고 말했다.

아빠가 되는 법을 배우기란 매우 힘든 일이었다. 먼저 한동안은 아이를 방문하여 같이 놀아주는 식으로 함께 시간을 보냈다. 그러나 아들이 점점 커가면서, 제리는 일주일에 3, 4일 정도를 함께 보내기 시작했다. 두 살이 될 무렵까지 그렇게 했다. 그는 "아들아, 너에게 이렇게 결손 가정을 경험하게 해서 미안해." 하고 말했다. "하지만 돈보다 더 많은 것을 줄게. 아빠는 너에게 시간, 에너지, 사랑, 이 모든 것을 최선을 다해 줄 거란다."

제리는 스물한 살치고는 매우 현명했다. 어쩌면 그는 인생의 가장 중요한 비밀 중 하나를 알고 있었는지도 모른다. 언제나 자신이 대가를 치른 만큼만 얻게 된다는 것. 그게 일이든, 취미든, 관계든, 무엇이 되었든, 우리는 우리가 지불한 만큼만 받을 수 있다.

어느 날 나는 한 여자와 이야기를 나누고 있었다. 그녀는 20대 초반 정도로 매우 젊어 보였다. 그녀는 이제 막 첫 아이를 낳고, 몇 달 동안 밤낮없이 힘든 시간을 보내고 있다고 말했다. 또, 일할 수 있는 시간을 확보하기 위해 계속 노력 중이라며, 초보 엄마들이 자기 시간을 확보하는 방법을 터득할 수 있도록 책을 좀 추천해 줄 수 있느냐고 물었다.

"뭔가 깨달은 것이 있었어요." 그녀가 말했다. "이 모든 에너지, 그러니까 아이를 위해 한밤중에 깨는 것, 아이를 위해 무엇을 해야 할지 배우려는 것, 이 모든 고군분투가 내가 상상할 수 없는 방식으로 나와 아이를 하나가 되게 해주었어요."

이제 막 새로운 것을 시작하는 단계에 있는가? 직업? 회복 프로그램?

무엇이 되었든, 어쩌면 당신은 당신이 원하는 만큼 만족을 얻지 못할 수도 있다. 그렇다. 어쩌면 잘못된 사람과 함께 있을 수도 있고, 직업이 마음에 들지 않아 다른 일자리를 알아보는 것이 해결책이 될 수도 있다. 하지만 오늘, 당신이 있는 바로 그곳에서, 새로운 방식을 시도해 보는 것은 어떨까?

무슨 일을 하고 있든,
거기에 조금 더 자기 자신을 투자하라.

5
특별한 팁

레슬리는 시계를 보았다. 하나님, 감사합니다. 식당 근무 시간이 거의 끝나가고 있었다. 그녀는 마지막으로 두 테이블에 계산서를 각각 가져다주고 손님들과 짧은 농담을 주고받고는 직원 휴게실로 갔다.

이제 집에 갈 시간이다. 투잡을 뛰고 있는 처지라 완전 퇴근은 아니었지만, 어쨌든 이 일은 끝났다.

레슬리의 딸은 아파서 한 달이 넘도록 병원에 입원해 있었고, 그녀는 어떻게든 더 많이 벌지 않으면 안 되었다. 병원비를 감당할 수 있을지 아직도 의문이었다. 지금까지 레슬리의 딸은 골수이식을 완료했다. 하지만 레슬리가 알고 있는 것은, 아직은 모든 것이 불확실하다는 것뿐이었다.

레슬리의 남자친구 에디는 다정했다. 에디는 항상 레슬리의 옆자리를 묵묵히 지켜주었고, 레슬리의 아이들을 위해서도 애써 주었다. 하지만 돈을 그렇게까지 잘 벌지는 못했다. 레슬리는 거울을 보았다. 약간 과체중의 여자가 서 있었다. 그러나 어쩔 수 없다. 지금 그녀가 누릴 수 있는 유일한 위로는 오직 음식뿐이었으므로.

퇴근 준비를 모두 마친 레슬리는 식당을 가로질러 출입구 쪽을 향했다. 그때 마침 상사가 손짓하는 것이 보였다. 이야기 좀 하고 가라는 것 같았다. 그녀는 느릿느릿 움직였다. 맙소사, 피곤함이 몰려들었다. 일하는 동안에는 피곤을 잘 느끼지 못하는데, 퇴근할 때가 되면 피곤이 와락 밀려오곤 했다. 그는 좋은 상사였다. 레슬리의 사정을 많이 봐주었고, 직원들에게도 친절히 대했다.

레슬리는 그를 향해 미소를 지었다.

"누가 당신을 위해 이것을 남겼더라고요." 그가 말했다. "그게 뭔지는 모르겠어요."

그는 봉투 하나를 건넸다. 크기로 보아 축하 카드가 아닐까 싶었다. 잠시 궁금함이 일었다. '아, 오늘이 발렌타인 데이지? 뭐, 손님 중 한 명이 준 거 아닐까?' 레슬리는 카드를 받아 지갑에 넣으며 생각했다. 그리고 집으로 가서는 뜨거운 물이 가득 찬 욕조에 몸을 담갔다. 다음 일을 하러 가기 전까지 그녀에게 허락된 휴식은 두 시간뿐이었다.

레슬리는 물을 한 주전자 끓여 커피를 탄 후 식당에서 받았던 카드를 떠올렸다. 지갑에서 꺼내 봉투를 열었다. 100달러짜리 지폐 15장이 들어 있었다.

카드에 담긴 메시지는 간단했다. "우리는 지금 당신이 무척 힘든 시간을 보내고 있다는 것을 알고 있어요. 그래도 마음의 여유를 잃지 않기를 바랍니다. 신을 믿는 것도 멈추지 않길 바라요. 행복한 발렌타인 데이가 되기를 바라며, 당신에게 귀한 대접을 받았던 몇 사람들이 마음을 모아 보냅니다."

워싱턴 D.C.에서 열린 행사에서 강연을 할 때였다. 한 여성이 손을 번쩍 들었다.

"비티 씨! 비티 씨!" 그녀가 말했다. "저는 자기 돌봄에 관한 이 프로그램에 처음으로 참여하긴 했지만, 정말로 잘 이해가 안 돼서 질문드려요. 자기를 돌본다는 게, 우리를 보살펴줄 누군가를 만날 때까지는 우리가 우리 스스로를 돌봐야 한다는 뜻인가요?"

방안에 있던 대부분의 사람들이 낄낄거렸다.

"아닙니다. 지금 당신이 어떤 기분이실지는 알 것 같네요. 우리 자신을 돌보는 일은 거의 평생에 걸쳐 우리 모두가 해야 할 일이지요."

지금은 남남이 된 전남편 옆에 누워서 벽을 바라보다가 갑자기 뭔가 매우 잘못되었다는 느낌을 받은 적이 있다. 정작 무엇이 잘못됐는지는 알 수 없었다.

성모 마리아를 진짜로 보았다고 주장하는 이야기를 들어본 적이 있는가? 지하철 벽이나 바닥에서 흔히 볼 수 있는 얼룩을 두고 성모 마리아의 형상이라고 주장하는 사람도 있다. 나도 벽을 오래 바라보다가 보면 볼수록 얼룩 하나가 예수처럼 보이는 것을 경험한 적이 있다. 물론 이건 '말도 안 되는 소리'다. 하지만 요점은 이것이다. 그때 벽을 바라보면서 신이 너무나 멀리 느껴졌다는 것. 도대체 왜 신은 나를 이렇게 혼자 내버려두시는지, 아무래도 알 수가 없었다.

신께서 나를 버리지 않으셨다는 것을 이해하기까지는 여러 해가 걸린 배움으로 갈고 닦여야 했다.

나를 버린 것은 나 자신이었다.

때로 우리는 자신이 다음 단계로 나아가기 위해 무엇을 해야 하는지 알 수 있다고 생각한다.

나는 너무 많은 사람들에게 너무 많은 것을 주었다. 내가 잘못한 것들에 대해서는 죄책감을 느꼈다. 죄책감에 죄책감을 더하지 않으면서 아니라고 말할 수 있는 방법을 나는 알지 못했다. 나는 누구에게도 상처를 주고 싶지 않았다. 누구에게도 화를 내고 싶지 않았다. 내가 나 자신에게 가한 것으로 충분했다.

나는 다른 사람들에게 '주는 것'을 경험해 본 적이 없었다. 그러다 약물 중독 회복 프로그램에 참여했을 때 처음으로 다른 사람에게 '준다는 것'에 대해 알게 되었다. 그 전까지 나는 늘 혼란스럽고 이기적이고 자기중심적인 사람이었는데, 나 아닌 다른 사람을 생각하는 것이 중요하다는 것을 깨닫기 시작한 것이다.

그러나 모든 주는 행위, 특히 강박적으로 무언가 베풀고 주어야만 한다고 생각하는 것은 역효과를 내기도 한다. 그러나 나의 경우에는 그렇지 않았다. 나는 그것으로 인해 약물 중독에서 벗어났다. 그리고 중독자들의 모임에 나갔다. 건강하게 베풀고 봉사할 수 있는 길이 바로 거기에 있었다. 물론 주는 행위가 항상 효과적이기만 한 것은 아니었다.

나는 한동안 봉사를 중단해야 하기도 했다. 나는 '보답으로 주는 것'과 '그저 주는 것'의 차이를 배워야 했다. 또한, 나 자신을 돌보는 법과 나 자신에게 주는 법도 배워야 했다.

어렸을 때, 나는 거절하는 법을 몰랐다. 그러다 보니 성인이 되고 나서 '아니오'라고 말하는 것이 나에게는 중요한 문제였다. 내게는 다른 누구보다 나 자신을 지키는 것이 중요했다. 나는 사람들에게 자신들의 일은 스스로 알아서 하라고 이야기하는 법을, 사람들이 내게 언제 거짓말을 하고 은밀한 조종을 하는지 알아차리는 법을, 내가 할 수 없는 부분에 대해서는 하나님께 맡기더라도 내가 할 수 있는 것들은 내가 해야 한다는 것을 차츰차츰 배워 나갔다.

내가 쓴 책 『공동의존자 더 이상은 없다』가 성공했을 때, 사람들은 내게 많은 것을 기대했다. 나 역시 나 자신에게 많은 것을 기대했다. 나는 사실 뭘 잘 몰랐다. 그저 독학으로 저널리스트가 되었을 뿐이고, 나에게 도움이 되었던 몇 가지 아이디어를 책을 통해 나눴을 뿐이다.

그동안 내내 가난에 시달렸던 나는 그 책의 성공으로 인해 많은 것을 얻을 수 있었다. 그동안의 빚도 다 청산했고, 새 차와 새 옷을 살 수도 있었다. 사람들에게 더 많은 것을 줄 수도 있었다.

그런데 문제는 많은 사람들이 나에게서 돈 냄새를 맡았다는 것이다. 아마 그들은 이렇게 생각했을 것이다. '왜 내가 아니고 멜로디 비티란 말인가?' 나도 그런 생각을 했다. 알다시피, 우리에게 좋은 일이 일어날 때에는 '왜 그런 일이 나에게 일어나지?'라고 묻지 않는다. 나쁜 일이 일어날 때에만 그렇게 생각한다.

하지만 나는 왜 내게 그런 물질적인 축복이 쏟아졌는지, 생각해 보았다. 알 수 없었다. 약물 중독에서 내가 회복된 것도 하나님의 은총이었다. 수많은 사람들이 헤어나지 못하는데, 나는 거기에서 기적같이 해방된 것이다. 하나님은 왜 내게 그런 일을 베푸셨을까? 그리고 내 아들은 왜 죽어야 했을까? 나는 모르겠다.

나는 내가 왜 아직도 살아 있는지 알지 못한다.

하지만 확실한 건, 이 모든 과정을 통해 많은 것을 배웠다는 것이다.

우리가 가진 소유물, 우리가 맺고 있는 관계, 우리가 살고 있는 아름다운 집이 우리를 행복하게 만들 거라고 확신하는 것은 사실 아주 쉽다. 그리고 내 말을 오해하지 않길 바란다. 그런 것들은 물론 좋다. 하지만 나를 행복하게 만든 것은 내가 가진 물건도, 관계도, 집도 아니었다. 내 마음에 영원한 기쁨을 가져다준 것은 하나님의 축복을 느꼈던 순간들, 그리고 가슴을 열고 사랑에 나를 걸었던 순간들이었다.

아들이 죽은 후, 나는 삶에 관심을 갖는 것이 어려웠다. 특히, 내가 한 일이 다른 사람들에게 도움이 되는지 아닌지 신경쓰는 건 더욱 힘들었다. 어쩌면 한동안은 세상에서 물러나 있는 것이 그때의 내게는 꼭 필요한 일이었을지도 모른다. 어느 날 밤, 뉴저지에서 무대에 올랐을 때의 일이다. 나는 디팩 초프라Deepak Chopra의 뒤를 이어 강연을 하기로 되어 있었는데, 순서에 약간의 혼선이 있었다. 장소는 매우 더웠고, 내 차례가 되어 무대에 올라섰을 때는 이미 매우 늦은 시간이었다. 나는 청중들의 얼굴을 보았다. 정말 하고 싶은 말 한 마디가 툭 튀어나왔다. "인생이란 것이 정말 모든 것을 다 삼켜버린 것처럼 끔찍한 순간들이 있어요."

나는 이런 강연을 통해 나 자신을 속이고 싶지 않았다. 물론 공유할 수 있는 경험이 있었을지도 모른다. 하지만 당시의 나에게는 희망이 별로 없었다. 나는 그 자리에 모인 사람들을 바라보며 말했다. "너무 늦었네요. 할 말도 많지 않고요. 호텔로 돌아가서 자야겠어요."

나는 다시는 행복해질 수 없을 것 같았다. 내 아들이 죽은 상태에서는 행복과는 거리가 너무 멀었고, 아들이 도대체 왜 죽은 것인지 이유를 알 길도 없었다. 하지만 이 모든 이야기의 요점, 그리고 내가 겪어

온 길이 가리켜 보이는 것은, 우리의 삶이 아무리 최악으로 나빠지더라도, 다시 삶을 시작할 수 있는 유일한 방법은 자기만 아는 인생에서 벗어나 다른 사람들에게 베풀고 봉사하는 것이라는 것이다.

어쩌면 여러분 중 일부는 도저히 그 무엇도 '줄' 수 없는 상태일 수도 있다. 누군가가 나타나서 당신을 돌봐주기를 바랄 수도 있다. 나도 가끔 그런 생각을 한다. 하지만 '주는 일'을 포기하고 나서도, 결국 머지않아 그 일을 다시 시작하게 된다. 타인이 아닌 우리 자신을 존중하고 공경하며 섬기는 방법도 있다. 우리가 하는 모든 일을 섬김의 정신으로 할 수 있는 방법이 있는 것이다.

누구나 그렇겠지만, 나는 약자이고 싶지 않다. 그것은 때로 내가 상황을 파악하기도 전에 사람들이 나를 이용할 수 있다는 것을 의미한다. 때로는 속수무책으로 모든 고통을 감수해야 한다는 것을 의미하기도 한다. 때로는 정말 궁지에 몰릴 때도 있지만, 그럼에도 불구하고 우리는 여전히 가슴을 열고 누군가를 돌보고 베푸는 일을 계속한다. 그것이 바로 우리가 배움을 통해 얻은 가치관이기 때문이다.

평범한 사람들도 끔찍한 일을 저지를 수 있다. 그러나 하나님께서는 가슴 속에 순수한 바람이라는 것이 아주 조금밖에 없는 지극히 평범한 사람들을 통해서도 엄청난 봉사와 선한 일을 행하신다. 이 세상에서는 가슴을 닫고 사는 것이 이 세상에서는 당연하고 자연스러운 일이기 때문에, 늘 가슴을 열고 살기 위해서는 기도를 해야 한다. 아래로 주저앉히는 중력이 너무 큰 이 세상에서는, 사람들을 고통으로 몰아넣는 일을 하는 사람들이 너무 많다. 사랑의 상태에 있게 해달라고 기도해야 한다. 친절해질 수 있도록 기도해야 한다. 그런 것들은 자연스럽게 생기지 않는다. 하지만 우리는 여전히 그런 것들을 선택할 수 있다.

어느 날 내 친구 댄 케인이 말했다. "우리는 다른 사람들을 위해 계속해서 문을 열어 두어야 해, 멜로디. 누군가가 우리를 위해 문을 열어주지 않았다면, 우리는 여기에 있을 수 없었을 거야. 나는 인생에서 예기치 않았던 선물을 너무 많이 받았어."

이제 제3성산으로 여행을 떠나자.

거기에서 배울 것을 배워 보자.

제5장

반대 방향으로의 끌림

인생 수업은 대개 우리가 생각하는 방식대로 펼쳐지지 않는다. 우주는 종종 우리가 배우고 싶어 하는 것과는 정반대의 것을 건네주곤 한다. 때로 우주는 우리로 하여금 내려놓고 집착하지 않는 법을 배우게 하기 위해 우리를 집착하고 도저히 내려놓을 수 없는 어떤 상황에 빠지게 하기도 한다. 우리로 하여금 용서하는 법을 배우도록 하기 위해 배신과 그로 인한 상처와 분노의 상황에 처하게 할 수도 있다.

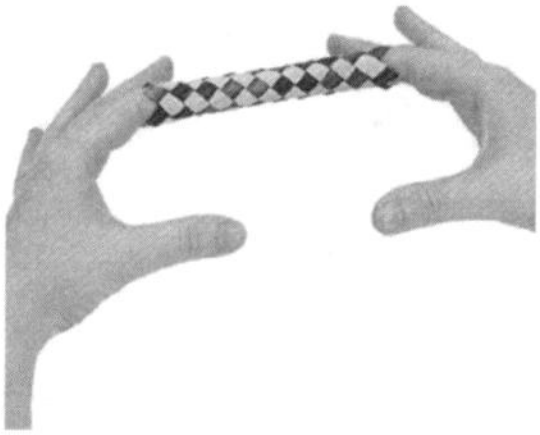

중국 수갑chinese handcuffs**이라는** 장난감을 보거나 가지고 놀아본 적이 있는가? '중국 수갑' 또는 '손가락 덫'이라고 불리는 이 장난감은 약 12cm 정도의 대나무관 모양을 하고 있다. 가지고 노는 방법은 간단하다. 대나무관의 양쪽 끝에 검지를 넣는 것이다. 그러면 게임이 시작된다. 게임은 본능에 따라 진행된다. 검지의 자유를 억압당한 상태로, 우리는 뭘 할 수 있을까? 본능적으로 손가락을 빼내려고 할 것이다. 그러나 곧 생각보다 쉽게 손가락을 뺄 수 없다는 것을 알게 된다. 손가락을 빼내려고 하면 대나무관은 순식간에 늘어났다 조여지면서 오히려 손가락을 더 압박한다. 작은 종이 장난감 하나에 순식간에 제압을 당하고 만다.

더 세게 빼내려고 할수록, 더 꽉 조인다.

그러면 대부분의 사람들은 당황하기 시작한다. 당황하면, 상황을 파악하려고 하기보다는 그저 본능에 따라 손가락을 빼내려는 시도만 반복한다. 효과가 없어도 계속해서 손가락을 더 빼내려고 힘을 주어 당기는 것이다.

중국 수갑이 우리를 붙잡아두는 것이 아니다. 우리가 우리 스스로를 가둔다. 우리의 뇌가 다른 선택을 하기 전까지는, 감정과 생존 본능이 우리를 꼼짝하지 못하게 만든다.

자유로워지기 위해서는 우리가 긴장을 풀고 모든 것이 흘러가도록 놓아주는 것만으로는 충분치 않다. 행동을 취해야 한다. 본능이 시키는 것과는 반대로. 본능은 손가락을 빼기 위해 양손이 서로 멀어지도록 당길 것을 요구하겠지만, 오히려 반대로 행동해야 하는 것이다. 손가락을 가운데로 모으듯 중앙을 향해 민 다음, 손가락을 죄고 있던 수갑이 조금 널널해질 때까지 천천히 풀어낸다. 그렇게 하면 손가락은 금세 자유를 얻는다.

일단 요령을 배우면 나면 그것은 더 이상 덫이 아니다. 덫이 놓여 있더라도 본능, 공포, 감정을 따르는 길을 우회하여 올바른 선택을 할 수 있다.

삶에 대한 본능적인 반응에 매몰될 때마다, 내 친구 마이클은 말 한마디로 나를 해방시킨다. "옛날 중국 수갑 장난감을 기억해. 긴장을 풀고 당신이 생각하는 것과 반대로 행동하는 거야."

제3성산인 우타이산五台山은 타이화이太湖 마을을 5개의 봉우리가 둘러싸고 있는 형태로 생겼다.

"여기서 한 달 정도 있어야 하지 않을까? 각 봉우리마다 다 올라가 보자. 다섯 봉우리를 다 등반하는 거야." 조가 말했다.

나는 고개를 저었다. "아냐. 지프를 타고 가자. 힘든 길을 가는 것이 좋을 때도 있지만, 기술을 활용하는 것도 괜찮잖아." 내가 말했다.

간단한 토론이 벌어졌다. 결국 우리는 지프를 타고 각 봉우리의 정상까지 올라갔다. 정상은 기온이 영하로 내려갔고, 찬바람이 옷 사이로 파고들었다. 눈보라로 인해 앞을 거의 볼 수도 없었다. 나는 정상에 올라갔을 때, 저산소증에 빠졌다. 어지러웠고, 그러면서도 이상하게 기분이 좋았으며, 호흡이 가빴다. 절은 아름다웠지만, 새로움이 주는 감동은 점점 희미해졌다. 몇 곳이나 방문했을까? 열? 스물? 어쩌면 그보다 더 많이?

여행 책자에서 이 지역의 절을 모두 방문하려면 독실한 불교도이거나 절에 열광하는 사람이어야만 가능하다는 내용을 본 적이 있다. 당연히 나는 모든 절을 방문할 계획도 없었거니와, 내가 그런 사람이 될 거라고 생각하지도 않았다.

"이제 절 구경은 그만하고 싶어." 내가 조에게 말했다.

그도 동의했다.

우리는 절을 더 이상 방문하지 않았다. 대신 걷고, 산책하고, 아름다운 산세를 감상하며 하루를 보냈다. 나는 들판에서 밀을 수확하는 노인을 보았다. 신발을 벗고 개울을 거닐기도 했다.

즉시 균형을 되찾은 나 자신이 스스로도 놀라웠다. 절을 방문하며 받았던 영적인 느낌이 점차 사그라지고 있었는데, 자연에 흠뻑 빠진 순간 서서히 회복되고 있었다. 나는 그곳에서 하나님의 임재를 느꼈다.

'바로 이거야.' 하고 나는 생각했다. '태양이 뜨고 지고 다시 뜨듯이 삶은 직선으로 진행되는 것이 아니라 영원히 순환하지. 한쪽으로 지나치게 치우치게 되면 반대쪽으로 다시 가게 되어 있어. 그래야 균형이 이루어질 테니까.'

어느 날 친구가 나에게 "나에게는 문제가 좀 있어."라고 말했다.

"행복하다고 느끼는 순간, 동시에 겁이 나거든. 그 행복이 지속되지 않을 거라는 걸 잘 아니까."

나는 내가 배운 것을 설명하고 싶었다. 하지만 그러지 않았다. 그것은 생각보다 꽤나 복잡할 뿐만 아니라, 나는 신비주의자도 아니지 않은가. 나는 사람들에게 설교를 늘어놓는 것을 좋아하지 않는다. 그보다는 오히려 그들이 스스로 뭔가 배우는 과정을 지켜보는 게 좋다. 이것은 나에게도 굉장한 의미가 있다. 낮과 밤은 서로 완전히 상반되지만, 그 둘은 하루라는 동일한 것의 부분들이다. 24시간이라는 생명의 한 사이클이다. 둘 중 어느 한쪽을 정의하기 위해서는 반드시 다른 한쪽을 가져와야 한다. 그래야만 각각이 지니는 의미, 모양, 구성을 잘 설명할 수 있다.

몇 년 전, 한 여자가 나를 자기 가까이로 끌어당겼다. 그녀가 말했다. "당신은 기쁨에 대해 배우게 될 거예요. 뼛속 깊이 그런 느낌이 와요. 이제 때가 됐어요." 나는 그 말을 듣고 내게 찾아올 놀라운 선물들을 상상하며 너무 신이 났다. 위대한 사랑이나 멋진 로맨스가 찾아오는 걸까? 아니면, 거침없는 성공? 더 화목한 가정? 앞으로는 만사가 다 잘 풀리는 걸까?

그로부터 일주일 후, 내 아들 셰인이 사망했다. 나는 가슴이 아프고, 황폐해지고, 모든 것이 엉망이 됐고, 아주 깊은 슬픔에 빠졌다. 나는 그때 그 여자가 한 말에 화가 났다. 참으로 잔인한 일이었다. 비열하고 불쾌한 우주의 속임수. 누군가가 내 삶으로 들어와서, 믿음을 준 뒤, 내 눈을 깊이 들여다보면서 '너는 장차 기쁨에 대해 배우게 될 거야.'라고 이야기한다. 그로 인해 나는 얼마나 우쭐해졌는지 모른다. 그리고 그렇게 고양되자마자 추락이라니!

셰인의 사망 11주년 기념일에 문득 이 대화가 떠올랐다. 나는 그 말에 더 이상 분노하고 있지 않았다. 그저 웃었다. 그리고 그녀가 옳았다는 것을 인정했다. 슬픔을 통해서 나는 기쁨을, 기쁨의 소중함을 배웠던 것이다. 인생 수업은 대개 우리가 생각하는 방식대로 펼쳐지지 않는다. 우주는 종종 우리가 배우고 싶어 하는 것과는 정반대의 것을 건네주곤 한다.

때로 우주는 우리로 하여금 내려놓고 집착하지 않는 법을 배우게 하기 위해 우리를 집착하고 도저히 내려놓을 수 없는 어떤 상황에 빠지게 하기도 한다. 우리로 하여금 용서하는 법을 배우도록 하기 위해 배신과 그로 인한 상처와 분노의 상황에 처하게 할 수도 있다. 음과 양의 순환은, 그것이 어떻게 작동하는지를 우리가 이해하기만 한다면, 세상사의 이치를 터득하기에 꽤 좋은 방법임이 분명하다. 일단 이치를 알기만 하면, 보이는 것만큼 그렇게 복잡한 것은 아니다.

이 순환은 우리의 행동에도 적용된다. 일을 너무 많이 하여 번아웃 상태가 되면, 우리는 쉬면서 놀 필요가 있다. 다른 사람들에게 주는 것에만 너무 치중한 사람은 자기 자신에게 주는 법과 다른 사람들에게 받는 법을 배울 필요가 있다. 어려운 상황에 처했을 때 우리는 음양의 순환 법칙을 적용함으로써 해결의 단서를 얻을 수 있다. 누군가가 기분이 상해서 화를 잔뜩 낸다면, 이에 대한 자연스러운 반응은 우리도 같이 화를 내는 것이다. 하지만 그것은 일반적으로 문제를 해결하지 못한다. 오히려 양쪽 모두를 어둠과 분노의 감옥에 가둘 뿐이다. 상황을 진정시키는 것은, 온유함을 발휘하여 순환의 수레바퀴를 스스로 움직이는 것이다.

음양 순환의 목적은 우리를 양극단 어딘가에서 허우적거리도록 하는 것이 결코 아니다. 물론 우리 중 많은 사람들이 한쪽에 치우쳐 헤매는 일이 적지는 않다. 한 친구가 교회에서 목사님의 설교를 듣고 나서 이런 이야기를 한 적이 있다.

"금속 조각이 한쪽으로 구부러져 있으면, 다시 평평하게 펴기 위해 반대 방향으로 구부려야 해."

중도—균형과 절제—가 목표이다.

우리는 음양의 원이 우리를 반대편으로 강제적으로 밀어낼 때까지 어느 한쪽에 치우쳐 지낼 수도 있지만, 우리 스스로 다른 방향으로 이동하여 균형을 맞춰나갈 수도 있다.

타이화이를 떠나기 전에 나와 조는 가장 중앙에 있는 봉우리에 위치한 절에 가기로 했다. 열심히 계단을 오르고 있을 때였다. 체구가 작은 비구니가 나에게 머리를 숙이고 손을 가슴 앞으로 모았다.

"아미토파Amitofa라고 말해 보세요." 그녀가 말했다.

"뭐라고요?" 내가 물었다.

그녀는 미소를 한 번 짓고는 서둘러 자리를 떠났다.

그 후로 나는 중국과 티베트에 사는 영어를 사용하는 사람은 물론 영어를 사용하지 않는 사람들에게도 그 단어의 의미를 물어 보았다. 사람들은 그 단어를 알고 있었고, 또 좋아하기까지 했다. "아, 네. 아미토파." 그들은 행복하게 말했다. 그러나 어느 누구도 나에게 그 의미를 제대로 설명해 주지 못했다. 집으로 돌아오고 몇 달이 지난 후, 나는 그 단어의 의미를 검색해 보았다. 그리고 마침내 인터넷을 통해 아미토파에 대해 아는 사람과 연결되었다. 중국에서 여러 해 동안 무술을 연마한 후 아일랜드와 영국에서 가르치고 있는 사람이었다.

"가장 가까운 의미를 영어에서 찾자면, '축복'과 '끝없는 빛'이 될 것입니다."

나는 그제야 이해가 되었다. 아미토파는 '신의 은혜로'라는 뜻이었다.

때로 우리는 자기 스스로 조화와 균형 속에서 중도의 길을 잘 갈 수 있다. 그러나 약간의 도움이나 많은 도움이 필요한 경우도 있다.

예로부터 전해 내려오는 말이 있다. 어떤 사람들은 이 말이 어니 라센 Earnie Larsen에 의해 미국 중서부에서부터 시작되었다고 하기도 한다. 계속해서 같은 일을 반복하면서 지금까지와는 전혀 다른 결과를 기대하는 것은 '정신 나간' 짓이라는 것이다. 물론 맞는 말이다. 그러나 우리 중 많은 사람들에게는 '정신이 나갈 수밖에 없는 상황'이 주어지곤 한다. 아무것도 선택할 수가 없는 상황에 처할 때나, 실패로 끝날 것이 뻔한데도 그 길밖에 다른 선택지가 없는 경우에는, 어떻게 '정신이 나가지' 않을 수 있겠는가?

이번 장에서는 '중국 수갑을 푸는 기술'을 사용하여 사람들이 삶의 균형, 즉 중도를 달성하는 데 도움이 되었던 몇 가지 상황을 살펴볼 것이다. 그 비결은 '행복'을 다른 단어로 대체하는 법을 터득하는 것이다.

행복의 다른 말은 '평화'다.

1
꼭 필요했던 말 한마디

갖가지 잡다한 생각. 윙윙거리는 소리. 셰리는 머릿속이 너무 복잡했지만, 자신이 무슨 생각을 하고 있는지 전혀 알 수 없었다. 정말이지 한 단어도 잡히지 않았다. 머리가 정신없이 돌고 있었다. 이미 한밤중이었지만, 잠을 잘 수도 없었다. 남편은 옆에서 자고 있었다. 셰리는 일어나서 옆방에서 자고 있는 딸의 상태를 확인했다. 딸도 깊이 잠들어 있었다. 셰리는 화장실로 가 문을 걸어 잠그고 지갑을 뒤져 작은 비닐봉지를 꺼낸 뒤 코로 힘껏 흡입했다.

성공한 건축가인 남편은 셰리가 영리한 엄마이자 좋은 아내라고 생각했다. 그는 자신이 전혀 눈치채지 못하는 사이, 아내와 자신, 그리고 딸에게까지 상처가 될 일이 벌어지고 있다고는 꿈에도 생각하지 못했다. 셰리는 '중독'이라는 단어가 싫었다. 하지만 통제 불가능한 상황이 점차 많아질수록 자신이 중독이라는 것을 점점 더 부정할 수 없게 되었다.

그날 아침, 남편은 언제나처럼 출근을 했다. 셰리는 한숨도 자지 못한 상태로 아침을 맞았다. 딸도 일어났다. 셰리는 딸을 위해 시리얼

한 그릇을 준비한 다음 지갑에 넣어둔 코카인을 한 번 더 흡입했다. 코카인은 이내 바닥이 났고, 셰리는 정신을 차릴 수가 없었다.

'좋아.' 하고 셰리는 생각했다. '그만둬야 해. 이제 그만 끊어야 해.'

그러나 셰리는 오후에 더 많은 코카인을 들이마셨다.

잠 못 이루는 밤이 또다시 이어졌다. 너무 많은 말과 생각들이 그녀의 마음을 파고들어 맴돌았다. 셰리는 생각했다. '도저히 갈피를 잡을 수가 없어. 무슨 일이 일어나고 있는지도 모르겠어.'

이틀 밤을 뜬눈으로 지샜다. 그리고 그다음 날 오후, 셰리는 시내의 한 작은 서점에 들렀다. 대형 서점도 아니었고, 책이라고 해봐야 회복에 관한 책들과 영성 도서가 전부인, 아주 작은 규모의 동네 책방이었다. 셰리의 딸은 어린이 도서 코너에 있는 장난감과 책을 가지고 놀았다. 셰리는 서점 안을 왔다갔다하다, 마침내 매니저에게 다가갔다.

셰리는 말없이 매니저 앞에 서서 생각을 가다듬고 해야 할 말을 찾으려고 애를 썼다. 매니저가 그녀를 바라보았다. 그녀도 매니저를 바라보았다.

"저는 도움이 필요해요. 코카인에 완전히 빠졌거든요. 제가 옳은 일을 할 수 있도록 도와주세요."

셰리의 말은 서툴고 어색하기 그지없었지만, 셰리에게 필요한 가장 적절한 말이었다.

누군가 다른 사람이 중독 문제를 겪고 있고 도움이 필요한 경우에는 쉽게 분별할 수 있다. 그러나 정작 나 자신이 덫에 걸려 있고, 풀 수 없는 문제에 갇혀 있고, 전혀 의미 없는 일을 반복하면서도 멈출 수 없을 때는, 아무것도 보이지 않는다. 우리는 어떤 형태의 문제—성적 충동, 재정 문제, 도박 중독, 다른 사람에게 상처를 주는 일, 다른 사람이 나를 해치도록 허용하는 것 등—에 봉착할 수 있다.

우리를 가두는 문제는 우울증이나 공동의존, 또는 불안과 같이 보다 은밀하게 진행되는 것일 수도 있다. 그것은 직장이나 인간관계, 그 외 삶의 어느 곳에서나 일어나는, 우리가 해결하기 위해 노력하는 문제일 수도 있다. 문제를 해결하기 위해 우리가 시도하는 무언가가 실제 문제 해결에 도움이 되지 않는다면, 우리는 긴장을 풀고, 전혀 효과가 없는 그 방법을 멈추고, 지금까지와는 다른 새로운 방법을 시도해 볼 수 있다. 그것은, 입을 열어 다른 사람에게 도움을 요청하는 일이다.

다른 사람들에게 물어볼 수도 있고, 신에게 물어볼 수도 있다. 신과 사람들 모두에게 물어볼 수도 있다. 한 번 이상, 한 명 이상에게 물어볼 수도 있다. 기억하라. 일단 우리가 선택을 하면, 강력한 힘이 나타나 우리를 이끌어간다는 것을. 베푸는 법을 배우는 것은 중요하다. 그러나 삶의 순환 법칙은 우리 자신을 위해 누군가에게 도움을 요청하고 그 도움을 받는 것을 선택해야 할 때가 있다는 것을 알려준다.

우리 자신에 대한 우리의 가장 큰 속임수는, 더 큰 힘을 갖고 더 굳센 의지로 스스로 쟁취하는 것이 곧 승리의 길이라고 다짐하는 것이다. 그러나 때로는 패배를 먼저 받아들이는 것이 승리로 가는 유일한 길일 수도 있다.

때로 문제를 푸는 진짜 방법은,
우리가 행해야 한다고 생각하는 것과 정반대의 것으로서
성공하는 방법과는 거리가 멀어서 행하기가
무척 어렵게 느껴질 수 있다. 그것은 바로,
나 자신으로서는 이 문제를 풀 수가 없으며
누군가의 도움이 필요하다는 것을
자기 자신과 다른 사람들에게 솔직하게 인정하는 것이다.

2
생활의 지혜

"말이 평생 자신을 따르길 원한다면 다가가서 쓰다듬어 주세요." 지니의 승마 강사가 말했다. "말에게 가서 충분히 멋지다고 말해주세요. 최대한 많이 쓰다듬어 주시고요. 그러고 나서 집으로 돌아가면, 그냥 말에 대해서는 잊어버리세요. 그냥 내버려두세요. 그래도 그 말은 평생 당신을 따를 거랍니다."

지니는 승마 레슨을 마쳤다. 그리고 마구간을 청소했다. 청소가 끝나면 지프를 타고 집으로 돌아왔다.

지니는 강사가 말한 내용 중 어떤 부분인가가 일주일 내내 자신을 괴롭히는 것을 느꼈다.

'나는 인생에서 너무 많은 사람들을 필요로 했어. 때로는 정말 너무 많은 사람들이 필요했지.' 지니는 생각했다. '그러나 나의 절박함은 사람들이 내게 더 가까이 오게 하기는커녕 오히려 더 멀어지게 만들었어.'

'바로 이거야.' 지니는 생각했다. '방금 이 승마 강사는 관계의 얽힘과 풀림에 대해 총체적인 해결의 열쇠를 준 거야.'

삶의 어떤 주기는 추악하고 고통스럽고 혼란스러운 시련으로 점철될 수 있다. 우리는 살면서 늘 사랑에 배가 고프다. 사람들에게 더 가까이 다가가고 싶다. 그러나 양쪽이 함께 엮이는 순간, 얼마 지나지 않아 어느 한쪽이 숨막히는 부담감을 느낄 수도 있고, 친밀도가 떨어지면 무관심해졌다고 서운함을 느낄 수도 있다. 이렇게 서로 얽히게 된다.

대다수의 사람들은 관계 속에서 춤을 춘다. 처음에 그/그녀는 당신에게 관심이 아주 많고 열정적으로 당신을 추종할 수 있다. 그러나 당신은 이런 상황이 다소 불편하고, 관심도 없다. 그러다가 당신이 갑자기 그에게 마음을 주기 시작한다. 하지만 그는 이미 마음이 식은 상태다. 이렇게 되면, 이제 당신은 그에게 집착하고 그를 쫓기 시작한다.

물론 다른 방식으로 진행될 수도 있다. 우리는 진정으로 사람들과 친밀해지기를 원한다. 우리는 친밀한 관계를 필요로 하지만(때로는 아무나와) 때로는 단지 자신이 버림받지 않았다는 것을 확인하기 위해서일 수도 있다. 하지만 우리의 그런 내적인 허기증과 관계에 대한 절박함은 주변 사람들로 하여금 우리로부터 도망가게 하는 요인으로 작용할 수도 있다.

모든 관계가 잘 풀려야만 하는 것은 아니다. 때로는 관계를 피하는 것이 더 나을 수도 있다. 그러나 우리는 만남을 통해, 중국 수갑에서 풀려나 자유로워지는 연습을 시작할 수도 있다. 그것은 좋은—어쩌면 대단한—관계의 기술이 될 수 있다.

상대에게 집착하고 매달리고 싶은 충동에 맞서라. 여유를 가지고 놓아버려라. 다른 사람들이 당신에게 줄 수 있는 것을 위해서가 아니라, 상대의 존재 자체에 진솔하고 순수한 관심을 가져라. 그러다가도 관계를 정리해야 할 것 같다거나 떠날 때가 되었다고 느껴진다면, 분명하게 양해를 하고 떠나라. 그리고 당신의 인생을 계속 가는 것이다.

처음에는 이런 일들이 부자연스럽고 어색하게 느껴질 수 있다. 하지만 이제는 지금까지의 판을 뒤집어야 할 때일 수도 있다. 삶의 한 주기를 끝내고, 다른 주기를 시작해야 할 때일 수도 있다.

이제는 그들이 당신을 더 원하도록 하라.

사랑으로 놓아주는 것,
때로는 그 길이 지혜로운 선택일 수 있다.

3
판을 뒤집은 그녀

캐롤린은 머리를 빗고, 화장을 하고, 치마를 매만졌다.

초인종이 울렸다. 문을 열자 그가 들어왔다. 캐롤린은 데이트를 할 생각에 한껏 들떠 있었다.

그는 인사를 하고, 다이닝룸 의자에 걸려 있는 셔츠를 발견하고는, 그것을 집어 들더니 그대로 문 쪽으로 걸어갔다.

캐롤린은 내면에서 불안과 광기가 끓어오르는 것을 느꼈다. '뭐가 이래? 나는 우리가 함께 좋은 시간을 보낼 줄 알았는데. 그는 어디로 가는 거지?' 그녀는 자신이 느끼는 절박함을 숨기려고 애쓰며 사슴 같은 눈으로 그를 바라보았다.

"미안해." 그가 말했다. "갑자기 해야 할 일이 생각나서. 가봐야 할 거 같아."

'남자들은 정말 멍청이이야.' 캐롤린은 그가 문밖으로 걸어 나가는 것을 지켜보며 생각했다.

캐롤린은 예뻤다. 지적이고 성공한 여성이었다. 그러나 그녀는 거울을 볼 때마다 자신의 그런 점을 보지 못했다. 그녀의 눈에 보이는 것은 사랑을 갈구하는 배고픈 어린아이였다. 사람들과 관계를 맺을 때마다, 그들은 어떤 이유로든 그녀를 떠났다. 가게를 보러 가야 한다고 떠나고, 약속이 있다고 떠나고, 바쁘게 할 일이 있다고 떠났다. 그때마다 캐롤린은 아무 말도 못하고 자신의 삶을 이어갈 뿐이었다.

캐롤린이 여덟 살 때, 어머니가 떠났다. 함께 외출했다가 그녀를 버려두고 어디론가 가버린 것이다. 아버지는 그녀가 젊었을 때 돌아가셨다. 이후 캐롤린이 다른 사람들과 맺는 모든 관계는 떠나는 것을 의미하게 되었다.

그녀는 인간관계에 치유의 법칙을, 적어도 자신이 법칙이라고 생각한 것을 적용해 보았다. "당신이 이렇게 떠나면 나는 버림받은 기분이 들어. 마음이 아파." 하고 그녀는 애인에게, 딸에게, 친구들에게 말했다.

그러나 자신의 마음을 그렇게 토로해도 그녀는 자신이 원하는 것을 얻지 못했다. 오히려 자신이 얼마나 많이 버림받고 그것으로 인해 상처를 받았는지를 말할 때마다 사람들은 도망가기 바빴다.

어느 날 저녁, 캐롤린은 친구를 방문하여 장차 아이를 입양하고 싶다고 말한 적이 있다. 자신을 버리고 떠난 어머니 때문에 얼마나 화가 나고 마음이 아팠는지도 실컷 이야기했다.

친구가 말했다. "네가 가장 먼저 해야 할 일은, 너 자신을 입양하는 일인 것 같애. 넌 너 자신부터 돌볼 줄 알아야 한다고."

친구의 말은 의미가 있었다. 캐롤린은 어렸을 때 자신이 받지 못했던 무언가를 줄 수 있는 사람을 찾아 헤매 왔던 것이다. 그녀는 다른 사람들이 자기에게 해주기를 바랐던 일들의 목록을 만들었다. 그런 다음, 목록에 있는 일들 중 자기가 자기에게 해줄 수 있는 것들의 목록을 따로 만들었다.

"어린 시절부터 해소되지 않았던 욕구에 스스로 책임을 지기 시작하니, 마음을 열고 사랑을 베풀 수 있었어요. 이제는, 남자들이 헤어질 구실을 찾는 것 같을 때도 흔쾌히 그러라고 할 수 있게 되었죠."

"내 벤틀리를 타고 가자. 데려다줄게."

"나랑 같이 퀸메리호에 타는 건 어때?"

"토요일 밤에 파티가 있어. 같이 갈래?"

"당신 생각이 계속 나. 우리가 3천 킬로미터나 떨어져 있어도 나는 당신을 느낄 수 있고, 당신의 머리카락 냄새를 맡을 수 있어."

캐롤린은 웃었다. 네 남자가 그녀와 데이트를 열렬히 원하고 있었다. 남자들이 이토록 캐롤린에게 낭만적으로 굴게 될 줄 누가 알았으랴.

때로 우리가 생각했던 것과 반대로 행동을 하는 것이 우리로 하여금 원하는 것을 얻게 해준다. 과거의 채워지지 않은 욕구를 충족시키려고 누군가와 함께 있어야 할 필요를 더 이상 느끼지 않게 될 때, 혹은 우리 자신의 슬픔을 해소하기 위한 임시방편으로 다른 사람에게 의존할 필요를 더 이상 느끼지 않게 될 때, 그때에야 비로소 즐거운 일들이 일어날 수 있다.

누군가가 나를 선택해 주기를 기다리는 연습을 닳도록 한 다음에야
우리는 마침내 주체적으로 선택할 수 있게 된다.

4
자기 느낌에 정직해지기

행크는 저녁 식사 요리를 모두 마치고 식탁을 차렸다. 불을 모두 끄고 촛불을 켰다. 초인종이 울리자 행크는 문을 열고 그녀의 뺨에 키스를 건네며 따뜻하게 맞았다. 어딘가 모르게 그녀는 조금 이상하게 행동했지만, 여자들은 가끔 그러는 것 같았다. 최근 행크는 바빴던 탓에 그녀를 자주 보지는 못했다. 하지만 그녀를 향한 마음에는 변함이 없었다.

오늘 밤 행크는 특별한 계획을 준비해둔 터였다.

그들은 함께 저녁을 먹고, 이런저런 이야기도 나누었다. 그는 좀 취해서인지 자신이 특히 매력적인 것 같았다. 식사를 마쳤다. 그녀는 냅킨으로 얼굴을 조심스레 닦았다.

"내가 오늘 밤 여기 온 이유는 우리가 끝났다는 걸 말해주기 위해서야." 그녀가 말했다. 행크는 그녀가 코트를 입고, 지갑을 들고, 문 밖으로 나가는 것을 지켜보았다.

'맙소사.' 그는 생각했다. '내가 차인 거네.'

행크는 그날 있었던 일에 대해 친구들에게 이야기했다. 그때 기분이 어땠는지도 말했다. “기분이 좋지 않아.”

행크는 자신이 느끼는 감정을 정확히 인지하고 있었다.

사실 그가 하고 싶지 않은 유일한 일은, 자신의 느낌을 정직하게 있는 그대로 느끼는 것이었다.

나는 매주 심리상담을 받고 있는 한 여성과 이야기를 나눈 적이 있다. “그래서 오늘 상담 세션에서는 어떤 느낌이 들었죠?” 내가 물었다.

“우리는 사실 느낌에 대해서는 많이 이야기하지 않아요.” 그녀가 대답했다. “우리는 행동을 바꾸는 방법, 그러니까 훨씬 지적인 수준에서의 해결법에 대해 이야기해요.”

“아, 그렇군요. 그럼 매주 세션 중에는 어떤 느낌이 들어요?” 내가 다시 묻자, “흠.” 하고 그녀가 입을 열었다. “제가 느끼는 주된 감정은 지루함인 것 같아요.”

다른 주에 살고 있는 친구와 이야기를 나눌 때였다. 친구는 할머니가 돌아가셨다고 말했다. 그리고 덧붙였다. “내가 가장 힘들었던 건, 슬픔에 빠져있는 동안, 직관을 잃었다는 거야.”

“나는 감정에 빠지는 게 싫어.” 내가 말했다.

“윽.” 그녀가 말했다. “그건 나도 그래.”

우리는 감정에 대해 이야기할 수 있다. 우리는 감정을 이용해 다른 사람들을 통제할 수도 있고, 감정에 압도당한 채로 살아갈 수도 있다. 어떤 감정에 대해서는 느끼지 못한 척 차단하기도 하는데, 때로는 자기 자신을 보호하기 위한 방편으로 그렇게 해야 할 때가 있다. 나는 24년 동안이나 무감각하게 살았다. 그러다가 처음으로 내 감정을 인식하기 시작하자, 아주 사소한 감정 하나하나가 너무도 큰일인 것처럼 느껴졌다. 나는 그 감정들을 어떻게 처리해야 하는지 도통 알 수 없었다. 주체할 수가 없었다. 나는 그 감정들에 반응하기 위해 많은 시간을 보내야 했다.

"난 지금 이런 느낌이에요. 아, 이제 이런 느낌이 드네요." 나는 내 이야기를 들어주는 사람들에게 내가 느끼는 감정에 대해 세세히 설명하곤 했다.

나는 머리 아래로 내려가는 게 힘들었다. 가슴과 다시 연결이 되자, 나는 내가 어떻게 느꼈는지를 이야기하는 것이 너무 좋았다. 그러나 자신의 느낌을 있는 그대로 직시하는 것은 무척 힘든 일이다. 대부분의 시간 동안 나는 외부 관찰자가 나 자신을 지켜보고 있는 것처럼 느꼈고, 대개는 감정적으로 갇혀 있는 나 자신을 발견하곤 했다.

엘리자베스 퀴블러 로스를 인터뷰했을 때, 나는 그녀에게 감정, 특히 두려움에 대해 물었다. "그런 교훈을 어떻게 얻으셨죠? 두려움을 느낄 때면 어떻게 하세요?" 내가 물었다.

"그건 쉽죠." 그녀가 말했다. "두려울 땐 지하실로 내려가 소리 지르세요."

그녀는 사람들이 겪고 있는 많은 문제가 어린 시절에 억압된 감정으로 인해 발생했거나 그런 감정과 복잡하게 얽혀 있다고 설명했다. 사람들은 어린 시절에 상처나 두려움, 분노, 두려움 등 감정의 다채로운 뉘앙스와 색조를 있는 그대로 느끼도록 허용되지 않았거나 그럴 수 없게 되는 경우가 많다.

우리는 감정에 따라 행동하지 않는다. 물론 감정을 느끼지 못하면,

감정대로 행동을 하지도 않을 것이다. 우리가 느끼는 감정에 따라 다른 사람의 머리를 때렸다고 치자. 그렇게 하는 것이 감정을 해소시킬 수 있을 것 같지만, 사실 이런 방법으로는 감정이 풀어지지도 않을뿐더러, 대개는 상대를 짜증나게 만들 뿐이다. 문제를 해결하기 위한 부분적인 방편으로든, 상대와 더욱 친밀해지기 위해서든, 혹은 어려운 시간을 극복하기 위해서든, 자신의 느끼는 바를 다른 사람과 나누는 것은 여러 모로 도움이 될 때가 많다.

자신의 감정을 외면하는 것이 습관처럼 굳어진 사람들은, 어떤 순간에 어떤 감정을 느끼든 그것은 정당한 것이며 가치 있는 것이고, 다른 사람들 역시 같은 상황이라면 그런 식으로 느낀다는 것을 알아야 한다.

그리고 무슨 이유에선가 자신의 감정을 잘 알아차리지 못하고 무감각해진 상태라면, 전문가의 도움을 받는 것이 좋다.

물론 대부분의 경우, 감정은 각자가 개인적으로 해결해야 할 문제이기는 하다.

내가 아는 가장 행복하고 기쁨으로 가득 찬 사람들 중에는 세상에서 가장 극심한 고통을 겪은 사람들이 많다. 아이러니가 아닐 수 없다. 어울릴 수 없는 정반대의 것들이 함께 작용하니, 나로서는 이런 일이 왜 일어나는지 정확히 알지 못한다. 그럼에도 불구하고 조심스레 추측해 보자면, 우리에게 다가오는 어떤 감정이든 그것을 두려워하지 않고 충분히 느낀다면, 우리도 진정으로 행복해지고 즐거워지며 자유로워질 수 있다는 것이다.

계속 앞으로 나아가라. 당신의 생각과 반대로 행동해 보라. 위험을 기꺼이 감수하라. 조화와 균형을 되찾으라. 두려워하지 말고, 당신의 감정에 솔직해져라. 있는 그대로 느껴 보라. 자신의 감정에 솔직해져서 온전히 느끼는 것은 우리의 삶에 색깔과 열정을 부여해 준다.

우리는 종종 생각한다. '그래, 감정을 잘 조절하고, 다음에 무엇을 해야 할지, 어떤 선택을 해야 할지, 잘 생각해 보자.'

우리가 피하고 싶은 감정을 기꺼이 허용하면
마법과 같은 일이 일어난다.
자연스럽게 다음에 무엇을 해야 할지를 알게 되는 것이다.

5
바람이 불어닥치면

린은 이런 일이 생길 거라고는 짐작조차 하지 못했다.

도대체 왜 이런 일이 생긴 걸까? 아무리 생각해도 알 수 없었다. 그냥 어느 순간 갑자기 그렇게 되어 버렸다. 목이 꽉 막히는 것 같았다. 심장은 빠르게 뛰고, 목이 뻣뻣해졌다. 머리가 아팠다. 자신이 어떻게 느끼는지 제대로 알아차리기 힘들었고, 무슨 생각을 하고 있는지 흐리멍텅해졌다.

그녀는 생각했다. '젠장, 또 시작이군. 또 공황 상태가 시작되고 있어.'

발작이 처음 시작되었을 때는 도대체 무얼 어떻게 해야 할지 몰랐다. 하지만 지금은 무엇을 해야 할지 정확히 알고 있다. 그녀는 일단 하던 일을 모두 멈춘다. 이런 일이 일어나는 동안 무언가를 하려고 하는 것은 하등 의미가 없다. 악순환을 가속시킬 뿐이다. 아무것도 할 수 없었다는 것을 알아차리고 나면, 더욱 더 패닉 상태에 빠지기 때문이다. 상황은 더욱 더 나빠질 뿐이다.

그녀는 소파에 가서 누웠다.

“저는 신께 저를 붙들어 달라고, 계속해서 간구했어요.” 그녀가 말했다. “그러면서 내가 나가떨어지든 신께서 나가떨어지든, 끝까지 신을 물고 늘어지면서 누워 있는 거죠, 뭐.”

찬 바람이 어딘가에서 갑자기 불어닥쳐 오면, 그것을 막기 위해 우리가 할 수 있는 일은 사실 별로 없다. 바람과 맞붙어 싸우는 것도, 바람의 존재를 아예 무시하는 것도 도움이 되지 않는다. 하지만 추운 곳에 굳이 버티고 서 있을 필요도 없다.

때로 우리가 할 수 있는 최선은
차가운 바람이 그칠 때까지 쉴 수 있는
안전하고 따뜻한 장소를 찾는 것이다.

6
너무 빨리 마음을 빼앗기면

에이미 루는 초조한 마음으로 머리를 손질하고는 다시 빗질을 했다. 그리고 가장 친한 친구에게 물었다. "나 괜찮아 보여?"

친구는 그렇다고 대답했다. 에이미는 시계를 보았다.

"자, 가자! 시간 다 됐어."

결혼식은 작은 교회에서 진행되었다. 하객은 적게 잡아도 100명은 되었을 것이다. 에이미 루가 우아하게 행진을 시작하자 전통적인 결혼 행진곡이 연주되었다. 그녀가 입은 순백의 드레스는 곱고 아름다웠다. 허리까지 잘록하게 조인 드레스, 부드럽게 흐르는 치마, 그리고 레이스로 장식된 새틴 부츠까지 모든 것이 완벽했다.

주례를 맡은 목사가 말하고 있었지만, 에이미 루는 너무 긴장한 탓에 제대로 알아들을 수 없었다. 그녀는 그의 눈을 들여다보았다. 그 사람이 거기에 서 있는 게 너무 귀여웠다. 그는 그녀에게 빠르게, 그리고 강하게 다가왔다. 그녀의 입장에서 보면, 아주 적절한 시기가 아닐 수 없었다. 에이미는 나쁜 남자들, 연락이 잘 되지 않는 남자들, 그녀를 함부로 대하는 남자들에게 모두 싫증이 난 상태였다.

그러나 이번에는 달랐다. 모든 것이 진짜 시작이었다. 그는 그녀에게 알이 커다란 다이아몬드를 사주었고, 우아한 저녁 식사를 대접했으며, 집에서 저녁 시간을 조용히 함께 보내기도 했다. 그는 그녀가 원하는 모든 것—가족, 안전, 소속감, 안정—을 주겠다고 맹세했다. 더 이상 사랑에 놀아나지도, 사랑을 회피할 일도 없을 것 같았다.

물론 그에게도 결점은 있었다. 그의 집에 있는 사진이라곤 그의 독사진뿐이었다. 침대에서는 너무 지루해서, 이 정도면 정상이 아닐지도 모른다고 느껴질 정도였다. 그러나 그녀는 열정과 뜨거운 감정으로 시작되었던 로맨스가 어떻게 관계를 먹어 삼키는지 충분히 경험했으므로, 이번에는 지금까지와는 다른 선택을 하기로 했던 것이다.

"당신은 이 사람을 합법적인 남편으로 맞이하시겠습니까?"

"네." 에이미 루가 대답했다.

"이제 나는 이 자리에서 여러분이 부부가 되었음을 선포합니다. 이제 키스해도 좋습니다."

에이미 루가 그에게 키스했다. 사람들이 환호했다. 그녀는 남편의 팔짱을 끼고 힘차게 행진했다. 그녀는 사람들이 보내는 축복의 말들에 미소로 화답했다. 그는 그녀를 바라보고 미소를 지으며 속삭였다. "내 아내가 된 기분이 어때?" 그녀는 자신이 자동차 헤드라이트에 비친 놀란 사슴처럼 보이지 않기를 바랐다. 갑자기 그런 느낌이 들었다.

'맙소사. 내가 무슨 짓을 한 거지? 내가 방금 이 사람을 남편으로 맞이하겠다고 대답했어. 그런데 이건 아닌 것 같아.'

사랑과 로맨스는 일종의 선택이다. 그리고 우리는 감정과 머리

사이에서 중도를 찾을 수 있다.

사람들은 대부분 그곳을 가슴이라고 부른다.

내가 아는 사람들 중에는 연애, 데이트, 로맨스, 결혼 생활에서 실수를 한 사람들이 많다. 우리는 뭔가를 시도한다. 그런데 생각한 대로 흘러가지 않는다. 하지만 우리는 그 길을 따라가다가 뭔가 가치 있는 것을 배우게 된다.

한 친구가 전화를 걸어 왔다. 그의 약혼자가 결혼식 몇 시간 전에 결혼을 취소했다는 것이다.

"내가 속상했던 건 그녀를 잃었다는 사실이 아니었어." 그가 말했다. "그냥 결혼을 하지 못했다는 게 속상하더라고. 나는 이혼한 이후로 가정을 꾸리고 싶어서 계속 노력했잖아. 그런데 왜 이런 일이 생기는지 모르겠어. 나는 아직도 이해가 안 돼."

사랑, 데이트, 로맨스에 관해 우리가 생각하는 것과 반대의 행동을 한다는 것은 심호흡을 하고 속도를 늦추는 것을 뜻할 수 있다.

마음이 사로잡히는 것은 신나고 스릴 넘치는 일이다. 그럴 때 우리는 마침내 사랑을 찾았다고 생각한다. 그러나 조심해야 한다. 깨어 있어야 한다. 너무 빨리 마음을 빼앗기면 추락할 수 있으니까.

아무리 부끄러운 실수라 하더라도, 우리는 분명 다시 일어설 수 있다. 중국 수갑의 마술을 기억하는가?

우리가 저지른 실수가 우리를 집어삼키게 할 필요는 없다.

7
환상을 사랑한 여자

멜라니는 부재중 번호와 음성 메일 메시지를 확인했다.

그가 남긴 메시지는 하나뿐이었지만, 전화는 여섯 번이나 와 있었다.

불과 2년 전만 하더라도 멜라니는 이 남자로부터 매일 전화를 받을 수 있다면 세상 무엇이라도 바쳤을 것이다. 그러나 지금은 그의 전화가 짜증스러울 뿐이다. 이런 사실은 그녀를 아프게 했다.

멜라니는 음성 메시지를 확인했다. "안녕, 나야."

'왜 남자들은 항상 본인을 "나"라고 하는 것일까? 대체 왜 이름을 말하지 않는 거지? 이 세상에 "나"가 아닌 사람이 누가 있겠는가? "나"라고 말할 수 있는 사람이 세상에 자기뿐인 줄 아는 건가?'

그는 오늘 밤에 멜라니를 다시 만나고 싶어 했다.

'윽.' 하지만 멜라니는 집에서 쉬고 싶었다.

'그 남자는 너무 잘생겼어요. 내 사람으로 만들고 싶어요. 그는 내가 원하는 전부예요. 제발, 하나님, 제가 그 사람을 갖게 해주세요. 그러면 이제부터는 아무것도 요구하지 않을게요.' 멜라니는 이 남자 때문에 2년 동안 마음 고생을 엄청 했다. 애원하고, 간청하고, 기도하고,

징징거리고, 신음하고, 정말 할 수 있는 건 다 했다. 그리고 이것이야말로 진짜 사랑이라고 확신했다. 소울 메이트라고 믿었다.

그러나 멜라니는 그를 가질 수 없었다. 그는 그녀에게 관심이 없었다. 이미 다른 사람과 관계를 맺기 시작했기 때문이다. 그러나 그를 소유할 수 없을수록 그녀의 마음속 작은 씨앗은 점점 자라났다. '그를 내 남자로 만들어야 해. 그렇지 않으면 내 인생은 결코 완벽해질 수 없어.'

어쨌든 멜라니는 그를 놓아줄 수밖에 없었다. 그리고 나름 자신의 인생을 살았다. 그가 없이는 결코 완벽해질 수 없다고 생각했지만, 예상과는 달리 그녀는 훨씬 좋은 시간을 보냈다. 그 사이 그 남자는 여자친구와 헤어졌다. 판이 뒤집어졌다. 이제는 그가 그녀를 원했다.

처음에는 흥미롭고 재미있었다. 그러나 그 참신성은 금방 닳아 없어지고 말았다. '그는 지루해. 바보 같고, 자기중심적이야. 아주 따분한 사람이야. 또 사람을 자꾸 조종하려 들어. 도무지 믿음이 안 간다니까. 거기다 잘 씻는 거 같지도 않고, 별로 똑똑하지도 않아. 내가 도대체 뭘 보고 이 사람을 진짜 사랑이라고 확신한 걸까? 대체 이 남자한테 이렇게 광적으로 사로잡힐 이유가 뭐 있었느냐고! 나는 그냥 겁이 나서 도망치려고 하는 걸까? 내가 스스로 나 자신을 망치고 있는 걸까?' 멜라니는 남자가 보낸 메시지를 삭제했다. 그리고 그에게 직접 전화를 하기 전까지 얼마나 더 참을 수 있을지 궁금했다.

멜라니는 자신이 이 남자와 사랑에 빠진 적이 없다는 것을 깨닫기까지 6주가 걸렸다. 그동안에는 비참한 데이트를 이어갔다.

그녀가 사랑에 빠진 건 그가 아니라, 자신이 그림 그린 그 남자에 대한 환상이었다.

우리는 실수를 하면 자기 자신을 더 이상 믿을 수 없다고 생각하기 쉽다. 우리가 생각하는 것과 반대되는 행동을 한다고 해서 우리가 머리로만 살아간다는 뜻은 아니다. 우리의 생각과 반대로 행동한다는 것은 우리 안에 비명처럼 울려 퍼지는 내면의 강박적인 소리에 귀를 기울이는 대신, 내면의 조용한 소리에 귀를 기울이는 것이다.

누가 알겠는가? 당신이 실수라고 부르는 그 관계는 결코 실수가 아니었을 수도 있다. 당신이 실수라고 부르는 그 관계가 그때의 당신에게는 꼭 필요했던 것일 수도 있는 것이다.

실수를 통해 배운 적이 있는가? 과거의 실수가 도움이 되었던 적은 없는가? 실수를 통해 엎어졌기 때문에, 더욱 더 삶에 활기를 되찾는데 도움이 되었는가?

"아버지가 돌아가신 후로 제 연애는 모두 다 비참했어요." 한 여성이 이렇게 말했다. "지금 와서 돌이켜보면 제가 왜 그런 선택들을 했는지 끔찍해요. 나는 너무 무감각하고 슬픔에 빠져 있었던 것 같아요. 그런 상황에서 관계를 시작하고 끝내는 것만이 나를 다시 삶에 붙들어 놓을 수 있던 통로였던 거예요."

깔끔하고 정돈된 사랑의 길을 가는 사람들이 있는가 하면, 업 되었다가 다운 되곤 하는 시행착오를 반복하는 사람들도 있다. 한 계절 정도만 지속되는 관계가 있는가 하면, 평생 지속되는 관계도 있다.

당신의 인생 여정을 함께할 당신의 친구, 연인, 배우자는 누구인가? 얼마나 오랫동안 함께할 생각인가? 그런 관계들을 통해 당신은 무엇을 배우게 될까? 그러한 배움을 다른 관계들에 어떤 식으로 적용하게 될까? 짐작되는 바가 있는가?

이 모든 것이 바로 당신의 선택에 달려 있다.

당신 자신을 의심으로 내몰았던 그 관계가
당신으로 하여금 내면의 소리를 듣고 신뢰하는 법을 배우도록
촉매가 되어 주었을지도 모른다.

8
끝까지 가본 사람의 선택

첫 데이트였다. 뭐 별로 대단할 건 없었다.

그들은 맛있는 식사를 하기 위해 분위기 좋은 이탈리안 레스토랑에 갔다. 그녀는 테이블 너머로 몸을 기울이며 그에게 속삭였다. "이 지겨운 자리는 집어치우고 좀 재미있게 놀면 어때요? 나한테 엑스터시가 좀 있어요. 같이 할래요?"

그의 심장 박동이 빨라졌다. 만감이 교차했다. 그는 엑스터시를 한 번도 해본 적이 없었다. 그녀가 가지고 온 것에 어떤 것들이 들어 있을지 상상도 할 수 없었다. 하지만 그녀의 말에 거부하기 힘든 끌림을 느꼈다.

"뭐가 들어 있는데요?" 그가 물었다.

"음, 저도 잘 모르겠어요." 그녀가 말했다. "내 생각엔, 조금씩 다 들어 있을 것 같아요. 헤로인, 코카인, 메타암페타민."

그는 벽돌로 머리를 세게 얻어맞은 것 같았다. '내가 도대체 무슨 생각을 하고 있담! 19년 동안이나 끊었지 않은가!'

마침내 그가 입을 열었다. "있잖아요. 음, 나도 정말 하고 싶어요.

얼마나 하고 싶은지 당신은 이해하지 못할 거예요. 그런데 문제는 이거예요. 질량 보존의 법칙 말이에요. 나는 이번 생애에 내가 쓸 수 있는 모든 약물 허용치를 다 썼어요. 19년 동안 알코올 중독 회복 프로그램에 참여해왔고, 이제 내 인생에 약물은 더 이상 없어요."

그녀가 눈살을 찌푸렸다. "너무 지나친 것 아닌가요? 한 번 하게 되면 다시 또 술을 마시고 마약을 하게 될 거라고 철석같이 믿고 있잖아요. 딱 한 번인데, 왜 그래요? 게다가 난 아무한테도 말하지 않을 거예요. 당신과 나 외에는 아무도 모를 거라고요."

다시 찾아온 유혹이 그의 주변을 맴돌고 있었다. 그는 다시 머리를 굴렸다. 그래, 그녀 말고는 아무도 알지 못할 것이다. 딱 한 번, 딱 한 번 술을 마신다고 해서, 마약에 손을 댄다고 해서, 정말로 다시 중독에 빠지게 될까? 그래, 아마 그렇게 되겠지. 하지만, 그러지 않을 수도 있잖아?

그녀가 말했다. "게다가 내가 며칠 동안 함께 있을 거예요. 오늘 이후로는 당신이 두 번 다시 하지 않도록 할게요."

이 말을 듣고 그는 불현듯 현실로 돌아왔다. 세상에 어느 누가 그를 막을 수 있단 말인가?

"나는 모임들이 많고, 사람들에게 이야기할 기회도 많아요. 사람들을 후원하기도 하죠. 사람들이 바로 설 수 있도록 도와주는 거 말이에요. 내가 오늘 약물에 다시 손을 댄다고 하더라도, 맞아요, 어쩌면 그들은 결코 알 수 없을 겁니다. 하지만 내가 알죠. 내가 한 짓은 내가 알지요. 그것이 문제입니다." 그는 테이블 건너편으로 몸을 기울이며 기대어 나직하게 말했다. "나는 맑은 정신으로 살지 못했어요. 마약에 손을 대고, 술을 끊지 못했어요. 나는 스스로 선택할 수 있는 능력을 잃어버렸어요. 내가 술과 마약을 끊게 된 건, 소위 '은혜'라고 부르는 것 덕분이었어요. 내가 오랜 세월 갖지 못하고 지냈던, 무언가를 선택할 수 있는 능력이 내게 주어져 있는 한, 나는 계속해서 '노'라고 말하는 것을 선택할 겁니다."

우타이산 위에서 키 작은 비구니가 행복한 미소를 띠며 나에게 "아미토파"라고 말했던 것처럼, 그는 '아미토파'에 의해 이미 충분해진 상태라 술이나 마약이 더 이상 필요하지 않게 된 것이다.

단단히 준비하라. 인생이라는 배낭에는
배워야 할 것들이 잔뜩 들어 있다. 거대한 고산이
당신의 눈앞에 펼쳐져 있다. 하지만 원숭이를 조심하라.
원숭이들이 당신을 물어뜯으려고 기다리고 있을지도 모른다.

제6장

황금의 맥 안으로 들어가기

우연은 없다. 땡잡으려고 해서는 안 된다. 인생이 우리에게 말해주는 진짜 '황금의 맥'을 찾아, 그 안으로 들어가자. 속도를 늦춰라. 머리는 비워라. 바로 그것이다. 당신 자신의 가슴속으로 들어가라. 당신처럼 생각하고 느끼는 사람이 세상에 어디 당신밖에 없겠는가?

"우리는 사물을 있는 그대로 보지 않아. 우리 자신을 투사시켜서 보지." 한 친구가 말했다. "과학자들이나 선불교, 기독교를 비롯한 모든 종교가 다 그렇게 말해."

상담과 치유 분야에서 오래전부터 떠도는 이야기가 있다. 한 치유사가 집단 상담 프로그램을 진행하고 있었다. 치유사는 내담자에게 말한다. "당신이 잘못한 것, 부끄러운 것, 죄책감을 느끼는 모든 것을 여기 있는 사람들에게 털어놓으세요. 이곳에 모인 모든 사람들도 당신만큼, 아니 어쩌면 그 이상으로 많은 잘못을 저질렀어요."

내담자는 모든 이야기를 쏟아 놓는다. 영혼까지도 탈탈 털어 모든 이야기를 쏟아낸다.

이야기를 끝낸 그는, 이제 가만히 앉아서 누군가 반응해 주기를 기다린다.

프로그램에 참여하고 있는 사람들과 치유사 모두가 겁에 질린 표정으로 그를 바라본다.

"오, 정말 끔찍해요." 누군가가 말한다. "우린 그 정도까지 잘못한 건 없어요!"

흠! 우리는 많은 시간을 이 내담자와 같은 기분으로 산다. 그리고 이런 느낌은 우리가 세상을 인지하는 방식을 변화시킨다. 세상, 사건,

타인, 우리 자신, 그리고 신, 이 모든 것들을 대하는 방식을 바꾸어 버린다.

어떤 사람들은 세상을 돌아가게 하는 것은 사랑이라고 말한다. 그럴 수도 있다. 하지만 내 인생이 앞으로 나아가지 못하고 제자리만 빙빙 도는 건, 대개 죄책감 때문이다.

제4성산인 어메이산峨眉山 정상까지 가는 데는 세 개의 길이 있다. 첫 번째는 길고 험한 길로, 계곡의 원숭이 숲을 지나 정상에 이르는 길이다. 두 번째 길도 역시 길고 험한데, 이 길은 정상으로 바로 가는 코스이다. 세 번째는 가장 빠르고 쉬운 길로, 케이블카를 타고 가는 것이다.

조와 나는 여러 코스를 조합하기로 결정했다. 올라갈 때는 계곡을 통과하는 길로 가고, 내려올 때는 다른 길로 오기로 한 것이다. 등반은 3~4일쯤 걸릴 것 같았다.

우리는 계곡에 있는 원숭이 숲으로 향했다. 7시간 가량의 하이킹이 계속되는 동안 원숭이는 한 마리도 보이지 않았고, 그 사이 날이 저물었다. 우리는 어느새 숲이 무성하게 우거진 마법 같은 장소에 와 있었다. 강물이 흐르는 소리와 폭포가 떨어지는 소리가 진동했다. 언덕을 따라 대나무로 짜여진 평상이 줄지어 놓여 있었다. 강을 가로질러 늘어져 있는 오래된 흔들다리는 한 번에 한 사람이 건널 만한 크기였다.

계곡 역시 충분히 아름다운 곳이었다.

우리는 침낭을 풀고 언덕 옆에 지어진 대나무 평상 중 하나에 캠프를 세웠다. 그곳에서 캠핑을 하는 것은 금지되어 있었다. 우리는 긴장한 채로 밤하늘 아래 누워 쏟아지는 별을 감상했다.

"저게 뭐지?" 나는 조에게 멀리 있는 빛을 가리키며 물었다.

"젠장! 우리 체포된 거 같은데? 경비원이 손전등을 흔들면서 오고 있잖아." 조가 말했다.

우리 둘 다 조용히 누워서 이제 뭘 어떻게 해야 할지 고민했다. 빛은 계속해서 앞뒤로 움직이고 있었다. 그러나 그 자리에서 움직이기만 할 뿐, 더 이상 이쪽으로 가까워지는 것 같지는 않았다.

"그냥 무사히 지나갈 거 같은데." 내가 속삭였다. 그러나 말이 끝나기가 무섭게 여섯 개의 불빛이 추가로 밝혀졌다. 우리는 불빛이 가까워졌다가 다시 멀어지는 것을 지켜보았다. 나는 그들이 과연 우리를 체포해서 무슨 짓을 할지 궁금해졌다. 우리를 쫓아낼까? 그렇다면 어디로? 어디로 가든 여기서부터 최소 5~7시간 정도는 가야 할 텐데. 과연 우리를 체포하려고 하기는 할까?

"경비원이 아니야." 나는 마침내 조에게 속삭였다.

"그럼 뭐야? 원숭이가 헤드램프라도 쓰고 왔다는 거야?"

"반딧불이인 것 같아. 내가 지금까지 본 것들 중 가장 큰 거 같아." 내가 말했다.

다음날 우리는 새벽에 일어났다. 계곡을 지나고 고원을 가로질러 정상을 향해 계속 오르기 시작했다. 등반을 시작한 지 꼬박 이틀이 끝나갈 무렵, 정상으로 가는 길목에 있는 절에서 하루 묵어 가기로 결정했다. 정상까지는 아직 하루 이상을 더 가야 했다.

계단이 끝도 없이 이어졌다. 다 오른 것 같으면 다시 더 많은 계단이 나타났다. 춥고 피곤했다. 중국에 온 지 벌써 5주가 지나 있었다. 나만의 침대에서 편하게 자고 싶었다. 집이 그립기 시작했다. 어느덧

이 여행의 새로움이 주는 감동이 열어지기 시작한 것 같았다.

내가 묵기로 한 방에는 뜨거운 물이 있었지만 마실 차는 없었다. 절 뒤편에 가판대를 세워 놓고 물건을 파는 가게가 여럿 모여 있던 것이 기억났다. 첫 번째 가판대 주인은 원래 가격보다 두 배 정도 비싼 가격표를 붙인 탄산음료를 자꾸 팔려고 했다. 나는 거절했다. 다음 가판대로 걸어갔다. 이 가게를 운영하는 여자는 키가 작고 둥그스름한 얼굴을 가지고 있었다. 야구 모자를 쓴 채, 얼굴에 함박웃음을 머금고 나를 맞았다.

"방에 가져갈 차를 좀 사고 싶어요." 내가 말했다.

그녀는 물품을 뒤져본 다음 내 손에 차 한 봉지를 쥐어주었다.

"무료예요." 그녀가 말했다. "좋은 시간 되세요."

다음날 아침, 하루를 시작하기 위해 나는 커피 한 잔을 마시고 싶었다. 차를 얻어 마셨던 가판대를 다시 찾았다.

"여섯 시. 일곱 시. 해가 떴어요. 좋은 아침입니다!" 어제 그 야구모자를 쓴 둥근 미소의 여자가 말했다. 나는 아침 식사로 밥과 커피를 주문했다. 그리고 그녀 옆에서 또 다른 가판대를 운영하는 우울한 표정의 작은 남자를 보았다. 그 남자 가게로 아침을 먹으러 가는 사람은 아무도 없었다. 사람들은 모두 그녀의 가게에 몰려들어 식사를 하고 있었다.

조와 나는 아침 식사를 마치고 산 정상으로 향했다. 어메이산은 지금까지 우리가 오른 산 중 가장 높고 가장 힘들었다. 결국 6시간 동안 계단을 올라간 후 우리는 정상까지 케이블카를 타기로 결정했다.

산 정상은 고도가 너무 높아 걷기조차 힘들 정도였다.

나는 바위에 앉아 사람들이 정상에 있는 절로 몰려가는 것을 지켜보았다.

어떤 사람들은 무엇인가를 간절히 빌고 있었다. 많은 사람들이 정상까지 걸어서 가든, 케이블카를 타고 가든, 이곳의 영적인 가치를 찾고 기도하기 위해 온 것이다. 물론 관광을 하러 온 사람들도 있었다.

살면서 나는 종종 종교적 가치에 대해 혼란스러움을 느꼈다. 영적인 사람이 된다는 것은 영적인 진리를 설파하고 지지하는 것만을 의미한다고 생각했다. 그러나 내가 하나님과, 또 사람들과 가장 가깝다고 느낀 순간은, 내가 어떻게 느꼈는지, 또 어떤 일을 했는지—마치 따돌림을 받은 사람인 것처럼, 내가 특이하고, 이상하고, 뭔가 부족하다고 느꼈던 것—에 대해 말했던 때였다.

어메이산 최정상까지 가는 유일한 방법은 모노레일을 이용하는 것이었다. 조와 나는 작은 기차에 탑승했고, 그런 다음 다시 계단을 걸어 올라갔다. 고도가 점점 높아지자 나는 저산소증으로 무척 힘들었다. 비틀거리며 거의 기어 올라가다시피 계단을 올랐다. 그리고 그때, 드디어 정상에 도착했다! 우리가 해냈다! 산 정상에는 종이 있었다. 동. 동. 동. 우리는 종을 번갈아 울리고, 방명록에 이름을 적었다.

우리는 잠시 앉아 있다가 주변을 걸으며 명소를 둘러보았다. 정상에서 바라보는 경치는 장관이었다. 우리가 계곡에서 보았던 것과는 많이 달랐다. 산 정상에 머무는 것이 무척 흥미로운 일인 것은 분명하다. 그러나 그래봤자 오랜 시간을 머물 수는 없는 노릇이다. 내려다보니, 계곡과 봉우리 모두 우리가 지난 곳이었다.

우리는 다시 전날 밤에 머물렀던 절로 향했다.

몇 시간 거리에 떨어진 계단까지 데려다줄 케이블카가 도착하기 전에, 나는 쇼핑을 하려고 가판대에 갔다. 한 가판대에서는 다양한 허브와 차를 팔고 있었다. 나는 이국적인 차 한 봉지를 구입했다. 여행 전에 들은 적이 있는 신비의 고산차이기를 바랐다.

그날 밤 절에 도착했을 때, 나는 구입한 차를 바라보며 나 자신과 약간의 싸움을 벌였다. '내 것, 내 것, 내 것이야.' 하고 생각하다가 다시 '아니지, 아냐. 그녀에게 갚을 것을 갚아 주어야 해.'라고 생각했다.

나는 어제 나에게 차를 준 여자의 가게로 걸어갔다. 그리고 그녀의 손에 차 봉지를 쥐어주며 어제 베풀어준 친절에 감사를 표했다.

그녀는 내 선물을 받아들였다.

'이 산이 바로 그런 곳인가?' 궁금했다. '무언가 돌고 돌아 다시 우리에게 오는 것? 카르마? 궁극적인 인과의 게임?'

다음 날 우리는 그 산의 마지막 구간으로 향했다. 남은 여행은 길고, 피곤했으며, 몹시 힘들었다. 표지판에는 산 아래까지 1.4km라고 적혀 있었다. 하지만 내가 느끼기에는 그 이상으로 더 오랫동안 걸은 것 같았다. 누가 표지판을 엉망으로 만든 것은 아닐까 하는 의심이 들었다. 1.4km가 아니라 14km였던 것은 아닐까 하고.

"이제 얼마나 더 남은 것 같아?" 나는 계속 조를 괴롭혔다.

"그런 건 생각하지 마, 멜로디. 결국 우리는 우리가 등반을 시작했던 주차장에 도착할 거야. 그때 저절로 알게 돼. 그때까지는 그저 한 발을 다른 발 앞에 계속 놓아두기만 하면 되는 거라고."

한 친구가 했던 말이 생각났다. "어렸을 땐 정말로 황금률을 믿었어. 하지만 나쁜 놈들이 항상 이기고 나는 번번이 지는 걸 경험하면서 황금률 따위는 그냥 믿지 않기로 했던 거 같아. 이 세상을 지배하는 게임의 진짜 이름은 '남에게 대접을 받고자 하는 대로 너희도 남에게 대접하라.'는 황금률이 아니라, '그래서 나한테 돌아오는 게 뭔데?'인 것 같아."

나는 황금률을 실천했을 때 이해할 수 없는 이상한 일들이 일어나는 것을 경험했다. 내가 사람들에게 무언가를—사랑이든, 연민이든, 용서든, 혹은 돈이든—주고 나면, 내게 무언가를 되돌려 주는 사람은 나로부터 무언가를 받은 사람들이 아니라는 것!

나에게서 받은 사람들은 대개 더 많은 것을 원한다.

직장 안에서나 연인 관계, 가족 관계, 혹은 친구 사이에도 책임감이 강한 사람이 있긴 하다. 그들은 당신에게 진심으로 관심을 갖고, 상황이 좋을 때나 나쁠 때나 한결같이 곁에 머문다. 그런 사람들은 우리가 일을 망쳐도 우리를 용서한다. 무엇보다 가장 중요한 것은, 우리를 믿어준다는 것이다. 그들은 진심을 담아 '너는 해낼 수 있어.' '나는 너를 믿어.' '너는 그렇게 나쁜 애가 아니야.' '나라도 그랬을 거야.' '네가 한 일의 좋은 면을 봐.'라고 말한다. 그 순간 우리는 무조건적인 사랑이 무엇인지를 진짜로 경험하게 된다.

그들은 우리에게 나쁜 일이 생기면 정말로 속상해한다. (속으로라도 기뻐하는 일 같은 것은 절대로 없다.) 그리고 그들이 우리에게 무언가를 주는 것은, 결코 무언가를 되돌려받기 위해서가 아니다.

'그래. 황금률을 통한 배움의 핵심은 바로 여기에 있어.' 나는 훨씬 나중에 미국으로 돌아오고 나서야 이런 사실을 깨달았다. '그것은 용서와 자비, 연민, 그리고 사랑에 관한 것이었어.'

이번 장에서는 이러한 미덕이 사람들의 선택에 있어서 어떤 역할을 했는지를 살펴볼 것이다. 죄책감과 불안감을 느끼며 돌아다니는 사람은 아마 나밖에 없을 거라고 생각하기 쉽다. 왜냐하면 사람들은 겉으로 보기에 매우 자신감 있고 확신에 차 보이기 때문이다. 그러나 정작 우리들 각자가 자신을 어떻게 느끼고 있는지는 아무도 모른다. 세상에 비밀은 없다고 하지만, 그 대목에서만큼은 비밀이 아주 잘 지켜지고 있다.

우연은 없다. 땡잡으려고 해서는 안 된다.

인생이 우리에게 말해주는 진짜 '황금의 맥'을 찾아, 그 안으로 들어가자.

속도를 늦춰라. 머리는 비워라. 바로 그것이다. 당신 자신의 가슴속으로 들어가라. 당신처럼 생각하고 느끼는 사람이 세상에 어디 당신밖에 없겠는가?

죄책감의 나선이 어떻게 사랑의 순환으로 바뀌는지 함께 지켜보자.

1
카르마의 실현을 기다리는 여자

소피는 친구네 집 부엌에 서 있었다. 지난 주말에는 너무 많은 일들이 있었다. 그녀가 누군가 다른 사람에게 지난 주말에 있던 일을 설명한다면, 아마 그녀 자신도 충분히 이해할 수 있었을 것이다.

"무슨 일이 일어난 건지, 정말 믿을 수가 없어." 소피가 고개를 저으며 말했다.

"몇 달 전에 리처드랑 헤어진 거 알지? 그리고 지난 토요일 밤에 남자친구가 우리집에 왔었어. 데이트를 하러 바로 나가긴 했지만. 같이 파티에 가야 했거든. 재미있는 시간을 보내고, 그러고 나서 다시 우리집으로 왔지. 오래 머물지는 않았고, 그저 잠시 방문한 후에 나는 배웅을 해주려고 주차한 곳까지 같이 갔어. 그런데 차 앞유리가 산산조각이 나 있는 거야. 누가 거기에 돌을 던진 거 같더라고. …나는 그 사람이 누군지 알아. 리처드는 헤어진 후에도 나를 계속 괴롭혔거든. 그는 나를 완전히 놓지 못했어. 그 사람은 내가 자기 것이고, 언젠가는 다시 만날 거라고 생각해. 그리고 내가 다른 사람을 보기만 해도 화를 냈어."

"그래서 어떻게 했어?" 친구가 물었다.

"경찰에 신고했어." 소피가 대답했다. "나는 나 자신을 돌보기 위해 필요한 일을 한 거야. 그런데 경찰은 돌에서 지문을 채취하기는 어렵다고 하더라. 뭐, 내 입장에서 좋은 소식은 아니었지. 그런데 더 어이없는 건 뭔지 알아? 다음 날, 그러니까 일요일 아침에 교회를 갔거든. 리처드는 원래 성가대에서 찬양을 해. 그런데 그날도 거기에 서서 뻔뻔하게 '할렐루야, 주님을 찬양하라.' 하고 노래 부르고 있는 거야. 심지어 감동의 눈물까지 흘리면서!"

소피는 계속 고개를 저었다. "전날 그런 일만 없었다면 아마 한바탕 웃었을지도 몰라. 그런데 리처드의 옆집에 사는 사람이 어젯밤에 전화를 했어. 리처드랑 사귈 때부터 알던 사람인데, 나를 자기 집에서 열리는 파티에 초대하고 싶다고 하더라고. 나는 당연히 거절했지. 진짜로 갈 생각이 없기도 했고. 그리고 그 여자가 리처드가 어디 갔냐고 물어보더라? 리처드의 차가 주차되어 있는 걸 본 적이 없다면서 말이야. 무슨 일이 일어나고 있는지 단번에 알 것 같더라. 리처드는 자신이 저지른 대로 자기도 당할까 봐 차를 꼭꼭 숨겨둔 거야."

우리가 카르마의 법칙대로 받지 않는다면,
우리 자신의 죄책감이 우리를 사로잡을 것이다.

2
습관적 죄책감

티나는 출근하는 차 안에서 라디오 뉴스를 듣고 있었다. "그리고 주 교통부에서는 손상된 고속도로를 복구하는 데 1년이 걸릴 것이라고 합니다…"

'1년?' 티나는 생각했다. '1년이라고?'

그 고속도로는 도시로 들어가는 주요 도로였다. 그녀의 고객 대부분은 그녀가 살고 있는 곳보다 규모가 더 큰 인근 도시에서 오는 사람들이었다. 집세, 직원들 월급. 아, 어떻게 감당해야 할까? 티나의 사업은 점점 파산으로 치닫고 있는 것 같았다.

티나는 속도를 늦췄다. 그곳을 지나갈 때면 늘 그러곤 했다. 그곳은 살고 싶은 유혹을 떨치기 힘들 만큼 근사한 동네였다. 그러나 사업이 잘 되고 있는 최상의 상황을 가정하더라도 그곳은 집값이 너무 비쌌다. 더군다나 사업이 서서히 문 닫는 방향으로 가고 있는 지금, 그곳에 집을 마련한다는 것은 꿈도 꾸지 못할 일이었다.

티나는 자신의 일을 사랑했다. 그러나 서서히 망해가고 있는 것은 분명했다. 그녀는 자신이 살고 있는 콘도가 싫었다. 거기에서는 웬지 갇혀 지내는 기분이었다.

모든 것이 잘못되어 가고 있었다.

'내가 뭔가를 잘못한 거겠지.' 하고 티나는 생각했다. 그녀는 자신이 느끼는 죄책감을 하나씩 떠올려 보았다. 좋지 않았던 몇 가지 과거가 떠올랐다. 만회하려고 애써 왔지만, 시간이 흐를수록 더 많은 실수가 뒤따랐다.

티나는 가게 문을 열고 그간의 은행 거래 기록과 잔액을 살펴보며 한참을 고민했다. 아무리 봐도 사업을 계속할 여유가 없었다. 그녀는 뭔가 한 번 시작하면 중도에 포기하는 사람이 아니었지만, 간단한 계산만으로도 앞으로 가야 할 방향이 명확했다.

그녀는 곧 직원들에게 이 소식을 전해야 했다. 새로운 일자리를 찾을 수 있도록 그들에게도 충분한 시간을 주려면 미리미리 알려주어야 했다. 직원들은 기분이 상할 것이다. 하지만 그들이 화를 내더라도 그들에게는 충분히 그럴 권리가 있었다. 티나는 자신이 직원들에게 일자리를 빼앗기나 한 것처럼 죄책감을 느꼈다. 덩달아 화도 났다. 이 사업에 10만 달러나 투자했지만, 매달 은행 잔고는 점점 말라가고 있었다.

'단순히 돈 문제만은 아니야.' 하고 티나는 생각했다. '이 사업은 내 꿈이었어. 그리고 이 일은 나 혼자만을 위한 것도 아니었지. 나는 이 일을 통해 주변의 지역사회 사람들에게 봉사하고 싶었고, 또 그들에게도 진짜 좋은 일을 할 수 있기를 바랐어.'

그날 오후 늦은 시간, 티나는 직원들에게 자기 결심을 말했다. 그리고 바로 그 주에 떨이 판매를 하기 시작했다. 티나는 마지막 재고 물품들을 팔며 돈이 흘러 들어오는 것을 지켜보았다. 얼마 지나지 않아 재고는 거의 다 소진되었다.

"얘기 좀 해도 될까요?" 어느 날 한 여자가 말을 걸어왔다.

티나는 그 여자가 가격을 더 깎으려고 그러는 것일 거라고 생각했다.

"그럼요, 말씀하세요." 티나가 고개를 끄덕이자, 그 여자가 말했다.

"저한테 일이 좀 생겼어요. 앞으로 어떻게 될지 좀 더 지켜봐야겠지만, 당장 너무 힘이 들어요. 어쨌든 저는 지금 집을 팔아야 하는 상황이에요. 그것도 최대한 빨리요. 그런데 무슨 이유 때문인지 이상하게 당신에게 이야기를 해야 할 것 같다는 생각이 드네요."

그녀는 티나에게 집 주소를 말했었다. 며칠 전 티나가 출근길에서 봤던, 살고 싶다고 꿈을 꾸었던 바로 그 거리에 있는 집이었다. 그녀는 티나에게 가격을 말해주었다. 그 순간, 티나는 제대로 생각을 하기가 힘들었다. 모든 것이 의심스러웠다. 그 정도 가격은 집을 훔치는 거나 마찬가지였다. 누구라도 충분히 감당할 수 있는 가격이었으니까.

'너무 좋아서 믿어지지가 않아.' 티나는 생각했다. '절대 시간 낭비하지 않을 거야.'

그 여자는 집을 보러 오라고 몇 번이나 말했다. 그러나 티나는 선뜻 응하지 못하고 오히려 거절했다. 그리고 그날 밤, 친구와 이야기를 나누었다.

친구가 말했다. "그래도 최소한 가능성은 좀 열어두는 게 어때? 가서 확인하는 것 정도는 해볼 수 있잖아. 원하면 내가 같이 가줄게."

티나는 마지못해 동의했다. 티나는 자신이 무엇을 원하는지 이미 너무 잘 알고 있었다. 티나는 사실 자신이 감당하지 못할 집에 살고 있었기 때문에 이번에는 절대 무리하고 싶지 않았다. 무리를 해야 한다면, 지금 살고 있는 곳에 계속 사는 게 나았다.

어쨌든 티나는 다음날 친구와 함께 해당 주소로 차를 몰고 갔다. 먼저 집의 외관을 보았다. '기대했던 그대로야.' 티나는 생각했다. '정말 끔찍해 보여. 안은 더 엉망일 거야.'

"그냥 들어가서 한 번 보고 나오는 거야." 친구가 재촉했다.

티나는 문으로 갔다. "일단 아닌 것 같으면, 곧장 나오는 거지 뭐."

티나가 문을 두드리자, 여자가 바로 문을 열어 주었다. 티나는 들어가서 앉았다. 집의 내부는 아주 근사했다. 위층과 아래층을 모두 살펴본 티나는 자신의 위시리스트에 있는 모든 것이 바로 그 집에 있다는 것을 알아차렸다.

"나는 사실 내가 잘못했던 과거의 일들에 대해 대가를 치르며 살고 있다고 생각했어." 한참이 지난 훗날, 티나는 한 친구에게 이렇게 말했다. "죄책감과 편견 때문에 내게 온 기회를 거의 놓칠 뻔했던 거야. 나는 내 인생에서 일어나는 나쁜 일들이 모두 내가 저지른 잘못에 대한 처벌이라고 생각했어. 좋은 일이 생겨도 그 일은 나한테 너무 과분하다고 생각하곤 했지."

"그 일에 대해서는 죄책감이 들어." 어느 날 나는 친구에게 내가 했던 말이나 행동에 대해 어떻게 느끼는지를 설명했다. 내가 죄책감을 느낀 그 일은, 뭔가 어리석은 일이었을 수도 있었고, 크게 신경쓰지 않아도 될 만큼 사소한 일이었을 수도 있었다. 어쩌면 나 자신을 돌보기 위해 그렇게 할 수밖에 없었던 일이었을 수도 있었다.

친구가 말했다. "아니야, 너는 특별히 그 일들에 대해서만 죄책감을 느끼는 게 아니야. 너는 그 일뿐만 아니라 모든 것에 대해 죄책감을 느끼고 있어."

그가 옳았다. 때로 나는 내가 너무 많은 죄책감을 느낀다는 사실에 죄책감을 느낀다.

우리는 검색한다. 질문한다. 느낀다. 궁금해한다. 과거를 돌아본다. 더 잘 하고 더 나아지려고 애쓴다. 우리 중 대부분은 잘못되었다고 생각하는 것들을 바로잡고 싶어 한다. 그 잘못된 일이라는 것은 아주 일찍부터 시작되기도 한다. 우리가 어머니 자궁 속에 있을 때만큼 아주 일찍.

한 남자가 말했다. "엄마가 제게 가장 처음으로 했던 말이, '나는 너를 사랑하지 않아.' 였어요. 제가 기억하기로는 그래요. '네가 태어나지 않았더라면 좋았을 텐데.' 엄만 그렇게 말했어요."

우리가 느끼는 모든 죄책감이 전부 우리 자신의 것은 아니지 않은가?

아마 그럴 것이다. 적어도 나는 그렇게 생각한다.

알고 지내던 한 여자가 말했다. "아버지는 알코올 중독자예요. 술을 끊지 못했죠. 아버지는 전화를 해서 나에게 사랑한다고 말한 적이 없어요. 대신, 저에게 묻죠. 아직도 아버지를 사랑하느냐고요. 저는 아버지가 알코올 중독자이고, 나를 충분히 사랑하지 않는다는 것에 죄책감을 느껴요. …때로는 아주 큰 상처가 봉합되지 않은 채로 있는 것 같아요. 저는 '나한테 당신을 사랑하는지 묻지 마세요. 대신, 나를 사랑한다고 말해주세요.'라고 말하고 싶어요. 그리고 내가 그런 생각을 하고 있다는 것에 대해 죄책감을 느껴요."

때로 우리는 자신이 한 일을 바로잡아야 할 때가 있다. 하지만 그렇게 해야겠다는 생각뿐 그렇게 하지 않는 경우가 적지 않다. 이런 종류의 죄책감에 대한 최고의 해독제는 영화 「로얄 테넌바움」의 한 장면에 잘 나타나 있다.

진 핵크만이 연기한 J. D. 샐린저 유형의 이 아무짝에도 쓸모없는 아버지는 인생에서 무수히 많은 잘못을 저지른다. 가족을 버리고 다른 여자를 만나고, 다른 사람들을 자기 멋대로 조종하고 통제한다. 그러다 결국 다시 가족의 품으로 돌아와서는, 자기만의 방식으로 상황을 바로잡기 위해 애쓴다.

"아빠는 스스로 부끄러운 줄 알아야 해." 어느 날 함께 산책을 하던 딸이 말한다.

그는 딸이 한 말에 대해 곰곰 생각하고는, 스스로 부끄럽다고 시인한다. 하지만 곧이어 자신이 원래 하려고 했던 일과 말을 변함없이 계속한다.

이 영화는 확실히 우리 모두가 죄책감을 느낀다는 것을 보여준다. 그 죄책감 중 일부는 우리 자신의 잘못이고, 일부는 그렇지 않다. 죄책감을 느끼다가 무슨 이유에선가 사라지기도 한다. 양심이 고도로 발달한 사람들은 생각이 많다. 때로는 얼마나 아픈지를 느끼는 것보다는 그런 일들 자체에 대해 생각하는 것이 더 쉽다.

당신의 마음속에 있는 악마와 싸워라. 당신 마음속에 있는 천사들과 이야기하라. 당신은 당신이 생각하는 당신 자신과 그다지 동떨어져 있지 않을 수도 있다. 죄책감이 들 때 우리가 해야 할 일은 행동을 바꾸고 자신이 저지른 잘못에 대해 책임을 지는 것이다. 대체로는 그렇게 해야 하겠지만, 모든 경우에 다 그런 것은 아니다. 죄책감이 들 때면, '그래, 또 그 생각이군. 죄책감이 다시 고개를 들고 있어.'라고 인정하는 것만으로 괜찮은 경우도 있다.

그리고 우리의 삶을 계속 사는 것이다.

죄책감, 두려움, 자기경멸이 뒤섞인 이 형편없는 버블의 진짜 아이러니는 우리의 삶이 계속되는 동안에도—산책을 하고, 영화를 보고, 부드럽고 사랑스럽고 좋은 일들을 하면서도, 죄책감이 들었던 그 일들을 문득문득 돌아보게 된다는 것이다. 그리고 '아, 이렇게 했어야 되는데.' 하고 말하거나, '내가 왜 이렇게 소란을 피웠지? 사실은 별일 아니었는데 말이야.' 하고 후회한다는 것이다. 어떤 일을 돌아보면서는, '내가 생각했던 것만큼 나쁜 일은 아니었어. 많은 사람들이 다 그렇게 하며 살잖아.' 하고 생각할 수도 있다.

우리가 우리 자신에 대해 확신했던 것과는 달리,
우리는 그렇게 별난 사람이 아닐 수도 있다.
만약 주변의 모든 것이 마치 다 내 잘못인 것처럼 보인다면,
죄책감을 내려놓고 가슴의 눈으로 볼 수 있을 때까지 쉬어야 한다.

3
누구를 위한 복수인가

처음에 칼은 무감각했다. 그러다 마음이 아프기 시작했다.

그의 마음은 복수심으로 들끓었다.

마크는 친구이자, 그의 사업 파트너였다. 칼은 철석같이 그를 믿었다. 그러나 마크는 7만 달러를 가지고 도망갔다.

'어떻게 그럴 수 있지? 아무렇지도 않게 매일 출근하고 내 앞에 나타나서 내 눈을 똑바로 쳐다보고. 어떻게 그럴 수 있냐고!' 칼은 궁금했다. '다 거짓말일 거야. 사기라니! 바보 같아! 그놈은 의기양양하게 시내를 돌아다니고 있을 텐데, 나는 이게 뭐야? 돈도 잃고 어떻게 해야 할지 답도 없이 그냥 여기에 멍청하니 서 있는 꼴이라니.'

'게다가,' 하고 칼은 생각했다. '나는 친구까지 잃었어.'

'아니야, 그렇지 않아.' 칼은 자기 자신과 논쟁을 벌였다. '그 자식은 결코 친구라고 할 수 없어. 친구라면 그런 짓을 하지 않지. 그냥 마크는 처음부터 나를 이용한 거야.'

'그래, 마크를 붙잡고 말 거야.' 칼은 생각했다. '그게 내가 할 수 있는 마지막 일이야.'

칼은 모든 증거와 기록을 차에 싣고 경찰서로 갔다. 서류 상자를 끌고 들어가서, 고소하려고 하니 담당자와 대화할 수 있게 해달라고 요청했다. 그는 마크와 좋았던 한때를 떠올리지 않으려고 애썼다. 좋았던 관계를 망친 건 마크였다. 더군다나 그는 중범죄를 저지르지 않았는가. 칼은 그를 감옥에 보낼 작정이었다.

담당 경찰이 칼의 이야기를 들었다. 그리고 칼이 가져온 서류 뭉치를 바라보았다.

경찰은 "중범죄를 저지른 것 같네요."라고 말했다. "그러나 그 범죄를 입증할 책임은 당신에게 있습니다. 어떻게든 당신의 파트너가 그 돈을 받을 자격이 없다는 것을 증명해야 할 거예요. 왜냐하면 당신과 당신의 파트너는 그 은행 계좌에 대해 동등한 권리를 갖고 있었기 때문에 판결은 그의 말과 당신의 말에 따라 이루어질 것입니다."

"대체 지금 무슨 말을 하는 거예요?" 칼이 물었다.

"당신 말이 사실이라면, 당신은 돈을 도둑맞은 것입니다. 그러나 그것을 증명하고 파트너에게 유죄 판결을 받게 하는 것은 또 다른 문제입니다. 아무것도 보장된 것은 없어요. 당신이 지금 갖고 있는 것보다 훨씬 더 많은 증거를 가지고 있다고 해도, 담당 검사가 이 사건을 수사할 거라는 보장도 없고요."

칼은 경찰관에게 감사 인사를 하고 서류를 챙겨 집으로 돌아갔다. 그는 마음속으로 가능한 선택사항들을 따져보았다.

그는 민사소송을 할 수도 있었다. 그러나 그것은 몇 년에 걸쳐 긴 시간 동안 계속될 수도 있고, 지금까지 잃은 것보다 더 많은 비용이 들 수도 있다.

"내가 사람들을 시켜서 두들겨 패주기라도 할까?" 칼의 친구 중 한 명이 물었다.

"그래, 나도 그랬으면 후련하겠어." 칼이 말했다. "하지만 그건 내 가치관에 어긋나. 아무리 화가 나도 폭력은 아니야. 하지만 정말 그러고 싶어. 엄청 통쾌할 것 같아."

칼은 몇 주 동안이나 마음을 끓였다. 그리고 계획을 세웠다. 만약 그를 감옥에 가둘 수도 없고, 신체적으로 해를 끼치지도 않을 거라면, 적어도 평판 정도는 엉망으로 만들 수 있지 않을까? 그는 마크가 모든 친구들을 다 잃게 만들 수 있을 것 같았다. 사람들이 그가 어떤 사람인지, 무슨 짓을 저질렀는지 알게 되면, 저절로 멀어지려 할 것이기 때문이다.

칼은 복수를 염두에 두고 마크를 아는 모든 사람들에게 마크가 한 일에 대해 떠벌렸다. 이야기를 들은 사람들은 칼에게 약간의 동정심을 표하기도 했다. 그러나 칼은 그들의 눈에서 자신이 기대하고 계획했던 것과는 전혀 다른 무엇인가를 발견했다. 그들은 마크가 나쁜 사람이라는 것에 동의하기보다는, 미친 사람처럼 격노하고, 끓어오르고, 분노를 터뜨리는 칼의 모습을 보고 있었다.

"내가 미친 사람처럼 말하고 행동하는 게 느껴지더군요." 칼이 말했다. "나 스스로 분노를 통제할 수가 없더라고요. 뭘 해야 할지도 전혀 모르겠고요. 그냥 이런 상황에 대해 너무 화가 났고, 너무 상처가 됐고, 무력감만 느껴졌어요. 나는 배신당했어요. 그런데 마크는 그런 짓을 하고도 아무 처벌도 받지 않고 당당하게 걸어 나갔다고요. 이건 너무 잘못된 일이잖아요."

칼은 계속 말을 이어갔다. "이번 일로 마크도 약간의 카르마를 짊어졌을 거예요. 그에게는 갚아야 할 빚이 있다는 것을 나 스스로 확인하고 싶었죠. 내가 마크를 감옥에 가게 할 수 없다면, 적어도 모든 사람들이 그가 무슨 짓을 저질렀는지는 알게 할 수 있으니까요. 나는 뭐라도 해야 했어요. 조금이라도 위안을 얻으려면 말이죠."

문제는 칼의 복수가 그의 기분을 나아지게 하는 데 전혀 도움이 되지 않았다는 것이다.

마크가 한 일에 대해 누군가에게 분노를 표할 때마다 칼은 기분이 더 나빠졌다. 심지어 일이 터졌을 당시보다 훨씬 더 속이 상했고 훨씬 더 화가 났다. 지금까지 그가 복수랍시고 했던 것 중 유일한 효과는 자기 자신을 화나게 만든 것뿐이었다.

"당연히 상처받았고, 화가 나고 속이 상했지요." 칼이 말했다. "그런데 내가 하려던 복수는 결국 잘 안 됐어요. 그리고 이제는 다른 것을 시도해 볼 시간이 되었다는 생각이 들었죠. 처음에는 너무 힘들었어요. 하지만 계속해서 그렇게 하도록 스스로 밀어붙였어요. 나는 나의 전 친구이자 파트너인 마크를 위해 기도하기 시작했어요. 그의 이름이 떠오를 때마다 하나님께 그를 축복해 달라고 간구했지요. 아, 물론 처음에는 그럴 의도가 아니었어요. 전혀 아니었죠. 하지만 확실한 건, 복수하기로 마음먹고 내가 그동안 했던 짓보다는 어쨌든 훨씬 나았다는 거예요. 비록 진심이 아니라고 하더라도, 화가 나고 속상한 마음은 멈췄으니까요."

그는 말을 이어갔다. "아마 하루에 열 번, 스무 번, 서른 번씩 마크의 이름과 나의 분노, 억울함이 마음속에 떠올랐을 거예요. 그런 생각이 들 때마다 나는 '하나님께서 그를 축복하신다. 하나님께서 그를 축복하신다.'라고 생각하거나 큰 소리로 말하기도 했지요. 몇 달이 지나자 신기하게도 분노가 서서히 옅어지기 시작하더라고요."

이제, 칼은 마크를 생각하거나 그의 이름을 들어도 화가 나거나 속상하지 않게 되었다. 물론 가끔씩 마크와 나눴던 지나가버린 우정과 파트너십을 생각하면 조금 슬프긴 하다.

칼은 말한다. "나는 마크가 내 인생에 다시 돌아오는 건 원하지 않아요. 이제는 다 지나간 일이죠. 하지만 나는 진심으로 그가 잘되기를 바랍니다. 마크의 행복과 축복과 성공을 기원해요. 우리는 모두 실수를 하죠. 누구나 그렇게 살잖아요. 그리고 모든 것을 포기할 만큼 절망적인 심정이 되기도 해요. 지금은 그냥 그의 삶이 좋아지기를 바랍니다."

칼은 분명 복수를 했다. 그러나 자신이 생각했던 방식의 그런 복수는 아니었다. 그리고 마크를 용서한 지 9개월도 채 되지 않아 새로운 계약을 성사시켰다. 그 계약으로 칼은 마크가 가지고 달아난 금액의 5배가 넘는 이익을 얻었다.

마크를 향한 분노로 인해 자신을 그토록 못살게 굴었던 칼은 그런 자기 자신에게도 멋진 복수를 한 셈이었다.

그는 마침내 평화를 되찾았다.

우리의 삶, 카르마, 그리고 황금률이 풍선껌 기계처럼 작동한다면 얼마나 좋을까? 우리가 해야 할 일이라곤 동전 투입구에 사랑의 동전을 넣는 것뿐이고, 그러면 그 즉시 한두 조각의 사랑을 돌려받게 될 것이다.

그러나 황금률을 실천한다는 것은 슬롯머신을 하는 것과 더 비슷할 때가 많다. 돈을 넣으면 뭔가를 돌려받을 수도 있고, 돌려받지 못할 수도 있다. 우리는 누구나 사랑을 주고 덕을 실천하는 일이 쉽게 쉽게 이루어지는 세상을 바란다. 무언가를 베풀자마자 즉시 보답을 받게 된다면 얼마나 좋겠는가. 그러나 세상은 대개 그런 식으로 돌아가지 않는다. 적어도 내 인생에서는 그렇지 않았다.

내가 절대 잘못되기를 바라지 않았던 바로 그런 상황이 벌어지곤 하여, 나로 하여금 도전과 시험에 직면하게 했다. 상황은 늘 내가 기대했던 것과 전혀 다르게 펼쳐졌다. 나에게 선택권이 주어진다면 절대로 치르고 싶지 않은 시험이 주어지곤 했다.

분노와 복수가 합리적인 유일한 대응으로 보일 때가 적지 않다.

때로 우리는 그저 묵묵히 참고 견딘다. 모든 것을 충분히 이해하려고 해보자. 맞다, 이 과정은 참 아프다. 하지만 분노, 상처, 피해, 속상함을 다 경험하고 나면, 그 다음에 우리는 무엇을 해야 할까?

화를 내고 상처를 받는 일에 너무 열중하다 보면, 우리는 삶이 우리에게 가져다주는 선물을 보지 못할 수도 있다. 고통과 시련이 우리에게 되돌려주는 새로운 축복을 발견하지 못할 수도 있는 것이다.

계속 앞으로 나아가라. 사랑의 동전을 다시 한번 더 투입구에 넣어라.
누가 알겠는가? 이번에는 평화를 되찾을 수 있을지.

4
사랑하는 엄마

전화벨이 울렸다. 재키가 전화를 받자마자 여동생이 말했다. “엄마가 어젯밤 자다가 돌아가셨어.”

재키는 화들짝 놀라며 잠에서 깼다. 꿈이었지만, 마음이 아팠다. 아직 한밤중이었다. 다시 자기는 힘들 것 같았다. 일어나 차를 한 잔 마셨다. 꿈에서 느꼈던 감정이 떨쳐지지 않았다.

슬픔. 죄책감. 향수. 엄마와의 관계가 더 좋아지기를, 더 나아지기를 바랐던 마음. 재키는 몇 년 동안 엄마와 거의 이야기를 나누지 않았다. 이따금씩 딸로서의 의무를 행하기는 했다. 그러나 엄마는 약간 이상했다. 약간? 젠장! 사실 재키의 엄마는 완전 괴짜 같을 때가 더 많았다.

‘엄마가 지금 돌아가신다고 하면 어떤 기분이 들까?’ 재키의 머릿속에서 이 질문이 일주일 내내 계속되었다. 다섯 살인가 여섯 살쯤이었을 것이다. 당시의 엄마는 정말 대단했다. 재키의 세상에 엄마밖에 없었다. ‘글쎄, 어쩌면 그렇게까지 대단하지는 않았을지도 몰라.’ 재키는 생각했다. 하지만 그래도 어린아이다운 순진무구한 마음으로 엄마를 사랑했던 것만은 분명했다.

나이가 들수록 재키와 엄마의 관계는 어려워졌다. 이제 재키는 엄마와 거의 이야기를 나누지 않을뿐더러, 마음의 문도 닫아걸었다. 재키는 자기 인생을 지키기 위해 엄마와 끊어지지 않을 정도로만 관계를 유지했다. 그러면서 치유를 받았다. 재키는 계속 자기 자신을 위해 애를 썼다. 재키의 엄마는 재키의 감정 따위에는 관심이 없었다. 재키가 자기 자신에 대해 새롭게 알게 된 그 어떤 것도, 엄마에게는 그저 쓸모없고 가치 없는 것일 뿐이었다.

재키는 생각했다. '만약 엄마가 지금 당장 돌아가신다면, 관계가 불완전하다고 느낄 것 같아. 그건 너무나 분명해.'

재키가 말했다. "나는 관계에 있어서 부정적인 면만 보기 일쑤였어요. 관계에서 비롯된 선물, 좋은 부분들은 아예 신경쓰지도 않은 거죠. 엄마는 나에게 강하게 사는 법을 가르쳤죠. 인내심도 길러주셨고요. 이왕 해야 할 거라면, 잘해야 한다는 것도 가르쳐주었어요. 엄마가 나에게 주지 않은 것, 엄마와 나의 관계에 구멍이 뚫려 버린 것, 그것 때문에 나는 내 아이들에게 주고 싶은 것이 무엇인지도 배울 수 있었죠. 무엇보다도 엄마는, 엄마에 대한 저의 분노와 가족 생활에 대한 실망을 통해 아주 큰 배움을 주셨어요. 엄마는 저에게 용서의 의미를 배울 기회까지 준 거예요."

우리가 다른 사람들을 용서할 때, 우리는 비로소
우리 자신으로부터 해방된다. 얼마나 아이러니한가.

5
후광은 사라지고

사만다와 그녀의 새 남편은 교회를 떠나 식당으로 향했다. 이번 결혼이 사만다에게도, 남편에게도 처음은 아니었다. 그녀는 남편의 요청으로 남편이 다니는 교회에 함께 다녀오는 길이었다. 식당에서는 이런저런 일로 남편의 전 부인을 만나기로 되어 있었다.

"교회가 좋던데!" 사만다가 말했다. "분위기도 좋고 뭔가 마음이 환해진 거 같아. 마치 머리에 후광이라도 쓴 것 같은 기분이야."

사만다는 파이 한 조각을 주문했다. 남편은 양해를 구하고 화장실에 갔다. 그런데 하필 바로 그 순간, 남편의 전 부인이 식당 문을 밀고 들어오는 게 보였다.

사만다는 당시 상황에 대해 이렇게 말했다. "처음에는 남편 없이 전처와 함께 앉아 있는 게 정말 어색했어요. 하지만 그래도 우리는 꽤 어색하지 않은 시간을 보냈어요. 대체로는요. 남편과 전처 사이에는 두 명의 자녀가 있어요. 결국 우리는 오랫동안 서로의 삶을 어느 정도까지는 함께할 수밖에 없는 셈이지요. 좋은 관계를 맺고 서로 어울리는 법을 배우는 것이 중요하겠다는 생각이 들었어요."

살다 보니 관계가 그렇게 얽혀 돌아가게 된 것이다. 얼마 안 있어 남편이 화장실에서 돌아왔다.

"우리 셋은 아이들을 보기 위해 방문하는 것부터 시작하여 우리가 겪고 있는 이런저런 문제에 대해 이야기하기 시작했어요. 그런데 생각보다 문제가 훨씬 심각하더라고요." 사만다가 말했다. "남편의 전 부인은 나로 인해 상황이 바뀐 것에 대해 화가 난 것 같았어요. 그게 고스란히 느껴지더라고요."

일이 터질 때면 으레 그렇듯, 예상치 못했던 상황이 빠르게 전개된다. 어느 순간 남편과 전처가 이런저런 이야기를 나누는가 싶더니, 곧이어 전 부인이 사만다의 얼굴에 손가락을 댔다.

"이 일에서는 빠지세요." 전 부인이 소리쳤다. "이건 당신이 관여할 일도 아니고 걱정할 일도 아니에요! 입 좀 다무세요!"

사만다는 피가 거꾸로 치솟는 것 같았다. 전 부인이 사만다의 얼굴에 다 대고 손가락을 거칠게 흔드는 순간, 사만다의 머리 위로 어른대는 것 같았던 후광도 더 이상 느껴지지 않았다.

사만다가 말했다. "나도 소리를 지르기 시작했어요. 그 여자의 무례한 행동에 대한 순간적인 반응이었죠. 나도 똑같이 그 여자를 향해 손가락을 대고 흔들면서 다시는 그런 짓을 하지 말라고 협박하듯 말했어요. 손톱이 좀 길었었는데, 그 여자를 좀 할퀸 것 같았어요. 순식간에 난장판이 됐지요. 왜 여자들끼리 서로 머리채 붙들고 싸우는 거 있잖아요. 그것도 공공장소에서! 식당에서 말이에요. 나는 내가 무슨 짓을 하고 있는지 믿을 수가 없었어요. 그런 행동을 좋아서 할 리는 없지요. 나중에야 무슨 일이 일어났었는지 정신이 돌아오더군요.

나는, 그러니까, 공격당했다는 느낌 때문에 이성을 잃은 거예요."

사만다는 양해를 구하고 화장실에 가서 평정을 되찾으려고 애썼다. 그들이 식당을 떠날 때쯤 사만다는 예전 모습으로 돌아가 있었다. 그녀는 자신의 행동과 발언에 대해 정말 미안하다고 말하며 전 부인에게 사과했다.

"물론 내가 한 일이 정당했다고 볼 수도 있어요." 사만다가 말했다. "어떤 상황에서는 정말 힘들죠. 특히 내가 공격당했다고 느낄 때는 더 그렇고요. 하지만 동물처럼 행동하는 건 별로예요. 제가 남편의 전 부인을 특별히 좋아하는 건 아니지만, 그냥 우리가 평화롭게 지냈으면 좋겠어요. 저 자신과도 그렇고요."

우리 모두에게도 분명 그런 순간이 있다. 그리고 아마 대부분이 사만다처럼 행동할 것이다.

어느 날 저녁, 나는 친구와 내가 알고 지내던 어떤 사람이 과연 나를 배신할 것인지 아닌지에 대해 이야기하고 있었다. "절대 아니라고 말하고 싶지만, 사람 일은 모르는 거잖아." 친구가 말했다. "어떤 상황에서는 세상에 하지 못할 일이라는 게 없기도 해."

아마 우리는 슬롯머신에 '용서'라고 각인된 동전을
더 넣어야 할 것이다. 언제 운이 좋아져서
몇 개나 돌려받을 수 있을지는 아무도 모른다.

6
바로잡기

그는 자신의 스튜디오 아파트를 왔다갔다하며 과거의 일을 떠올리기 위해 안간힘을 썼다. 이미 몇 년이나 지난 일이라 어렴풋한 기억밖에 남아 있지 않았다. 어쩌면 술 때문에 기억이 더 이상하게 꼬여버렸을 수도 있다. 다행히 지금은 술을 끊었다.

그는 도대체 무슨 생각을 하고 있었던 것일까? 무슨 동기로 그런 짓을 한 걸까? 그들의 관계는 때로 너무 잔인했다. '만약 그녀에게 전화해서 자초지종을 말하고, 정말 미안하다고 사과한다면, 내가 상처를 주긴 했지만, 일부러 해를 끼칠 의도로 그런 게 아니라는 걸 어쩌면 그녀도 이해할 수 있을지 몰라.'

용기를 내기까지는 며칠이 걸렸다. 마침내 그는 전화기를 들었다.

"내가 당신을 당황하게 하고, 상처를 주고, 실망시켰다는 것 잘 알아요. 미안합니다."

그녀의 분노가 전화선을 타고 전해지는 것 같았다.

"우리 두 사람 다 여러 문제가 걸려 있었던 거 같아요." 그가 말했다. "서로에게 최악의 트라우마를 남긴 것 같기도 하고요. 사실 나한테 문제가 좀 있었어요. 당신이 많은 고통을 겪었을 거예요. 나는 정말 술을 끊고 싶었어요. 정말이에요. 그런데 뭐 때문인지 술에 취한 상태로 계속 지냈죠. 어떻게 그렇게 많은 사람들이 술을 끊고, 또 끊은 상태를 잘 유지할 수 있는지 신기해요. 나는 끊었다가 여러 번 다시 중독됐었거든요."

마침내 그녀가 대답했다. "알아요." 하지만 목소리에서는 여전히 화가 느껴졌다.

그가 말했다. "진짜 문제는 내가 모든 희망을 잃었다는 거예요. 단주를 시도할 때마다 어김없이 실패하고 마니까요. 그래도 한 번 더 시도했어요. 결국 다시 술에 손을 댔지만요. 그때는 술에 취해 잠들며 정말 간절히 바랐어요. 그냥 이대로 자다가 죽게 해달라고 말이에요. 그런데 그런 일은 일어나지 않더라고요. 매일 아침, 나는 다시 또, 다시 또 깨어났어요. 나는 내 생각에 가치 있다고 여겨지는 사람, 그러면서도 희망을 잃은 경험이 있는 사람을 찾을 필요가 있었어요. 그러다가 당신을 만난 거고요. 만약 내가 당신이 인생의 의미와 목적을 다시 찾을 수 있도록 도와준다면, 나도 내 안에서 어떤 목적을 찾을 수 있을지도 모른다고 생각했어요."

그는 그녀를 다시 만나려는 것도 아니고, 그녀에게 아무것도 원하지 않으며, 그냥 바로잡고 싶을 뿐이라고 설명했다. 그저 자신과 그녀가 평화롭기를 바란다고 말했다.

객관적인 묘사를 위해 그와 그녀로 표현했지만, 이 이야기 속의 '그녀'는 바로 나다.

나는 그의 말을 주의 깊게 듣고는, "사과 받을게요."라고 감사 인사를 전했다. 어떤 사람들은 그를—아니면 나를— 공동의존자라고 부를 수도 있다. 그래도 나는 별로 개의치 않는다.

아들이 죽은 후, 그는 내 생명을 구한 사람이었다.

이 세상은, 꽤나 불완전한 곳이다.

사람들은 우리가 원하는 방식으로 우리에게 사랑을 주지 않는다. 우리가 기대하고 계획한 대로 일이 진행되지 않기도 한다. 때로는 포기하고 희망을 잃기 쉽다. 나 역시도 몇 번이나 희망을 잃었다.

어느 날, 요가 수업을 막 마치고 나오려는 찰나, 선생님이 다음과 같은 메시지를 주었다. "나는 당신이 세계의 다른 지역에서 살고 있는 사람들에 대한 연민과 자비를 수행하고 실천하기를 원합니다."

'좋은 생각이지.' 하고 나는 집으로 차를 몰고 가면서 생각했다. 연민과 자비에 대해 더 깊이 생각해 보고 싶어졌다. 집에 도착했을 때, 다른 주에 살고 있는 친구 트레이시로부터 메시지가 와 있었다. 내가 캘리포니아로 이사한 이후로 서로 거의 연락이 끊어진 상태였다. 그러고 보니, 트레이시를 보지 못한 지 벌써 7년이나 되었다.

우리는 트레이시의 아버지를 통해 서로 만났다. 둘 다 미네소타에 있는 같은 재활 센터에서 일하면서 다른 사람들의 생명을 구하고 그 과정에서 우리 자신도 구하기 위해 노력하고 있을 때였다. 예전에는 10~12시간 동안 집단 프로그램에 참여하던 시절이 있었다. 실제로 변화가 되는 사람이 많았다.

그러나 트레이시의 아버지는 재발하여 결국 다시 감옥에 갔다.

그는 똑똑하고 영리한 사람이었다.

시간을 거슬러 1960년대, 남부의 한 주에서 그는 중고 경찰차를 샀다. 자동차는 손상된 부분이 하나도 없이 꽤 멀쩡했다. 그는 돈이 필요할 때마다 경광등을 켜고 사이렌을 울리며 지나가는 차 중 아무나 세웠다. 차를 갓길로 세우도록 요구한 다음, 법정에 갈 것인지, 아니면 그 자리에서 벌금을 낼 것인지 선택하라고 했다.

한번은 그와 친구가 다른 친구의 아파트에 방문했을 때의 일이다. 집 주인 부부간에 갑자기 다툼이 생겼고, 소리가 점점 커지자 한 이웃이 경찰에 신고했다. 경찰이 도착하여, 부부는 물론 그들을 방문했던 트레이시의 아버지와 친구까지 유치장으로 끌고 갔다. 트레이시의 아버지가 진술을 했고, 그러다가 경찰서에 있는 타자기를 발견했다. 마음에 쏙 들었다. 그는 경찰관들이 보는 바로 앞에서 그것을 들고 그대로 걸어 나갔다.

집에 와서 보니 리본카트리지가 들어 있지 않았다. 화가 난 그는 다시 경찰서로 돌아가 보급품 캐비닛을 열고 카트리지 두 개를 찾아 훔쳤다.

한동안 그는 코인 세탁소에 있는 동전 자판기를 열 수 있는 열쇠 세트를 가지고 있었다. 세탁소가 문을 닫으면 몰래 침입하여 자판기를 열고 그 안에 들어 있는 동전을 싹슬이해서 가지고 나왔다. 얼마 동안은 성과가 꽤 좋았다. 물론 성공하기 위해서는 시간이 충분치 않았으므로 늘 서둘러야 했다. 그는 문을 부수고 경고 알람이 울린 뒤 경찰이 도착할 때까지의 시간을 계산해서 빈틈없이 행동했다.

그러던 어느 날 밤, 시간 계산을 잘못하고 말았다. 동전을 털고 세탁소 앞에서 도망갈 준비를 하고 있는 동안 경찰차가 도착했다. 그는 평정심을 유지한 채 경찰관을 바라보았다. “키가 180센티미터 정도 되는 사람이었어요. 마르고, 검은 머리를 가졌고요. 저쪽으로 달려갔어요.” 그가 길 끝을 가리키며 말했다. 경찰은 있지도 않은 강도를 쫓았고, 그 틈을 타 그는 무사히 탈출했다.

그는 결국 술을 끊고 집단 상담을 받기 시작했다. 그러다 다시 술에 의존하여 감옥에 가게 되자, 딸은 그 사실에 상처를 크게 받고 아버지에게 화를 냈다. 그는 7년 동안이나 감옥에 있었다. 시간이 흘러 출소한 그는 딸에게 다시 연락을 시도했다. 그러나 딸은 단호하게 말했다. “죽을 때가 된 게 아니면 연락하지 마세요.”

그러나 그가 죽음의 순간에 도착하기까지는 그리 오랜 시간이 걸리지 않았다. 3개월도 채 되지 않아 그는 병원에서 다시 딸에게 전화를 걸었다. 그는 자신이 아픈 것은 알고 있었지만 이렇게 병원에서 생을 마감하고 싶지는 않았다.

내가 트레이시를 만난 건 그즈음이었다. 트레이시는 아버지가 죽을 때까지 병원에 함께 있어 달라고 부탁했다. 아들 셰인이 죽은 지 약 3년 정도가 지난 시점으로, 난 더 이상 죽음이 두렵지 않은 때였다.

“한 번은 아버지에게 약물을 사용하면 죽거나 감옥에 갈 게 뻔한데, 그걸 알면서도 왜 계속하는 거냐고 물어 봤어.” 트레이시가 말했다. “왜 계속해서 자기 자신을 다치게 하고 또 나한테도 상처를 주는 거냐고. 그런데 아버지가 그러더라. 자기가 한 선택 중 어떤 건, 도저히 지킬 수 없는, 그 선택대로 살 수 없는 것이 있었다고 말이야. 나는 아버지가 하는 말이 무슨 뜻인지 막연하게는 알 것 같았지. 아버지한테 있었던 과거의 어둡고 끔찍했던 일들을 떠올리면 말이야. 그냥, 이상하게, 이상하게 이해가 되더라고."

트레이시의 아버지는 자신이 하나님께 용서받았다고 믿었다. 내게 그렇게 말했다. 그는 영리하고 대담하고 기발했지만, 자신을 용서하는 방법만큼은 미처 알지 못했다.

7년이 지난 지금, 트레이시는 자신을 이해해 줄 사람과 이야기가 나누고 싶어졌다. 그것이 내게 전화한 이유였다. 트레이시의 딸은 지난 1년 반 동안 백혈병에 걸려 투병을 했다고 한다. 그리고 좀 차도가 생기는가 싶어 골수 이식 수술을 받았지만, 결국 사망했다는 것이다. 그녀의 딸은 열세 살이었다.

트레이시가 말했다. "내가 내 발로 미지의 세계로 걸어 들어간 게 아니야. 인생이 나를 데려간 거지. 나는 그래도 많은 걸 극복했어. 술도 끊었고, 학교도 마쳤지. 학위도 받고, 좋은 직업도 생겼고 말이야. 좋은 집도 얻었어. 드디어 판자촌도 벗어나게 된 거야. 그래서 이제 인생이 더 편해질 거라고, 고통스러운 배움은 멈출 거라고 생각했던 거 같아. 그런데 지금은 하나님한테 너무 화가 나. 너무 화가 난다고. 때로는 허공에 대고 발길질을 하기도 해. 그렇지만 다른 한편으로는 굳게 믿고 있어. 이 모든 것이 다 배움의 과정이라고. 또 하나의 배움은 다음 단계의 배움을 준비시키기 때문에 점점 더 어려워지는 것도 당연한 거라고."

우리는 누구나 자기만의 선택의 역사를 가지고 있다. 일부는 성공적인 선택이었고, 일부는 그렇지 않다. 또 우리 중 누군가는 약간의 죄책감을 갖고 있을 수도 있고, 또 일부는 많은 죄책감을 가지고 살아간다.

나는 내 친구처럼 자신이 내린 선택에 따라 살아가는 방법을 모르는 사람들을 알고 있다. 반대로, 자신의 선택에 따라 잘 살아가는 사람들도 알고 있다. 이 책의 시작 부분에 나온 셰리를 기억하는가? 그녀는 사고를 당해 심각한 장애를 지닌 아이를 낳은 임산부였다.

"이걸 감당할 수 있을까요?" 셰리가 말했다. "그런데 한 치유사가 내가 그것을 감당하게끔 도와주더라고요. 나는 항상 딸의 장애가 나 때문이라고 생각했어요. 그런데 그게 아니라는 것, 내 잘못이 아니라는 것, 아기가 태반에서 분리되면 그런 일이 일어날 수도 있다는 것을, 딸이 스물여섯 살이 되어서야 처음 알게 된 거죠. 거의 매일 비슷한 감정을 느껴요. 하지만 그것에 대해서는 잘 이야기하지 않죠. 아마도 다른 사람들이 저를 판단할까 봐 두려웠던 거 같아요."

한참 말이 없다가 셰리가 다시 입을 열었다. "제가 바꿀 수 있는 건 아무것도 없어요. 앞으로도 변하지 않고 항상 그 자리에 있을 거고요. 저는 딸을 자주 방문하지 않아요. 저를 알아보지 못하거든요. 딸은 사실상 아는 사람이 아무도 없다고 봐야죠. 가끔 저는 겁이 나요. 한 번 울면 절대 멈출 수 없을까 봐 울고 싶어지면 겁부터 나요. 그래서 한 번에 아주 조금씩만 느끼려고 해요. 아주 조금씩이요. 마치 뜨거운 물에 발가락을 담그는 것처럼? 아직 뜨겁고 아프지만 지금은 적어도 내 발가락이 어디에 있는지는 알 수 있어요. 딱 그만큼은 감당할 수 있고요. 그래서 저는 무술이나 낚시 같은 것을 해요. 그런 것들을 하면 생각에만 사로잡혀 머릿속만 헤매지 않고, 내 삶으로 들어갈 수 있거든요. 그런 게 정말 도움이 돼요. 또, 지금껏 제가 겪은 일들은 모두 저를 정말 강하게 만들었어요. 하지만 그 강함과 굳은살 사이에는 아주 얇은 선이 하나 있지요."

많은 사람들(나를 포함해서)이 자신이 내린 선택과 관련하여 생기는 죄책감과 계속해서 싸운다.

우리 대부분은 자신이 잘못했던 일과 다른 사람을 고통스럽게 만들었던 선택에 대해 최선을 다해 바로잡으려는 노력을 기울인다. 이 과정은 그 자체로 어느 정도 위안이 되기도 한다. 그래도 우리가 하는 일들이 전부 잘못되었을지 모른다는 생각은 끊임없이 우리의 일상을 파고든다. 이를 해소하기 위해 우리는 별별 노력을 다한다. 그 일에 대해 떠들고 나름 추론을 해보기도 하고, 머릿속을 떠도는 생각에 잠식당하지 않기 위해 노력하고, 또 우리가 할 수 있는 최선을 다해 일상을 살아가는 것이다.

내가 과거 나의 잘못과 잘못된 선택에 대해 한 가지 배운 것이 있다면, 나 자신을 완전히 용서하는 것이 가장 좋은 방법이라는 거다. 그러나 그럴 수 없다면 그 실수를 다른 사람을 돕는 데 활용해야 한다. 그것은 차선으로 좋은 방법이다.

"우리는 누구나 과거를 후회하며 살고 싶지도 않고, 과거의 문을 꽁꽁 걸어잠근 채 살고 싶지도 않다. 우리는 '고요함'이라는 단어를 이해하고, 평화를 알게 될 것이다. 아무리 축소하여 생각하더라도 우리의 경험이 다른 사람들을 어떻게 돕는지를 알게 될 것이다." 『빅 북 The Big Book』으로 알려진 『익명의 알코올 중독자들 Alcoholics Anonymous』에서는 우리가 몇 가지 간단한 것들만 행하면 우리가 이렇게 될 수 있다고 보장한다.

그러고 보니, 나는 요가 선생님의 말을 잘못 해석했다.

자비와 연민은 생각하는 것이 아니라, 실천하는 것이다.
그리고 그것은 우리의 선택이기도 하다.
좋다. 마음의 준비를 단단히 하고, 이제 '평화의 땅'으로 길을 떠나자.

제7장

운명의 파도를 타고 가라

어떤 위험도 감수하지 않으면서 살아갈 수 있는 방법이 있긴 하다. 아무것도 원하지 않고, 아무것도 시도하지 않으면 된다. 그러나 그런 태도는 위험을 감수하지 않으려고 우리 자신을 지나치게 보호하게 만든다. 그것은 결국 무감각한 삶으로 이어진다. 그러나 깨어 있는 상태로 활기발발 살아갈 수 있는 또 다른 방법이 있다. 열정과 꿈, 희망, 욕망으로 가득 차 있으면서도 거기에 우리 자신을 팔아버리지 않을 수 있는 길이 있다.

"인생에는 리듬과 질서가 있어." 한 친구가 말했다. "우리 모두가 거대한 질서 안에서 살고 있다는 것을 우리는 항상 좋아하지는 않아. 하지만 하늘의 섭리는 우리가 그것을 좋아하든 싫어하든 별로 상관하지 않지."

조와 나는 비행기를 타고 라싸로 떠났다. 비행기에서 내려 둘러보니, 사람들 속에서 우리에게 손을 흔들고 있는 라미가 보였다. 티베트는 중국 여행의 마지막 일정이었다. 우리는 라싸에 머물며 라미와 친분을 쌓았고, 그 지역의 고도가 얼마나 높은지를 생생하게 체험했으며, 여행으로 너덜너덜 피곤해져서 집으로 돌아갔다.

그로부터 6개월이 지난 지금, 나는 다시 가장 웅장하고 성스러운 산으로 알려진 제5성산인 카일라스산Mount Kailash으로 갈 준비를 했다.

카일라스산 주위를 한 번 돌면 한 번의 생에 해당하는 업장이 소멸된다는 전설이 있다. 나는 죄 사함을 믿는다. 하지만 죄 사함은 업장 소멸과는 다르다. 업장 소멸이란 우리가 저지른 일에서 부정적인 에너지를 제거하는 것과도 다르다. 우리 자신을 용서하는 것과도 다르다.

처음 티베트를 방문할 생각을 했을 때부터 나는 카일라스에 강하게 끌렸다. 명확히 설명할 수는 없지만 카일라스는 어쨌든 나를 강력하게 끌어당겼다. 카일라스야말로 내가 중국의 모든 성산에 놓인 무수히 많은 계단을 밟고 올라간 진짜 이유였다. 중국은, 단지 카일라스산에 오기 위해 먼저 거쳐야만 했던 관문이었을 뿐이다. 이런 과정을 통해 내가 과연 무엇을 배워야 했을까? 정확히 알 수 없었다. 하지만 아주 오랫동안 카일라스가 내 이름을 부르고 있었다. 그것은 나의 영적 탐구의 정점이었다.

조와 나는 라싸의 높은 고도에 적응하며 일주일을 보냈다. 처음 며칠 동안은 현기증이 나고, 숨쉬기가 힘들고, 균형을 잃은 상태—저산소증—가 계속되었다. 그러다 일주일이 거의 다 되어갈 무렵, 드디어 계단을 오를 수 있게 되었다. 나는 라미, 조, 그리고 티베트에 온 다른 순례자들과 함께 깨달음의 축제를 기념하기 위해 도시를 순회하는 순례길을 돌기 시작했다. 라미는 내가 순례길을 돌 수 있을 만큼 컨디션이 좋아진 것을 보고는, 카일라스에 오를 준비가 되었다고 생각했다.

우리는 지프를 타고 카일라스로 출발했다. 그 뒤를 캠핑용품과 요리용품을 가득 실은 트럭이 따라왔다. 카일라스는 높이가 6,700여 미터에 이르는 산으로, 지금까지 오른 산 중 가장 높았다. 도시와 마을을 지날 때마다 고도가 점점 더 높아졌다.

처음에 라미는 하루 4~5시간 정도 이동하면서 공기가 점점 희박해지는 것에 적응하도록 했다. 고도가 높아질수록 매 호흡마다 들이마실 수 있는 산소량이 줄었다. 더 높은 고도로 갈수록 감소하는 공기 중 산소량 지표는 지진의 규모를 나타내는 리히터 척도Richter scale와 유사하다. 숫자가 커질수록 지진 강도가 세지는 것이 맞지만 숫자 1이 증가할 때마다 동일한 비율로 세지는 것은 아닌 것처럼, 고도에 따른 산소량이 한 단계씩 증가할 때마다 우리 몸도 일정하게 힘들어지지 않는다. 고도가 높아질수록 점점 더 희박해지는 공기에 대한 신체의 반응이 더 심해져서 이전 단계보다 두세 배는 더 힘들게 느껴진다.

넷째 날, 우리는 작은 마을의 게스트하우스에 들러 점심을 먹었다. 들어서는 순간 집에 돌아온 것처럼 편안하게 느껴졌다. 이곳의 주인인 아마다Amada는 음식을 요리하면서 곧잘 웃고 수다를 떨었다. 그녀는 나에게 가족사진을 보여주고, 내게도 사진이 있으면 보여 달라고 청했다. 라미는 아마다의 말을 내게 통역해 주었지만, 미소를 통역할 필요는 없었다.

'여기에 좀 더 머물러도 괜찮겠어.' 나는 지프에 짐을 실으면서 생각했다. 이 마을에는 전기가 들어오지 않았다. 그러나 마을은 깨끗했고, 무엇보다 사랑으로 가득 차 있었다. 우리는 도로라기보다는 사람들이 오가면서 자연스레 생긴 산길에 가까운 울퉁불퉁한 비포장도로를 따라 오늘의 목적지로 향했다. 오늘 우리는 7시간 거리에 있는 강까지 가서 밤을 보낼 예정이었다.

나는 운전을 하면서 점점 더 짜증이 났다. 화장실에 가기 위해 잠깐씩 멈춰야 하는 것도 너무나 성가신 일이었다. 남자들은 지프에서 내려 나에게서 등을 돌리고는 그냥 볼일을 보았다. 하지만 나는 바위 뒤에 적당히 몸을 숨길 곳을 찾을 때까지 한참을 걸어야 했다. 나는 걸을 수 없을 정도로 너무 피곤해서 몸이 휘청거리곤 했다. 강가에 도착했을 때는 그냥 자고 싶은 마음뿐이었다.

"뭘 좀 먹어야 해, 멜디드." 라미가 말했다. "힘을 내야지."

나는 텐트에 앉아 감자 튀김과 참파(오트밀과 비슷한 티베트 보리)를 먹었다. 갑자기 와락 눈물이 났다.

조는 식사를 하다 말고 고개를 들고 물었다. “진짜 무슨 문제가 생긴 거야? 아니면 그냥 애처럼 굴고 싶은 거야?”

나는 조에게 사과를 하고 뭐가 잘못된 건지 모르겠다고 말했다. 그리고 라미가 텐트로 돌아오기 전에 재빨리 눈을 감았다. 라미에게는 우는 모습을 보여주고 싶지 않았다. 정신을 바짝 차려야 한다. 우리는 모두 영적 탐구의 길 위에 서 있지 않은가.

우리는 모두 등산가가 다 되어 있었다.

나는 저녁 식사를 마치고 텐트 안으로 기어들어 갔다. 그러다 자정쯤 깜짝 놀라 깼다. 숨이 턱 막혔다. 질식할 것 같았다. 공포감이 엄습했다. 매 호흡마다 몸부림을 쳐야 했다.

조가 자다 깨서 나를 보았다.

“무슨 일이야?” 그가 말했다.

“공기가 너무 희박해.” 내가 대답했다. “숨을 쉴 수가 없어.”

나는 극도로 예민해졌다. 저녁 식사 도중 한바탕 울고, 휘청거렸는데, 아무래도 높은 고도를 너무 빠른 속도로 올라온 것 같았다. 몸이 제대로 적응하지 못한 것이다. 왜 나는 이런 일이 일어나리라는 것을 알아차리지 못한 걸까?

조가 나를 바라보았다. 그의 눈에 비친 나의 두려움이 보였다.

나는 여행 책자에서 고산병에 관한 건 모조리 읽었다. 그래서 고산병 증세가 빠르게 나타날 수 있다는 것도, 때로는 치명적일 수 있다는 것도, 또 경우에 따라서는 악화되는 속도가 너무 빨라 생명을 위협할 수 있다는 것도 알고 있었다. 유일한 치료법은 낮은 고도로 내려가

몸에 충분한 공기를 공급하는 것뿐이었다.

나는 배낭을 뒤져 산소통을 꺼냈다. 남은 것이 그리 많지 않았다. 산소를 들이마시는 간격을 최대한 늘려 가능한 한 오래 사용할 수 있도록 신경썼다. 그러나 산소통은 곧 바닥을 드러냈고 나는 자리에 누웠다. '그래, 침착하자. 긴장을 풀고 숨을 들이쉬고 내쉬자.'

그러나 좀처럼 숨을 쉴 수가 없었다. 아무리 노력해도 숨이 막혔다. 공포감이 휘몰아쳤다. 조가 텐트를 나가더니 잠시 후 산소통 두 개를 더 가지고 돌아왔다.

"이게 전부야."라고 그가 말했다. "밤까지만 버텨. 날이 밝을 때까지는 여행할 수가 없으니까. 강을 건너는 것도 너무 힘들고 그렇다고 다른 길로 가는 것도 너무 위험해."

동이 트기 시작하자 라미와 조는 나를 지프 뒷좌석에 태웠다.

나는 돌투성이의 티베트 도로를 달려 돌아가는 7시간 동안 의식이 가물가물한 상태에서 라미와 조가 이야기하는 것을 들으며 뒷좌석에 누워 있었다.

"지난 달 산에서 두 사람이 고산병으로 사망했어요. 그 때문에 카일라스 여행이 취소되었고요." 라미가 말했다. "다시 산을 타는 건 너무 위험해요. 멜디드가 괜찮아지면, 티베트에서 하고 싶은 다른 일을 하거나, 그냥 집에 돌아가야 할 거예요."

나는 신체적으로 약해질 대로 약해져 있어서 도저히 어떻게 통제할 수가 없는 상황이라는 것을 알고 있었다. 어떤 논쟁도 할 수 없었다. 그저 편히 숨 쉴 수 있는 공기만이 간절했다.

고도가 낮아지기 시작하자 나는 일어나 앉을 수 있게 되었다. 겨우

500미터 정도 내려왔을 뿐인데, 고산병 환자에게는 엄청난 차이가 아닐 수 없었다. 조금 더 편안하게 숨을 쉴 수 있게 되자, 드디어 공기 이외의 다른 것들에 대해서도 생각할 수 있게 되었다.

'이 여행 전체가 수포로 돌아가도록 그냥 둬야 할까? 저 사람들, 미친 거 아냐? 안 돼, 안 돼.' 하고 나는 생각했다. '지금까지 여러 산을 올랐던 건, 결국 카일라스에 오르기 위해서였어. 카일라스가 목적이었다고. 여기까지 오려고 그 산들을 다 오른 거였는데. 이제 와서 갈 수 없다니!' 나는 티베트에서 내가 선택할 수 있는 다른 옵션에 대해 생각했다. 라싸의 에베레스트산이 떠올랐다. '아니야, 거긴 아니야. 내가 가야 할 곳은 카일라스라고.'

나는 자리에서 일어나 앞좌석에 몸을 기댔다.

"이렇게 하는 건 어때요, 라미? 시가체Shigatze 쪽으로 돌아가는 대신 아마다의 게스트하우스로 돌아가는 거예요. 거기에서 하루 정도 머물면서 내 몸 상태를 좀 지켜보기로 하죠. 그러면서 우리는 명상도 할 수 있을 거예요. 기도도 하고요. 나한테 계획이 있어요. 만약 그 계획이 성공하면—그러니까 내가 컨디션이 좀 회복되면— 아마 우린 좀 천천히 속도를 조절하면서 다시 산으로 갈 수 있을 거예요. 어때요?"

라미가 나를 노려보았다.

"대답할 필요는 없어요." 내가 말했다. "잠깐만 생각해 보세요."

나는 포기할 생각이 없었다. 아직은 그럴 때가 아니었다.

나는 카일라스로 다시 갈 수 있을 거라고 확신했다. 나는 기도하지 않았다. 명상도 하지 않았다. 그저 각각의 상황을 가정하고 생각했다. 이번 여행에서 높은 산을 넘을 때마다 라미와 운전기사는 손을 들고

"쇠, 쇠, 쇠, 쇠, 쇠, 쇠." 하고 찬팅을 했다. 그것은 높은 곳을 무사히 지나갈 수 있도록 축복과 허락을 구하는 방법이자, 세상에 존재하는 힘에 대한 존경의 표시였다.

"티베트에는 오래전부터 전해 내려오는 이야기가 있어요." 어느 날 저녁 식사 자리에서 라미가 말했다. "돈이 절박하게 필요한 어떤 남자가 있다고 가정해 보세요. 그 남자가 차에서 내려 땅바닥을 쳐다보다가 100달러짜리 지폐를 발견합니다. 주위를 한 번 둘러봤어요. 아무도 없었죠. 돈을 잃어버린 것으로 보이는 사람이 아무도 없는 거예요. 결국 그 남자는 몸을 굽혀 돈을 주웠어요. 이제 그가 할 수 있는 말은 두 가지예요. 먼저 이렇게 말할 수 있겠죠? '100달러를 발견하다니 난 정말 똑똑하고 대단해.' 혹은 이렇게 말할 수도 있을 거예요. 하늘을 우러러보며, '감사합니다. 나는 정말 축복받은 사람입니다.'라고요."

이번 여행은 내가 통제할 수 있는 수준을 완전히 넘어섰다.

그러나 어쩌면 하나님의 축복은 받을 수 있을지도 모른다.

"그러니 불교도, 그리스도교인은 물론 회복 프로그램에서도 같은 이야기를 하잖아." 어느 날 한 친구가 말했다. "욕망이 모든 인간 고통의 근원이라고 말이야. 그런데 정말 그렇다면, 우리는 아무것도 원하면 안 되고 그냥저냥 살아야 하는 걸까?"

나는 그 질문에 대해 생각했다. 선禪의 수수께끼처럼 여겨졌다. 해답을 알고 싶었지만 알 수가 없었다. 원하는 것을 위해서는 위험을 감수해야 하는 것일까? 그렇게 하겠다는 것은 자기의지의 발동이 아닌가? 자기의지라는 게 결국은 욕망을 실현하도록 돕는 셈이니 의지를 발동하는 것을 잘못된 것이라고 보아야 할까? 만약 자기의지가 잘못된 것이라면, 애초에 왜 그런 것을 자질로서 받은 걸까?

그러나 친구는 내가 대답할 때까지 기다려 주지 않고, 스스로 대답했다.

"내 대답은 '아니오'야. 만약 아무것도 바라지 않고 살아간다면, 그건 우리가 무감각하게 살아가고 있다는 얘기가 되거든."

그렇다. 어떤 위험도 감수하지 않으면서 살아갈 수 있는 방법이 있긴 하다. 아무것도 원하지 않고, 아무것도 시도하지 않으면 된다. 그러나 그런 태도는 위험을 감수하지 않으려고 우리 자신을 지나치게 보호하게 만든다. 그것은 결국 무감각한 삶으로 이어진다. 아무것도 원하지 않는다면, 새로운 무언가를 위해 이미 가지고 있는 것을 버리려고 애쓸 필요도 없다. 뭐가 됐든 과거를 떠나보내며 연민을 느끼기보다는, 체념하고 냉담한 태도를 유지하면서 삶을 이어간다.

그러한 태도를 유지하는 것은, 우리 자신이 그만큼 안전해지고 우리로 하여금 약간의 통제력을 갖고 있는 것처럼 느끼게 해줄지도 모른다.

그러나 깨어 있는 상태로 활기발발 살아갈 수 있는 또 다른 방법이 있다. 열정과 꿈, 희망, 욕망으로 가득 차 있으면서도 거기에 우리 자신을 팔아버리지 않을 수 있는 길이 있다.

나의 기도는 아주 간단하다. 길이도 짧을 뿐만 아니라 이미 꽤 유명한 기도의 말이기도 하다. 나는 하늘을 우러러보며 "당신의 뜻이 이루어지소서."라고 기도한다.

이번 장에서는 삶의 더 깊은 의미와 질서를 깨달은 사람들의 이야기를 살펴볼 것이다. 희망과 꿈, 계획과 야망, 열정, 요구, 두려움, 의심,

욕망으로 불타고 있으면서도 깨어 있으려면, 어떻게 해야 할까? 비결은, 우리의 자유의지를 끊임없이 신께 바치는 것이다.

행복할 수도 있는 운명의 길을 터덜터덜 지친 듯 걷지 말라. 비록 그것이 우리가 할 수 있는 최선이라도. 삶의 리듬에 맞추어 걸어가라.

춤추는 법을 배워라.

1
깊이 파고들기

캘리포니아주 레이크 엘시노어에서 최면치료사로 활동하고 있는 마지 리더 박사는 1986년 평범했던 어느 날, 기억의 퍼즐을 맞추기 시작했다. 내담자인 모린 윌리엄슨에게 최면을 걸어 그녀를 괴롭히는 몇 가지 문제들을 다룰 수 있게 도와주기로 한 것이다.

당시 리더 박사는 20년이 넘도록 담배를 끊으려는 사람들, 자신의 공포증과 두려움을 이해하고 싶은 사람들, 잠재의식의 힘으로 잃어버린 기억을 찾고 싶은 사람들을 돕고 있었다. 윌리엄슨은 그날 이름이 적힌 종이를 가지고 리더 박사를 찾아왔다. 종이에는 존 다니엘 애쉬포드라는 이름이 적혀 있었지만, 정작 윌리엄슨은 어느 날 식당에서 당근 케이크를 먹다가 이 이름을 적었다는 것 외에는 아는 것이 없었다. 아무리 생각해도 존 다니엘 애쉬포드라는 이름을 가진 사람은 떠오르지 않았다. 윌리엄슨은 그 이름이 무엇을 의미하는지, 그리고 자신이 왜 그 이름을 기억하고 있는지 알고 싶었다.

윌리엄슨이 최면 상태에 들어가자 전혀 다른 시간과 장소의 이야기가 펼쳐지기 시작했다. 남북전쟁이 한창이던 때, 버지니아주 밀보로 지역의 이야기였다. 몇 달에 걸친 윌리엄슨의 최면 작업을 통해, 현재 레이크 엘시노어 지역에 살고 있는 사람들 중 35명이 남북전쟁 당시 밀보로에 살았던 것이 확인되었다. 당시 그들의 삶은 오늘날과 마찬가지로 서로 복잡하게 얽혀 있었다.

리더 박사는 세션을 확대하여 이 35명 중 일부를 포함시켰다. 최면 프로그램이 진행되는 동안 사람들은 버지니아의 작은 마을에 있는 집과 건물, 폭포, 터널에 대해 자세히 묘사했다. 그들은 또한 당시의 삶을 회상하며, 전쟁, 비극, 살인, 음모, 배신, 사랑, 우정, 일상생활 등 다양한 이야기를 풀어놓았다.

리더 박사와 두 명의 내담자는 밀보로 지역으로 여행을 떠나 최면 프로그램에서 언급된 거의 모든 것들이 실재했었다는 것을 확인했다. 집과 건물, 전쟁 보급품을 저장하고 노예를 숨기는 데 사용했던 터널의 위치, 여러 사건들과 관련하여 잘 알려지지 않은 숨은 이야기들이 모두 사실이었다.

리더 박사 또한, 당시 사람들의 삶에 관여했었다는 것이 밝혀졌다. 리더 박사와 그녀를 찾아온 내담자들은 모두 이전에는 밀보로에 가본 적이 없었다. 전체 참여자 가운데 단 두 사람을 제외하고는 최면 상태에서 이 지역의 이름이 나오기 전까지는 밀보로라는 이름을 들어본 적도 없는 사람들이었다.

하지만 사람들은 마을에 대한 세세한 기억을 갖고 있었고, 당시 함께 살았던 사람들, 그때의 삶과 관련된 감정을 구체적으로 떠올렸다. 1993년 리더 박사는 『밀보로 미션 Mission to Millboro』이라는 제목의 책을 썼고, 호평을 받았다.

리더 박사는 퍼즐 조각들이 만들어낸 그 그림에 대해 어떻게 생각할까?

리더 박사는 "어떤 경우에도 '윤회 이론을 증명'하려는 의도는 결코 없었습니다."라고 썼다. "나는 윤회를 전적으로 불신하는 것은 아니지만, 집단 무의식과 원형에 관한 칼 융의 이론에 크게 기대는 편입니다. …이 이론에 따르면 그것은 원형적인 기억이나 환생이라고 불리지만, 이 용어들은 단지 이름일 뿐입니다. 우리는 누구나 마음 깊은 곳에 과거 생의 기억들을 가지고 있으며, 오늘날 우리 정신의 토대가 이러한 기억들의 조합에 근거한다는 것에는 의심의 여지가 없습니다."

인생에는 합리적으로는 도저히 설명할 수 없는 일들이 있다.

어떤 사람들은 환생을 믿지만, 어떤 사람들은 전혀 믿지 않는다.

그러한 믿음을 지지하는 종교들도 적지 않다.

그러나 저널리스트로서 나는 어떤 것에도 확답을 할 수 없다. 나로서는 판단할 수가 없다.

대부분의 종교와 치유자들이 윤회에 대해 동의하는 바가 있다면, 윤회의 목적이나 메시지가 이것을 믿는 사람들에게 아주 먼 옛날 자신이 공주나 왕이었던 것을 기억해내는 데에 있는 것이 아니라는 것이다. 그렇다고 지난 생의 피해자가 이번 생의 가해자가 되고, 가해자가 피해자가 되는 식의 피해자-가해자 믿음을 고수하도록 만드는 것이 윤회 이론의 목적도 아니다. '오, 내가 당신에게 이런 짓을 하는 건, 당신이 지난 생에 나한테 이렇게 했기 때문이야!'라고 생각하고 믿는 것은, 단편적인 사고의 결과물일 뿐이다.

그보다는 인과의 게임을 더 큰 맥락 안에서 이해해야 한다. 리더 박사가 말했듯이, 그것이 인간의 마음에 대한 더 심층적인 영역이다.

잠재의식, 전생, 윤회, 사후의 삶과 같은 주제는 수십 년 동안 우리 문화의 최전선에 자리하고 있었다. 당신은 무엇을 믿는가?

이것은 모두 헛소리에 불과할까? 터무니없는 소리일까? 그것이 아니라면, 혹시 사실인 걸까?

어느 날 친구와 이야기를 나누고 있을 때였다. 친구는 혹독한 인생을 통해 많은 깨달음을 얻은 사람이었다. 우리는 이 인생이라는 것을 도대체 어떻게 살면 좋을지, 그리고 왜 그렇게 살아야 하는지에 대해 이야기했다. 나는 자연스럽게 윤회를 화두에 올리며, 확실히는 잘 모르겠다고 말했다. "그렇지만 그건 보험과 비슷한 데가 많은 거 같아." 내가 말했다. "배워야 할 것을 제대로 배우지 못하면 다시 돌아가서 같은 경험을 반복해야 할 수도 있다는 것 말이야. 이게 사실일 가능성이 아주 희박하더라도, 어쨌든 나를 지금 이 시간에 온전히 머물도록 하고, 삶을 제대로 배우기 위해 최선을 다하도록 만들기엔 충분한 것 같아."

잠시 후, 친구가 물었다. "'삶을 제대로 배운다'는 게 무슨 뜻이야?"
내가 대답했다. "나도 완전히 확신할 수는 없어.
하지만 내 생각엔 가슴이 열린 삶을 의미하는 것 같아."

2
의문의 테이블

싱글대디인 돈은 딸이 독립해서 나가고 텅 빈 둥지에 자기 혼자 남아 있게 되자, 최근 인적이 드문 어느 한적한 작은 마을로 이사를 했다. 그는 그곳에서 새로운 사람들을 만났다. 인생이 좋은 방향으로 흘러가기 시작했다. 돈은 건축업자였고, 그가 만난 사람 중 한 명은 리모델링 업자였다. 그들은 친구가 되었고, 돈은 이사까지 하게 되었다. 일련의 우연과 선택이 계속되어 돈의 인생을 앞으로 나아가게끔 밀어붙이고 있었다.

돈은 그의 룸메이트가 신기하게 생긴 작은 노란색 테이블을 집으로 가져왔을 때 깜짝 놀랐다. "대체 어디서 난 거야?" 그가 물었다.

"골동품 가게에서 발견했어." 룸메이트가 설명했다. "저 자리에 놓아두기에 딱 좋을 거 같아서. 전화기도 올려놓고."

돈은 확실히 독특해 보이는 낡은 테이블의 상처와 얼룩을 가리키며 말했다. "저건 내가 차고에 기름통을 보관해 두었을 때 생긴 거랑 똑같아."

그런 다음 돈은 테이블이 지닌 특이한 점들에 대해 하나하나 주의 깊게 설명하기 시작했다. 그 테이블은 30여 년 전 자신이 소유했던 것이 분명했다. 돈과 그의 가족이 미국의 다른 지역으로 이사를 하면서 처분했던 바로 그 테이블이었던 것이다.

"뭔가 좀 이상한 것 같지 않아?" 돈이 물었다. "저 테이블이 빙빙 돌아 다시 나에게 온 것 말이야. 어떻게 저것이 결국 다시 나한테 돌아왔을까?"

우리는 삶의 아주 작고 사소한 것—우리가 징표, 표시, 안내 등, 뭐라고 부르든—에서 의미를 발견하곤 한다. 그럼으로써 우리는 보이지 않는 질서가 작용하고 있으며, 분명 우리의 삶은 신성한 계획에 따라 펼쳐지고 있다는 것을 확신하게 되는 것이다.

우리를 둘러싸고 있는 상황과 운명, 그리고 선택할 수 없는 것들을 고려하여 최선을 다해 선택을 하다 보면, 우리는 자신이 제대로 길을 가고 있는지 궁금해지기 쉽다. 나는 과연 내가 있어야 할 곳에 있는가? 내가 방황하고 있는 것인가? 내가 여기 있는 이유가 있는가? 여기가 아닌 어딘가 다른 곳에 있어야 하는 것은 아닌가?

특히 경제적인 부분이나 건강, 연애 문제와 관련해서 일이 잘못되고 무너지기 시작하면, 우리는 뭔가 자신이 잘못하고 있는 것은 아닌지 의심하게 된다. 대부분의 사람들은 일이 잘못되기 시작하면 그 과정에서 교훈을 찾는 것이 중요하다고 말하지만, 일이 잘못되고 있다는 것이 항상 우리가 잘못된 길을 가고 있다는 징표는 아니다.

물론 인생에서는 우리의 관심을 끌어서 뭔가를 지적해 보이기 위해 일어나는 일들도 있다. 그것은 우리 삶의 자연스러운 순환—우리가 몰랐거나 전혀 기대하지 않았던 순환—일 수 있다. 물론 아닐 수도 있다.

벽에 부딪혀서 앞으로 조금도 나아갈 수 없을 때, 그것은 대개 무언가 배울 것이 가까이 있다는 신호이며, 1부터 10까지 모든 것을 통제하려고 했거나 너무 빨리 지나와서 결코 보지 못하고 지나온 것이 있다는 것을 의미한다. 나는 보통 나의 완고함 때문에, 모든 것을 통제하려는 마음 때문에, 어려움이 있든 말든 그것을 밀어붙이는 성격 때문에, 그리고 모든 것이 실수라고 생각하는 버릇 때문에 벽에 부딪히곤 한다. 그리고 이런 것을 몇 번이고 경험하고 나서야 무언가를 배울 준비가 비로소 끝난다.

"무거운 신발을 신고 늪 속을 걷고 있는 것 같아." 나는 친구에게 말했다.

그러자 친구가 대답했다. "음, 어쩌면 네가 보아야 할 것을 놓치지 않도록 하기 위해 인생이 속도를 늦추고 있는지도 모르지."

당신은 당신이 제 길을 가고 있는지 아닌지 어떻게 판단할 수 있는가? 사람들은 저마다 자기만의 어떤 징표 같은 것을 가지고 있게 마련이다. 다른 사람들은 그것을 이상하다고 여길지 몰라도, 자기 자신에게는 큰 의미가 있는 그런 징표 말이다. 다른 사람의 말과 우리 자신의 내면에서 울리는 소리에 귀를 기울이고, 그것을 바탕으로 자기 자신을 신뢰하는 것은 멋진 선택일 수 있다.

신성한 계획이 있다고 믿는 것도 대개는 좋은 선택이 된다. 물론 인생길이 결코 평탄하지는 않다. 때로는 우리가 거듭 반복해서 배워야 하는 레슨도 있다. 그런 때는 상황을 통제하려고 애쓰기보다 그저 질문을 던져 보라. '나는 지금 무엇을 배우고 있는가?' 이런 질문을 우리는 살아가는 동안 여러 차례 제기하게 된다.

우리들 대부분은 최소 하루에 한 번 이상 어려운 결정을 내려야 하는 상황에 직면한다.

그러나 때로는 벽이라고 생각했던 것이 사실은 벽이 아닌 경우도 있다. 넘을 수 없는 벽처럼 여겨졌던 것을 넘고 나면 그 벽은 그저 우리가 가는 길에 넘어야 했던 장애물에 불과한 경우가 많다.

의심스러운가? 그렇다고 이리저리 추측하지 말라.
하늘을 향해 잠자코 묻기만 하라.

3
섭리가 하시는 일

코린 에드워즈는 시계를 보더니 어깨를 한 번 으쓱하고 첫 번째 인터뷰를 시작했다. 오늘의 초대 손님은 래리 도시였다. 그는 기도와 의학의 힘, 그리고 기도의 한 형태인 생각의 힘에 대해 글을 쓴 의사였다.

코린은 널리 알려진 TV 진행자이다. 그녀는 초대 손님과 진지하게 대화를 주고받는다. 인터뷰에 앞서 초대될 손님이 쓴 책을 미리 읽고, 함께 이야기를 나눌 각각의 주제에도 진심으로 관심을 갖고 탐구한다.

카메라맨이 멈춤 신호를 보냈다.

"다음 초대 손님이 아직 안 왔어요, 코린." 그가 말했다.

"문제없어요." 코린이 말했다. 그녀는 카메라맨이 모르는 사실을 알고 있었다. 그녀는 다음 손님이 반드시 나타날 것이라는 것을 알고 있었다.

나는 미네소타에서 열린 모금 행사에서 폐막 연설을 하기로 예정되어 있었다. 얼마전에 참여하기로 결정한 미니 투어의 일부였다. 내가 무대에 올라갈 시간이 가까워지고 있었다. 행사에서 모인 기금은 청소년들의 약물 중독 치료에 사용될 예정이었다. 그때 이미 나는 청소년들의 약물 중독 치료의 중요성과 필요성에 공감하고 있었지만, 대부분의 사람들은 기금을 이곳에 사용하는 것이 맞는지 의아해했다.

연설할 시간이 점점 더 가까워지는데, 갑자기 배가 아프기 시작했다. 그것도 아주 심하게! 나는 앉아 있기도 힘들었다. 땀이 나고, 구역질이 나고, 경련이 일어나고, 아주 많이 아팠다. 결국 자리에서 일어나 화장실로 가서 얼굴에 찬물을 끼얹었다. 정신을 가다듬고 내가 해야 할 일을 해야 했다.

다행히도 내 순서는 가장 끝이었고, 비중도 작았다. 대중 연설을 숱하게 해온 나는, 내게 주어진 시간은 어떻게든 채울 수 있다는 자신을 갖고 있었다. 아플 때에도 어찌어찌 잘 넘겨 왔다. 그럴 때면 나는 늘 기도했다. '하나님, 연설할 기회를 주셔서 감사합니다. 이런 기회가 없다면 저는 버틸 수가 없을 거예요.'

그날 밤 나는 11시쯤 호텔방으로 돌아왔다. 바이러스에 걸린 건지, 나쁜 음식을 먹은 건지, 이유는 알 수 없지만, 어쨌든 많이 아팠다. 정말 많이. 룸서비스로 차와 물을 주문하고 속을 진정시키려고 애썼다. TV쇼에 출연하기로 한 일정을 소화하려면 새벽 4시에는 일어나 시카고로 날아가야 했다. 컨디션을 회복하고 최소한의 숙면을 취하는 데 쓸 수 있는 시간은 고작 5시간이었다. 그러나 새벽 1시가 다 되었는데도 나는 여전히 깨어 있었다. 침대에 옆으로 쪼그리고 누운 채로 극심한 복통에 시달리면서.

'이제부터 내가 잘 수 있는 시간은 최대 세 시간이야.' 벽에 걸린 시계가 적이라도 되는 듯 뚫어지게 바라보며 생각했다. '아무래도

내일 TV쇼는 좀 힘들 거 같아.'

결국 나는 2시 15분 전에 일어나서 홍보 담당자에게 전화를 걸었다. "코린 에드워즈에게 전화 좀 걸어서 미안하다고 전해주세요. 너무 아파서 갈 수 없을 거 같아요."

두 시간밖에 자지 못할 뿐만 아니라, 지금 같은 상태로 시카고로 가는 것은 무리였다. 예약해 두었던 모닝콜 서비스도 취소했다. 잠이 들 수만 있다면 최대한 오래 자고 싶었고, 몸에도 휴식과 치유의 시간을 충분히 주고 싶었다. 2시에서 2시 30분 사이 정도, 나는 마침내 잠이 들었다.

잠에서 깨자마자 나는 얼마나 잤는지 궁금해서 시계를 보았다.

그런데 아직 새벽 4시밖에 되지 않았다! 내가 지금 뭘 하고 있는 거지? 나는 눈을 감고 돌아누워 다시 잠들기 위해 애썼다. 그러나 도저히 잠이 오지 않았다. 신음소리를 내뱉으며 이불을 머리끝까지 당겼다. 눈을 꼭 감았다. '아아아! 오케이. 이제 알겠다.' 나는 피곤에 절은 약해질 대로 약해진 몸을 일으켰다. '나는 할 수 없어. 할 수 없다고. 그리고 이미 취소했잖아.' 이렇게 생각하면서 동시에 나는 옷을 걸치고 지갑을 움켜쥐고 있었다.

도대체 내가 누구와 다퉜는지는 모르겠지만, 어쨌든 그 사람이 이겼다. 나는 도저히 할 수 없다고, 이미 TV쇼 일정은 취소했다고 볼멘소리를 하면서도, 어느새 호텔을 나와 공항으로 차를 몰고 가서는 시카고행 비행기를 타고 있었다.

나는 물에 젖은 솜처럼 축 늘어진 모습으로 스튜디오에 들어섰다. 메이크업 아티스트가 마법을 부렸다. '하나님, 이렇게 변장이 가능하게 해주셔서 감사합니다.' 거울을 보면서 마음속으로 속삭였다. 무대에 올랐을 때는 제법 사람다운 몰골을 하고 있었다.

코린과의 인터뷰가 진행되었다. 그녀는 『공동의존자 더 이상은 없다』에 대해 이야기하고 싶어 했다. 그 책이 출간된 지 15주년이 되는 날이었던 것이다. 나는 코린의 인터뷰를 좋아했다. 코린은 이미 그 책을 읽었으며, 그 책과 나에 대해 꽤 관심을 가지고 있었다. 무엇보다 그녀는 시청자들을 진심으로 배려하는 모습을 보였다.

인터뷰가 끝나고 코린은 피자와 콜라를 먹으러 가자고 나를 초대했다. 너무 고마웠지만, 거절했다. "제가 좀 아프고, 몸 상태가 영 별로예요. 어젯밤에 잠도 못 잤고요. 너무 아파서 사실은 오늘 여기에 올 수 있을 거라고는 생각도 못했어요." 내가 말했다. 그런 다음 나는 내게 일어났던 일에 대해 설명했다. "내가 여기에 올 수 있었다는 것이 나 자신도 너무 놀라워요."

"난 아니에요. 나는 꼭 오실 거라고 믿었어요." 그녀가 받아쳤다.

우리는 서로의 공통점에 대해 이야기를 나눴다. 그녀는 자신이 과부이고 『혼자 된 한 여인의 성찰 Reflections from a Woman Alone』이라는 책을 썼다고 말하며, 나에게 물었다. "저에게도 죽은 아들이 있다는 걸 알고 계셨나요?"

나는 전혀 몰랐다고 대답하고, 조의를 표했다. 코린은 "나는 당신을 내 쇼에 출연시키려고 5년 동안이나 공을 들였어요."라고 말했다. "그런데 당신의 홍보 담당자는 내가 전화할 때마다 멜로디가 더 이상 그런 일을 하지 않는다고 말하더군요. 그러다 당신이 이번 가을에 미디어 활동을 하고 계시다는 이야기를 들은 거예요. 너무 신이 나더라고요. 막상 어제는 뭔가 잘못된 것 같은 기이한 느낌을 받았지만 말이에요. 그래서 나는 하나님과 이미 세상을 떠난 내 아들에게 무슨 일이 있어도 당신을 여기에 데려다 달라고 간구했어요."

우리는 우리 삶에서 일어나는 사건들에 대해 저마다 자기 나름의 설명을 가지고 있다. 때로 그것은 다른 사람들에게는 잘 이해가 되지 않는 것일 수 있다. 그러나 우리 자신에게 의미가 있다면, 다른 사람들의 이해 여부는 그렇게까지 중요하지 않은 것 같다. 인생에는 우리가 눈으로 볼 수 있는 것보다 더 많은 것이 있다. 태양은 뜨거나 지는 것이 아니라는 것을 기억하라. 태양은 그 자리에 그냥 있지만, 뜨고 지는 것처럼 보이는 것은 지구가 자전을 하기 때문이라는 것을 기억하라.

진실은 우리가 볼 수 있든 없든, 믿든 안 믿든, 존재한다.

"그건 하나님의 뜻이야."

내 아들이 죽었을 때 사람들은 그렇게 말했다. 내 결혼 생활이 나빠져서 모든 꿈과 희망을 잃었을 때도 그들은 똑같이 말했다. "그건 하나님의 뜻이야." 형편이 나빠지고 우리가 괴로워하기 시작하면 사람들은 말하곤 한다. "그건 하나님의 뜻이야."

실제로 그럴 수도 있다. 하지만 모든 것이 하나님의 뜻이라고 하더라도 전혀 위로가 되지 않는 경우가 적지 않다. 정작 내가 하나님의 품에 절실하게 안기기를 원할 때면, 사람들은 힘주어 말하곤 한다. 하나님은 내가 느끼고 싶지 않았던 바로 그 감정을 내가 느끼기를 원하신다고. 내가 방금 잃어버린 것 역시 하나님께서 내가 잃어버리기를 원하셨던 거라고.

이런 말들을 통해 사람들이 정말로 하고 싶었던 말은, '내가 모르는 하나님 나름의 계획이 있다.'는 것이 아닐까? 지금 당장은 잘 풀리지 않을 수도 있지만, 고통을 이겨내면 상황은 좋아질 거라는 거다. 어렸을 때 나는 앞으로 일이 어떻게 진행될지 한두 가지 정도의 가능성만 볼 수 있었다. 그러나 나이가 들어갈수록 일이 풀려 나아가는 데에는 더 많은 가능성들이 있다는 것을 알았다. 어떤 일들은 내가 평생에 걸쳐 상상을 해도 전혀 비슷하지조차 않을 아주 놀라운 방식으로 펼쳐지기도 한다.

우리에게 주어진 길을 걷고, 우리의 삶을 사는 것은, 때로 큰 퍼즐을 맞추는 것과도 같다. 문제는 퍼즐의 전체 그림이 어떻게 생겼는지 모른다는 것, 게다가 퍼즐 조각들을 모두 다 갖고 있지 않은 경우가 많다는 것이다. 퍼즐 조각은 우리가 살아감에 따라 하나씩 하나씩 그때그때 주어지기도 하고, 몇 조각이 무리지어 주어지기도 한다.

나는 극도로 고통스러운 6개월을 보내고 이제 막 그 고통에서 벗어나 새로운 하루를 맞은 한 여성과 이야기를 나눈 적이 있다. 상황은 그녀가 희망하고 계획한 대로 진행되지 않았다. 그녀는 왜 그렇게 많은 일이 잘못되어 가고 있는지 궁금했다. 그러던 어느 순간, 퍼즐의 마지막 조각이 저절로 제자리를 찾았다. (때로는 그런 일이 일어난다.) 그녀는 비로소 모든 일이 어떻게 진행되는지를 알게 되었다. 모든 일이 너무나 잘 풀려나가고 있었다. 그녀가 직접 무언가를 나서서 했을 때보다 오히려 더 잘.

"당신은 신을 사랑하지 않나요? 신의 뜻을 존중하지 않나요?"

그녀가 물었다.

"아, 물론 사랑하지요." 내가 대답했다.

"하지만 어떤 일이 벌어지고 있는 동안에는 대개 그렇지 못해요."

제8장

빛을 향해 나아가기

아무 이유 없이 그냥 일어나는 일은 없다.
그리고 인생에는 눈으로 보이는 것보다 보이지 않는 것이 훨씬 더 많다.
이것이 바로 우리가 일어나는 모든 일의 이유를 다 볼 수 없는 이유이다.
그럼에도 불구하고, 황금률은 여전히 작동한다.

"그렇다면 우리가 올바른 선택을 하고 있는지는 어떻게 알 수 있나요?" 어느 날 한 여자가 나에게 물었다. "그리고 제대로 된 선택을 하지 않으면 어떻게 되나요?"

내가 대답했다. "올바른 길을 가고 있다면, 올바른 길을 가고 있다는 걸 알 수 있어요. 잘못된 선택을 했더라도, 결국 우리가 가야 할 길로 돌아올 거고요."

"아, 알겠어요. 모든 길은 집으로 통한다, 이거네요."

아마다가 게스트하우스를 운영하는 마을에 들어서자 마치 다시 집에 온 것 같은 기분이 들었다. 나는 주차장이 내려다보이는 테라스와 식사 공간으로 올라가면서 최대한 휘청이지 않으려고 애썼다. 라미를 걱정시키고 싶지 않았기 때문이다. 기분이 한결 나아지긴 했지만, 몸 상태는 여전히 좋다고 할 수 없었다. 나는 내가 매우 아팠다는 사실을 알고 있었다.

아주 조용한 순간이었다. 나를 본 사람 중 내가 무엇을 하고 있는지 아는 사람이 있을지 의심스러웠다. 나는 허공을 응시하면서 그냥 앉아 있는 것처럼 보였을 것이다. 그러나 실제로는 최선을 다해 하나님께 모든 것을 맡기는 기도를 드리고 있었다.

"당신의 뜻대로 이루어지소서."라고 진심으로 고백할 때면, 평화가 찾아온다. 그러나 나는 그때 내가 원하는 것이 무엇인지를 하나님께 명백히 밝혔다. 산으로 돌아가서 이 여행을 끝마치는 것.

나는 전에 들렀을 때 아마다의 게스트하우스에 만났던 여자를 다시 만나 이야기를 나눴다. 그 여자는 샌프란시스코 출신이었다. 그녀와 그녀의 일행은 카일라스에서 네팔로 돌아가는 길에 식사를 하려고 그곳에 들렀다고 한다. 나는 그녀에게 고산병이 있었느냐고 물었다.

그녀가 대답했다. "전혀요. 저는 다이아목스Diamox를 복용했어요."

만약 고산병 치료제인 다이아목스를 구할 수 있고, 그 약이 효과가 있다면, 나는 이 여행을 성공적으로 끝낼 수도 있을 것이다. 그러나 약을 구하지 못하거나 약을 구해서 먹더라도 효과가 없으면, 카일라스에 오르는 건 포기하고 관광을 하다가 집으로 돌아가야 할 것이다.

나는 한동안 테라스에 앉아 있었다. 그리고 아마다와 이야기를 나누기 위해 안으로 들어갔다.

"당신에게 옷을 좀 사고 싶은데요." 내가 말했다. (그녀의 딸이 통역을 해주었다.) "나는 거의 일주일 동안 등산복을 입고 있었어요. 그런데 이 지역에서는 등산복이 오히려 더 불편한 거 같아요. 특히 여자들에게는요."

게스트하우스 주변에는 화장실 시설이 거의 없었다. 티베트의 이런 상황에서 긴 치마는 꽤 실용적인 아이템이 아닐 수 없었다. 생존의 문제와 마찬가지인 화장실 문제를 한결 간단하게 만들어주기 때문이다. 나는 화장실 문제를 해결하기 위해 어디를 가든 은밀한 곳을 찾느라 걷고 또 걷는 것에 지칠 대로 지쳐 있었다.

아마다는 미소를 지으며 식당 뒤쪽에 있는 커다란 서랍장을 열었다. 몇 분 지나지 않아 나는 반짝이는 분홍색 블라우스와 긴 드레스를 입고 있었다.

때로는 별것 아닌 아주 작은 일일지라도 우리를 편안하게 만들고 스트레스를 해소할 수 있으면, 그것만으로도 감정에 큰 변화가 생기곤 한다.

나는 다시 테라스로 가서 무슨 일이 일어날지 기다렸다.

한 시간도 안 되어 카일라스산에서 네팔로 돌아가는 관광버스가 아마다의 집 앞에 정차했다. 나는 여행 가이드 겸 운전자 가까이에 다가가 말했다. "절 좀 도와주세요. 당신의 도움이 필요해요."

나는 샌프란시스코에서 온 여성이 말해주기 전부터 여행 책자에서 다이아목스에 대해 읽어서 알고 있었다. 복용 후에 특별한 부작용이 없고 약이 혈류로 흘러 들어가게 되면, 그 후에는 고도가 높아져도 고산병에 걸리지 않을 수 있었다. 그 외 다른 약들은 부작용이 있을 수 있었다. 예를 들어, 고도가 높아져도 전혀 도움이 되지 않는다든가, 약을 먹고 되레 아파버린다든가 하는 것처럼. 의사의 처방전 없이 약을 먹는 건 썩 내키지 않았지만, 여행 가이드 중에도 만일의 경우를 대비해 약을 가지고 다니는 사람이 있다는 것을 알고 있었다.

어쨌든 내 입장에서 지금은 긴급 상황이었다.

나는 여행 가이드와 잠시 물물교환을 한 후, 카일라스까지 가는 데 필요한 만큼의 다이아목스와 산소 한 상자를 구입했다.

만약 약이 효과가 있으면 천천히 카일라스 산행을 해도 괜찮을 것 같다고 라미를 설득할 참이었다. 나는 다이아목스를 아주 소량

복용했다. 효과가 있는 것 같았다.

나는 라미에게 몸이 좋아졌다며, 약이 계속해서 효과가 있으면 카일라스 여행을 마치고 싶다고 말했다. "오늘 밤은 여기서 일단 자면서 좀 쉴게요. 그리고 아침에 출발하면 될 것 같아요. 아주 천천히 가면 괜찮을 거예요. 그리고 강까지 가서 다시 상황을 보기로 해요. 거기서 하루 자 보고, 그래도 이상이 없다면 남은 일정도 계속할 수 있을 거예요. 만약 괜찮지 않으면 그때는 깨끗이 포기하고 돌아가지요. 그땐 패배를 인정해야죠, 뭐."

라미가 동의했다.

그가 말했다. "멜디드, 내 생각엔 카일라스가 당신이 방문하길 바라는 것 같아요. 카일라스로 돌아가는 것도 괜찮겠다는 생각이 드네요."

그날 밤, 잠들기 전에 아마다와 라미가 게스트하우스의 내 방으로 찾아왔다. 배불뚝이 난로에는 야크 똥이 활활 타고 있었다. 타는 냄새가 은은하게 방 안을 채웠다. 나는 집에 있는 것처럼 편안함을 느낄 수 있었다. 세상 어디에 있든 자기 집에 있는 것처럼 편안하게 느끼는 데에 필요한 것은 오직 안전과 사랑뿐이다. 그것을 자각할 때마다 나는 늘 새삼 놀라곤 한다.

그들은 자리에 앉더니, 물어볼 것이 있다고 말했다.

라미가 말했다. "한 승려가 티베트 동부에서 이곳으로 왔어요. 여기까지 오는 데 1년 이상이 걸렸다고 하더라고요. 그는 몇 달 동안 여기에 숨어서 적당한 사람이 나타나기를 기다리고 있었어요. 카일라스까지 순례하는 것이 그분 인생의 꿈이랍니다. 하지만 그가 여행하는 것은 매우 위험해요. 중국 정부는 그를 체포해서 감옥에 가둘 게 뻔하거든요.

혹시 그분을 트럭 뒤에 숨기고 가능한 한 멀리 데려다줄 수 있을까요?"

나는 알았다고 대답했다.

사람들은 곧잘 말한다. 어떤 일이든 그 일이 일어나는 이유가 다 있는 거라고, 그리고 다 잘 될 거라고. 그러나 나는 그 이유가 무엇인지 조금이라도 알아야만 이 말에 동의할 수 있다.

다음날 우리는 다시 강으로 향했고 스님은 안전하게 몸을 숨겼다. 국경 검문소에 도착하기 전, 우리는 차를 세우고 스님이 빠져나갈 수 있게 도왔다. 만약 그가 산 뒤쪽으로 서둘러 걷는다면 검문소를 통과해 다음 마을로 가고, 거기에서 다시 또 다른 차를 얻어 탈 수 있을 것이다. 그러면 주말까지는 카일라스에 도착할 수 있으리라.

그날 저녁, 우리는 다시 강에 캠프를 차렸다. 지난번 이곳에 왔을 때 얼마나 아프고 공포스러웠는지를 기억하자 다시 자러 가는 게 겁이 났다. 나는 침착해지려고 애썼다. 자리에 누워 눈을 감았다. 일어나 보니, 아침이었다.

컨디션이 좋았다.

아니, 아직 좋지는 않았다. 내 체력은 확실히 보통 이상으로는 회복되지 않은 것 같았다. 하지만 적어도 숨을 쉴 수는 있었다.

우리는 카일라스로 가기로 결정했다. 위험은 이미 예정되어 있었고, 우리 모두 그것을 알고 있었다. 지금 아프다면, 나는 이틀 후에나 도움을 받을 수 있을 것이다. 그러나 나는 어떻게 해서든 카일라스에 가고 싶었고, 그 의지를 꺾고 싶지 않았다.

그날 저녁 카일라스에 가까워졌을 때, 라미가 진지한 표정으로 나를 돌아보았다.

"멜디드, 결국 여기까지 왔네요. 이런 말을 해서 미안하고 마음이 아프지만 나는 당신이 산 주위를 도는 순례길을 걷도록 허락해 줄 수 없어요. 아주 힘든 길이에요. 많은 사람들이 그 순례를 하다가 죽습니다. 당신에게 무슨 일이 생기면, 우리 전부 다 위험해질 수 있어요."

갑자기 슬픔이 차올랐다. 나는 라미가 옳다는 것을 알았다. '그래도 카일라스산까지는 갈 수 있을 거야. 그건 내 꿈이니까.' 하고 나는 생각했다. 우리는 차로 한 시간 정도 더 이동했다. 산에 도착했고, 차가 멈췄다. 라미와 운전기사는 차의 카뷰레터를 손보기 위해 차에서 내렸다.

조가 나를 돌아보면서 말했다. "나도 할 말이 있어. 그리고 내가 말하려는 내용이 나에게도 낯설어. 왜 이런 일이 일어났는지 정확히 말할 수도 없고 그런데 지금 한 시간 동안 너무 강하게 뭔가가 느껴졌어. 이건 다 진짜야. 너는 내가 특별히 영적인 사람은 아니라는 걸 잘 알 거야. 그보다는 등산가이고 캠핑가라고 할 수 있지." 그는 값비싸고 트렌디한 시계를 차고 있는 손목을 내밀어 보였다. "그리고 나는 여피족이기도 하지."

조는 말을 멈추고 나를 바라보았다.

"그러니까 요점이 뭔데?" 마침내 내가 물었다.

"우리가 이번 여행을 함께 하기로 한 이유가 카일라스 주변을 순례하기로 했기 때문이잖아. 나는 사실 카르마의 춤 같은 것에 대해서는 잘 몰라. 그리고 전생에 대한 믿음 같은 것도 없어. 물론 전생이라는 것이 진짜 있을 수도 있겠지. 그렇지 않을 수도 있고. 그런데 웬지

나는 너에게 다른 생에서 빚을 졌던 것 같은 생각이 들어. 아니면, 카르마가 다른 방식으로 작동하는 것이거나. 왜 유니버설 은행 같은 것 말이야. 어쨌든 누가 누구에게 무엇을 빚지고 있는가 하는 것은 중요하지 않은 것 같아. 네가 받을 게 있다면, 받게 되는 것일 뿐이지. 섭리의 작용에 의해서 우주는, 너에게 돈을 지불할 수 있도록 그 사람을 너의 인생에 배치해 놓을 거야. 그러니까 우리가 저 산에 도착하면, 나는 네가 그 산에, 너의 인생에, 그리고 내가 산 주위를 도는 동안 네가 받고 싶은 축복에만 집중해 주면 좋겠어. 그리고 그 순례로부터 내가 받을 수 있는 모든 좋은 것들은 전부 너한테 바치고 싶어."

헉, 하고 나는 울기 시작했다. 아주 잠깐, 조도 운 것 같았다. 그러나 정확히 그가 울었다고 말하기는 어려웠다. 그는 그런 사람이었다.

나는 말도 안 된다고 항의하기 시작했지만, 조는 굽히지 않았다.

이런 일은 정말 내가 계획했던 게 아니었다. 그런데 이상하게도 기분이 정말 좋았다.

조가 카일라스산 주위를 순례하는 데에는 이틀이 걸렸다. 그는 최신 유행하는 등산화와 캠핑 장비 등 온갖 것을 다 갖추고 그 산을 돌았다.

트럭을 운전하던 두 남자는 우리가 조를 기다리며 그곳에 머물기로 결정하자, 자신들도 산을 일주하기로 결정했다. 라미는 아주 좋은 생각이라며 적극 찬성했다. 그렇게 하는 것이 그들의 영혼을 위해서도 좋을 것이라면서. 그들은 하루 만에 산에서 돌아왔다.

돌아왔을 때, 그들은 웃고 있었다. 그리고 자신들의 발을 가리켜 보였다. 우리는 아래를 내려다봤다. 그들은 위험한 길을 침실용 슬리퍼 같은 것을 신고 걸었던 것이다. 슬리퍼 바닥에는 구멍까지 나 있었다.

“너무 좋았어요.” 그들이 말했다. “그런데 이제 새 신발이 필요하게 되었네요.”

카일라스의 교훈은 분명했다. 많은 전문가, 스승, 종교들은 이렇게 말한다. ‘결국에는 모든 것이 다 괜찮아진다. 만약 그렇지 않다면, 그것은 아직은 끝난 것이 아니다.’

라싸로 돌아가는 길에 내가 라미에게 물었다. “집에 돌아간 후 영적 성장을 위해 내가 할 수 있는 가장 중요한 일은 무엇일까요?”

라미가 대답했다. “멜디드, 만약 누군가가 하루에 5~10분만 기도하고 명상할 수 있다면 그 사람의 삶은 바뀔 거예요. 그리고 기도할 때, 어차피 못 받을 거라 생각하면서 이것저것 달라고 겁내면서 말하지 마세요. 중요한 건, 당신이 요청한 것을 받을 거라고 믿는 마음이에요. 아주 조금이라도 믿는 것이 중요해요.”

나는 라미의 대답에 낄낄거리며 웃었다. 나는 내가 받을 수 있는 모든 마법과 신비, 지혜를 기대하며 티베트에 왔다. 그리고 그는 오랫동안 ‘12단계 프로그램’이 사람들에게 전하고자 했던 메시지를 지금 내 앞에서 똑같이 말하고 있다. 매일 조금씩 명상하고 기도하라는 것 말이다.

나비효과를 기억하는가? 나비가 날개를 퍼덕거리는 하나의 작은 선택이 천국이나 지옥으로 가는 관문이 될 수도 있다는 것. 이번 장에서는 어떻게 우리 자신의 나비를 날갯짓하게 할 수 있는지에 관한 몇 가지 이야기를 살펴볼 것이다. 그 비밀은, 삶에서 일어나는 모든 일에는 저마다 다 그 일이 일어나는 이유가 있다고 믿는 데에 있다. 아무 이유 없이 그냥 일어나는 일은 없다. 그리고 인생에는 눈으로 보이는 것보다 보이지 않는 것이 훨씬 더 많다. 이것이 바로 우리가 일어나는 모든 일의 이유를 다 볼 수 없는 이유이다.

그럼에도 불구하고, 황금률은 여전히 작동한다.

1
희망을 다 써버린 남자

그는 여기저기 진gin 술병이 숨겨져 있는 부엌에 앉아 있었다. 대부분의 알코올 중독자들이 그렇듯, 그가 술을 마시는 데에는 그냥 술이 거기 있었다는 것 이외에 다른 이유가 없었다. 그는 그 자신과 자신의 인생을 가리켜 젖은 모래 속에 가라앉는 것 같다고 표현하곤 했다. 그는 스스로 멈출 수가 없었다.

그날은 한 친구가 찾아왔다.

친구는 그에게 술을 끊는 방법에 대해 이야기했다. 그 친구가 제안한 행동 프로그램은 비교적 간단했지만 결코 쉽지만은 않아 보였다. 그러기 위해서는 자신이 저지른 잘못을 바로잡고 반성해야 했으며, 자기 이익만을 추구하는 방식을 포기하고 다른 사람을 더 배려해야 했다. 또, 겸손하게 신께 인도를 구해야 했으며, 무언가 의심스러울 때는 조용히 앉아서 응답이 올 때까지 기다려야 했다.

그는 신을 다시 만나야 했다.

빌 윌슨은 다른 사람과, 그리고 자기 자신과 올바른 관계를 맺는 것이 중요하다는 것까지는 이해할 수 있었다. 그런데 신이라고? 그는 보편적인 수준에서는 신을 믿었다. 그러나 전쟁과 배반이 끊임없이 이어지는 세상을 볼 때면 세상과 자신의 삶을 지배하는 것은 오히려 악이라고 생각했다. 인격적인 신의 개념은 너무 낯설었다.

빌의 친구는 빌이 신을 자기 식으로만 생각하고 있다고 말했다.

그날, 빌과 빌의 인생이 바뀌었다. 세상도 바뀌었다. 바로 그날이 익명의 알코올 중독자 모임이 시작된 날이었던 것이다. 빌 윌슨은 수천 명의 삶이 이러한 삶의 방식에 의해 약간의 영향 정도는 받을 수 있을 거라고 생각했다. 하지만 그는 틀렸다. 알코올 중독자 모임은 모든 희망을 잃은 수천 명이 아니라 수백만 명의 사람들을 구했다. 더구나, 그때까지 빌이 겪었던 모든 비극적인 이야기—빌을 알코올 중독자로 만든 모든 사건들—가 유용하게 사용되었다.

빌이 한 행동 중에서 가장 중요한 것은, 기도를 통해 신을 다시 알게 된 것이었다. 그로 인해 그는 자신이 '존재의 4차원'이라고 부르는 영적 영역으로 들어가게 되었다. 그는 자기가 자신을 위해 스스로 할 수 없는 일을 '그 자신보다 더 큰 힘'이 대신해 줄 수 있다는 것을 배웠다.

물론, 기도의 유익함을 알기 위해 구태여 절망에 빠진 알코올 중독자가 될 필요는 없다. 기도는 '상황'을 바꾸지 않는다. 기도는 '우리'를 변화시킨다.

누군가에게 전화를 걸어 그 사람이 집에 없거나 전화를 받지 않을 것을 예상하며 음성 메시지를 남기려는 계획을 세워본 적이 있는가? 하나님께 처음으로 진심을 다해 이야기를 했을 때의 내 심정이 그랬다.

나는 어렸을 때부터 하나님과 기도에 노출되어 있었다. 어렸을 때부터 교회에 다녔고, 고등학교 시절에는 종교 아카데미에 나가기도 했다. 그러나 열두 살이 되었을 때, 만약 신이 진짜 계시다면 아마 나에게는 관심이 없을 거라고 생각하기 시작했다. 그리고 그때까지 내 인생에서 말도 안 되게 끔찍한 일들이 일어났던 것만큼, 앞으로도 어떻게든 모든 일을 혼자서 잘 처리할 수 있을 것이라고 믿었다.

1973년, 약물 중독 치료를 받게 되었을 때 나는, 주변 사람들은 이미 다 알고 있는 사실, 그러니까 약물에 중독되면 스스로 통제하고 중단할 수 없다는 사실을 직접 경험하고 잔뜩 겁에 질려 있었다. 나는 징역을 살거나, 아니면 언제 끝날지 모르는 치료를 받거나, 둘 중 하나를 선택해야 하는 상황에 직면했다. '얼마가 걸리든 필요한 만큼의 치료'라는 것은, 나에게 형을 선고한 지방법원 판사가 직접 사용한 표현이었다.

나는 이미 치료를 받기 위해 오랜 시간—몇 달—을 보낸 상황이었고, 하나님께 다시 이야기를 하기로 결정한 그날도 마찬가지로 약에 취해 치료를 받고 있는 중이었다. "신이시여, 당신이 진짜로 있는지 아닌지 모르겠어요. 그리고 제 치료에 도움이 되는 프로그램이 있는지도 모르겠어요. 하지만 만약 당신이 진짜 계시다면, 그리고 그런 프로그램이 정말로 있다면, 제발 저를 좀 도와주세요." 내가 말했다.

그게 전부였다. 아주 간단한 기도였다.

나는 그분께서 내 기도를 들으셨을지 의심하며 천장을 올려다보았다.

그로부터 며칠 지나지 않아 여전히 취한 상태로 병원 마당에 앉아 있을 때였다. 내 인생에 혁명을 일으키고도 남을, 충격적일 만큼 놀라운 정신적 변화가 시작됐다. 나는 마리화나를 조금 하고 구름이 흘러가는 것이나 보려고 잔디밭에 벌렁 드러누웠다. 정작 구름은 보이지 않고 하늘은 온통 보랏빛이었다. 그리고 바로 그 순간, 나는 내가 계속 취해 있을 권리가 없다는 것을 너무나 분명히 알게 되었다.

나는 마리화나를 한 모금 더 하고는 병원으로 돌아갔다. 그리고 약에 취하기 위해 바쳤던 모든 노력을 다해 프로그램에 열심히 참여하기 시작했다.

'내가 나를 망치는 데에 들였던 에너지의 절반만 들여서 옳은 일을 하면, 아마 이 세상에서 내가 할 수 없는 일은 거의 없을 거야.' 그런 생각이 들었다.

나는 여러 해 동안 그때 그 경험에 대해 어느 누구에게도 말하지 않았다. '나는 이미 치료를 위해 병원에 무기한으로 나를 맡겨 왔다. 만약 내가 하늘이 보라색으로 변했고 신을 봤다고 말한다면, 아마 나는 절대 나가지 못할 거야.' 하고 생각했다.

나는 신께 전화를 걸면서도 그분이 전화를 받으실 거라고는 전혀 기대하지 않았다.

그날, 신이 갑자기 실재하게 된 것은 아니다. 그저 그분의 존재가 나에게 살아 있는 것이 되었을 뿐이다.

"하루는 낚시를 하고 있었어요. 정말 바보 같았죠." 한 여자가 나에게 말했다. "하지만 그건 분명 나한테 많은 의미가 있었어요. 물에 낚싯줄을 던져 놓고 신께 당신이 정말 계시다면 내가 물고기를 잡을 수 있도록 도와달라고 요청했거든요. 그리고 그 요청이 이루어졌어요. 내 생애에서 가장 큰 물고기를 잡았던 거죠. 그런데 제가 잡은 건 물고기만이 아니었어요. …신과 개인적인 관계를 맺기 시작했거든요."

우리는 우리가 가진 종교에서 권장하는 기도 방식을 사용하여 보다 형식을 갖춘 상태로 신께 이야기할 수 있다. 우리는 아침 시간에, 저녁 시간에, 혹은 하루 종일 기도할 수도 있다. 어떤 사람들은 우리가 품는 생각과 의도가 기도와 같다고 믿기도 한다.

우리는 기도 일기를 쓸 수 있고, 파일로 작성하여 컴퓨터에 보관할 수도 있다. 그리고 이렇게 하는 것은 내게 특히 도움이 되었다. 나는 글을 쓰는 것을 좋아한다. 쓰여진 글에는 힘이 있다. 뭔가를 쓰다 보면 그게 더 현실적으로 다가오는 것을 느낀다. 또, 예전에 했던 기도를 되돌아보고 그것이 어떻게 응답되었는지 확인할 수도 있다. 응답받은 기도에 대해서 일기를 쓰는 것은 어려운 시기를 지나가는 중에도 신앙을 갖도록 도움을 준다.

물론, 형식에 구애받지 않고 하루 종일 신과 자유롭게 이야기할 수도 있다. 하늘을 향해 마구 질문을 쏘아 올릴 수도 있다. 또, 큰 소리로 기도할 수도 있고, 조용히 기도할 수도 있다.

모든 종교가 그런 것은 아니지만, 대부분의 종교에 공통적인 기도의 구성 요소가 있다. 잘못에 대해 고백하고, 용서와 죄사함을 요청하고, 그간 기도에 대해 받은 응답과 축복을 시인하며, 찬양(일반적으로 감사)하고, 또 구체적인 문제들을 포함해 앞으로의 인생도 인도해 주실 것을 간구하고, 다른 사람들에 대해서도 축복하는 것이다.

나는 일반적으로 신께 이야기하는 것을 좋아한다. 내가 느끼는 것, 내가 생각하는 것, 그리고 내가 현재 어디에 있는지에 대해, 그냥 수다를 떨듯이 주절거리는 것이다.

때로 우리가 할 수 있는 가장 강력한 기도는, 간단하게 '당신의 뜻대로 이루어지소서.'라고 고백하는 것이다.

하루는 친구가 이런 말을 했다. "너는 마치 사람들과 관계를 맺듯이, 신과의 관계에도 열심을 부리는 것 같아." 아마도 그럴 것이다. 나는 내 삶의 어떤 시점에서든 신과 함께 기뻐하고, 분노했으며, 신을 향해 만족과 충성심을 표현했다. 때론 신께 분개하기도 하고, 신 앞에서 겸손해지기도 했으며, 영원히 감사했다. 그리고 때로는 위의 모든 일이 같은 날에 이루어지기도 했다.

어쨌든, 다른 사람들을 축복해 달라고 간구하는 동안, 잠시 짬을 내어 우리에게도 축복을 달라고 이야기해 본다고 해서 안 될 것이 무엇이겠는가?

기도는 선택이다.

신께서 전화를 받으시더라도 너무 놀라지 마시길.

2
고요의 힘

리사는 가늘게 눈을 뜨고 바닥에 방석을 깔고 앉아 있었다. 그녀는 몸을 흔들었다. 몸부림을 치기도 했다. 허리가 아팠다. 그녀는 자신의 소울메이트를 언제 만날 수 있는지 궁금했다. 지불해야 할 만큼 충분한 돈이 있는지 걱정이 되기도 했다. 슬쩍 눈을 뜨고 훔쳐보았다.

체구가 작은 행복한 수녀가 리사에게 명상하는 법을 가르쳐 주기로 되어 있었다.

그 수녀는 한창 명상 중이었다. 무아지경에 빠진 듯 보였다.

리사는 다시 눈을 감았다. 마음에 떠오르는 생각을 모두 지우려고 애썼지만, 생각은 계속해서 꼬리를 물고 이어졌다.

"좋아요." 마침내 더 이상 앉아 있을 수 없게 리사가 입을 열었다. "저는 끝났어요. 시간이 얼마나 지났죠?"

수녀가 눈을 뜨고 대답했다. "7분 남았어요."

구약의 시편에는 "고요히 하고, 내가 하나님임을 알지어다."라는 구절이 나온다. 우리 중 많은 사람들은 신을 인정하고 받아들이는 데에 아무런 문제도 느끼지 않는다. 어려운 것은 마음을 '고요히 하는' 것이다.

날마다 명상 관련 책을 읽어라. 요가 수업에도 참여하라. 욕조에 몸을 담그고 휴식을 취하라. 산책하라. 누가 되었든 개인적인 관계를 발전시키기 위해 필요한 것은 말하기와 듣기, 바로 이 두 가지이다.

마음을 고요히 하지 않으면 결코 들을 수 없다.

쉿.

고요히 있어라. 스스로 생각 속을 헤매기보다는 미덕이나 더 높은 이상, 평화, 혹은 당신에게 평화를 가져다주는 것 등에 대해 생각을 집중해 보라.

혹은, 비어 있는 고요한 여백을 남겨두라. 그리고 신께 그것을 채워달라고 간구하라.

7분 동안 가만히 앉아 있기가 어려운가? 그렇다면, 그보다 더 적게 앉아 있어도 괜찮다.

하루 5분만 명상을 하면 인생이 바뀔 수 있다.

3
기회의 문이 열릴 때

마이클 보딘은 어렸을 때부터 재능이 있었다. 그는 다른 사람들이 볼 수 없는 것을 보고, 들을 수 없는 것을 들을 수 있었다. 다른 세계와 소통할 수 있는 능력을 가진 것이다. 한 여자가 그를 찾아왔다. 그녀는 자신이 마이클 보딘과 같은 유형의 사람이라고는 생각하지 않았다. 그녀는 크리스찬이었고, 심령술 같은 것에는 회의적이었다. 그러나 그녀는 더 이상 목숨을 부지할 수 없는 상황이었고, 몇 가지 대답을 듣고 싶었다. 지금 그녀에게는 그 대답이 간절했다.

그녀의 질문은 마이클 보딘을 만나러 오는 사람들 대부분이 가지고 오는 전형적인 것에서 벗어나지 않았다. 사람들은 사랑, 돈, 자녀, 직업, 건강, 그리고 성에 대해 알고 싶어 한다.

“제 인생이 언제 바뀔까요?” 그녀가 물었다.

마이클 보딘은 자기에게만 들리는 소리에 조용히 귀를 기울였다.

“변화할 수 있는 기회는 있습니다.” 그가 대답했다. “꽤 오래전부터 그랬습니다. 하지만 당신이 그것을 선택하기 전까지는, 어떤 것도 변하지 않을 겁니다.”

"어떤 기회를 잡아야 하는지 어떻게 알 수 있나요? 무엇을 추구해야 하죠?" 그녀가 다시 물었다.

그는 그녀가 이미 놓친 몇 가지 기회를 지적했다. 그리고 앞으로 다가올 기회에 대해 구체적인 것을 몇 가지 말해주었다.

"대부분의 사람들은 자기 자신이 아닌 다른 누군가나 외부 상황이 변화되기를 원할 때 나를 만나러 와요." 그가 말했다. "그런데 문제는 타이밍인 경우가 많아요. 사람들이 세상에서 가장 듣고 싶어 하지 않는 말은, 변화를 원한다면 그동안 자기 자신이 해오던 것과는 다른 선택을 하라는 것입니다. …나를 찾아오는 사람들의 삶을 들여다보면, 여러 기회들이 널려 있는 것이 보여요. 가장 안타까운 건, 주어진 많은 기회를 놓친다는 겁니다. 인생은 사람들이 가는 길을 방해하지 않아요. 진짜 그들을 방해하는 건, 자기 자신의 직관에 전혀 귀 기울이지 않은 채로 선택하고 있는 그들 자신이에요."

사람들은 이를 직관이나 육감이라고 할 것이다. 인생에는 두 가지 종류의 느낌이 있다. 하나는 실제로 우리가 느끼는 감정에 대한 감각이고, 다른 하나는 뚜렷한 이유나 근거 없이 고요한 소리로 다가오는 느낌이다.

일자리가 도저히 구해지지 않았을 때, 나는 두려움과 절망에 빠졌고 우울했다. 하지만 직관과 육감이 내가 어디로 가야 하는지 나를 이끌어 주었다.

아들 셰인이 죽었을 때, 나는 충격과 깊은 슬픔에 휩싸였고 정신을 차리지 못했다. 슬픔이 이성을 짓누르고 있어 도대체 무엇을 해야 할지 제대로 생각할 수가 없었다. 그러나 매일매일 주어진 그 고통의 순간을 헤쳐나가는 방법에 대해 일러주는 고요한 소리가 있었다.

두 가지 느낌 모두 중요하다. 먼저, 감정적인 것을 충분히 느끼고 풀어내야 한다. 그래야 고요한 소리를 들을 수 있다. 결국 우리의 길을 실제적으로 안내해 주는 것은 '고요한 소리'이다.

자기돌봄은 정적인 과학이 아니다.

그것은 끊임없이 진화하는 예술이다.

우리 자신을 돌보기 위한 한 가지 규칙이 있다면,
그것은 바로 자기 자신을 신뢰하는 법을 배울 때까지
고투하라는 것이다.

4
무집착을 배운 여자

그녀의 남편은 죽도록 술을 마셨고, 가족과 재정, 사랑을 파괴했다. 그리고 그녀는 그것을 지켜보았다.

"네가 그 사람에 대해 할 수 있는 건 아무것도 없어." 그녀의 가장 친한 친구가 말했다. "하지만 너 자신은 바꿀 수 있잖아."

일레인이 처음으로 '집착하지 말고 내려놓아야 한다'는 말을 들었을 때, 그녀는 '일생에 한두 번 정도 그래야 할 일이 생길까?'라고 생각했다. 하지만 그것은 시간이 지날수록 이해하기 어려운 개념이 되었다. 사람과 장소는 물론 어떤 것에도 집착하지 않으면서 사람을 사랑하고 돌보고 삶에 깊숙이 참여하는 방법이라니!

"처음에는 남편이 문제라고 생각해서 그 사람만 놔주면 문제가 끝난다고 생각했어요. 그리고 20년이 흘렀죠. 그때의 배움은 아주 깊게 새겨졌어요. 나는 그를 놓아줘야만 했지요. 아이들이 자라서 집을 떠났고, 그러는 동안에도 '내려놓는' 문제는 계속 생기더라고요. 저는 아이들도 자유롭게 떠나가도록 놓아주어야 했어요. …서서히 '놓아주어야 한다'는 그 메시지가 제 삶 속에 스며들기 시작하더군요.

놓아주는 건 한두 번 하고 끝나는 일이 아니었던 거죠. 알코올 중독이었던 남편은 결국 내가 무집착을 삶의 방식으로 받아들이는 계기가 된 셈이에요."

그녀는 나에게 말했다. "당신은 그 사람이 술을 끊게 만들 수 없어요, 멜로디. 하지만 당신은 알아논에 가는 것을 선택할 수는 있답니다. …스스로 해결할 수 없는 문제는, 그게 무엇이든 그냥 할 수 없는 거예요. 하지만 영화를 보러 갈 수는 있죠. 당신 자신을 기분 좋게 만드는 일을 해보세요. 무엇이든지."

가끔 나는 뼈다귀를 입에 물고 절대 놓지 않는 강아지처럼 고집스러워질 때가 있다. 내가 할 수 없다는 것이 너무나 분명한 일인데도 온통 거기에만 매달려서 스스로 지쳐 나가떨어질 때까지 물고 놓지 않는 것이다. 내려놓는다는 것은 불가능한 일을 하려고 애쓰는 대신, 할 수 있는 일로 초점을 옮기는 것을 의미하기도 한다. 그런다고 문제가 해결되는 것은 아닐 수 있지만, 상황이 어떻게 진행되는지 지켜보면서 기다리는 여유를 갖는 데는 확실히 도움이 된다.

때로는 우리가 하는 아주 작은 일들이 큰 의미를 갖기도 한다.

"아버지가 돌아가시기 전 몇 해 동안은 아버지를 찾아 뵙곤 했어요. 아버지는 혼자 살고 계셨는데, 새삼 그게 너무 안됐더라고요." 한 여성이 내게 말했다. "'아버지, 외롭지 않으세요?' 그렇게 묻곤 했죠. 그러면 아버지는 '얘야, 나는 세상과 너무 친하게 지내고 있어. 외로울 틈이 없어.'라고 대답하곤 했지요."

무집착은 우리가 상관하지 않는다는 것을 의미하는 것이 아니다.
누군가와 헤어질 때만 집착하지 말아야 하는 것도 아니다.
무집착은 우리의 모든 관계를 향상시킬 수 있는 삶의 한 방식이다.
사람이든, 장소든, 사물이든, 우리가
지나치게 집착하는 것을 멈췄을 때,
우리는 우리가 놓아준 것보다 훨씬 더 많은 것을
돌려받는다는 것을 깨닫게 된다.

5
마침내 황금 항아리를 찾아낸 남자

"이 돈을 좀 가져가거라. 내가 가진 돈의 딱 절반이야. 이 돈을 가지고 가서, 흑마술을 배워라. 그래서 우리한테 이런 짓을 한 사람들에게 복수를 해줘." 한 여자가 아들에게 말했다. "네가 엄마 말대로 하지 않으면 엄마는 자살할 거야. 이제 엄마가 살고 죽는 것은 네 손에 달렸다."

그녀의 남편이 세상을 뜨자 남편의 형은 그녀의 몫인 상속 재산을 모두 차지했다. 그러고는 그녀와 그녀의 두 자녀를 마치 노예처럼 부려먹었다. 그녀는 분노했다. 머리꼭지가 돌아버릴 정도로.

1천 년 전, 티베트에서 살던 한 여자와 그녀의 열다섯 살 난 아들 밀라레파의 이야기이다. 그때 이후로 우리가 사는 세상은 많은 것들이 변했다. 그러나 고통, 잔인함, 상실, 실망, 증오, 복수, 배신으로 점철되곤 하는 인생과 그런 가운데에서도 인생의 의미를 찾으려는 인간의 노력은 크게 변한 것이 없다.

사람들은 여전히 자신의 삶을 통제하고 싶어 한다. 돈을 투자해서 문제를 해결하든, 약을 먹든, 무감각해지든, 뒤로 물러서든, 복수할 길을 찾든, 포기하든, 더 열심히 노력하든, 조종하려고 하든, 마술을 배우든, 자신의 인생을 자신이 통제하고 있다는 느낌 속에서 살고 싶어 한다. 우리는 우리를 행복하게 해줄 것이라고 생각하는 것을 원한다. 우리는 우리가 빼앗겼다고 여기는 힘을 되찾고 싶어 하고, 우리에게 허용되지 않은 것을 원한다.

우리는 고통을 느끼고 싶어 하지는 않는다.

유산을 빼앗긴 청년 밀라레파는 어머니가 요구한 대로 행했다. 그는 흑마술(다른 형태의 통제 기술)을 배웠다. 그리고 그는 주문을 걸어 삼촌의 가족과 그의 친구들 35명을 죽이는 데에 성공한다. 전갈인지 뱀인지가 결혼식에 나타나 식장 기둥을 무너뜨리기도 한다. 식장이 무너지자 삼촌과 그의 아내(숙모)를 제외한 모든 손님이 사망한다. 밀라레파는 삼촌 부부가 살아남아 자신이 복수했다는 사실을 알기를 원했다. 그들 또한 자신이나 어머니와 똑같이 고통을 당하기를 바랐던 것이다.

밀라레파는 자신이 얼마나 강해졌는지를 삼촌에게 보여주기 위해 또 다른 주문을 건다. 삼촌이 사는 마을에 우박을 내리게 하여 농작물이 큰 피해를 입게 되자, 마을 사람들은 엄청난 두려움에 사로잡힌다. 그제야 삼촌과 마을 사람들은 밀라레파가 한 짓임을 알아차린다.

이것으로 전쟁은 막을 내린다. 결국 밀라레파와 그의 어머니가 승리한 것이다.

복수와 승리는 늘 그렇듯 아주 달콤하다. 하지만 그런 달콤함은 오래 지속되지 못하여, 인생이 다시 뒤틀리곤 한다. 밀라레파는 자신이 정말로 무슨 짓을 했는지 깨닫고는 인생의 방향을 틀기 시작한다.

배신, 상실, 불의라는 주제가 시대를 초월해 영원히 존재하듯이, 당시에도 지금과 마찬가지로 그런 것들과 반대되는 개념들 역시 존재했다. '세상에 공짜는 없다. 자신이 대접받고 싶은 대로 남을 대접하라. 네 이웃을 너 자신처럼 사랑하라. 당신이 한 일들은 돌고 돌아 당신에게 다시 돌아올 것이다.' 여기에 대해 제이 캘리포니아 쿠퍼 J. California Cooper는 『미래는 과거 속에 있다 The Future Has a Past』에서 "자신이 행한 것보다 더욱 더 확대 증폭되어 돌아온다."고 썼다.

밀라레파는 많은 사람을 죽였다. 그는 많은 사람들에게서 생업과 사랑하는 사람, 음식, 희망을 빼앗았다. 그로써 그의 운명은 정해진 셈이었다. 운명의 도장이 찍히고 봉인되어 곧 실행될 예정이었다. 그는 도장 찍힌 그 운명 감정서를 볼 수 있었다. 그는 마술사였으니까. 지상의 법칙은 그를 붙잡을 수는 없겠지만, 그는 결국 인과의 위대한 법칙인 카르마가 그를 붙잡고 말 것임을 이미 알고 있었다.

이제 밀라레파는 자기 자신과 가족이 당한 일이 아니라, 자신이 다른 사람들에게 행한 일들을 돌아보고는 너무나 끔찍하여 정신이 혼미해질 지경이었다. 그는 스승을 찾기 시작했다. 자신의 삶을 변화시키고, 자신이 한 잘못과 다른 사람들에게 입힌 피해를 바로잡아 줄 누군가를, 자신을 더 좋은 길로 나아갈 수 있도록 도와줄 누군가를 찾아 나섰다. 밀라레파에게 흑마술을 가르쳐주었던 밀라레파의 전 스승도 밀라레파가 저지른 일들에 크게 절망한 것을 계기로 흑마술을 가르치는 일을 그만두고 더 나은 길을 찾기로 결정한다. 밀라레파는 자신의 진정한 스승이 되어 줄 라마승 마르파를 만난다. 마르파는 당시 고승 중의 고승이었다. '자비의 화신'으로 불리던 마르파는 밀라레파에게 혹독한 고행을 시킨다.

마르파는 밀라레파의 스승이 되는 것에 동의했지만, 그것은 어디까지나 자신이 제시한 시험을 통과한 후의 일이었다. 밀라레파는 스승의 명에 따라 탑을 쌓았다가 부수는 일을 반복해야 했다. 바위를 부수고 돌들을 운반하여 탑을 쌓고 나면, 마르파는 지금까지 지은 것을 모두 허물고 바위와 돌을 원래 있던 곳으로 가져다 놓으라고 말했다. 밀라레파는 돌을 져 나르다가 등창이 터지고 터져서 판자보다 더 딱딱해지지만, 스승의 명을 그대로 따른다. 고된 노동 끝에 탑을 쌓고 다시 허물고, 다시 또 쌓는 과정이 계속된다.

밀라레파는 점점 허약해지고 말라간다. 고된 노동으로 몸은 상처투성이가 된다. 그는 비참한 절망으로 빠져들었다. 하지만 마르파는 아직 그에게 어느 것 한 가지도 가르쳐주지 않았다.

마침내 밀라레파는 포기를 선언한다. 그는 마르파를 떠나 다른 곳에서 깨달음을 구하기로 한다. '내가 앞으로 나아가지 못하고 이 남자가 나를 계속 힘들게 하는 이유는 나의 무거운 카르마 때문일 거야. 내가 상처를 줬던 사람들 때문일 거야.' 밀라레파는 생각한다. '그래도 최소한 다른 사람을 죽이거나 해치는 일은 이제는 그만두었잖아. 비록 이번 생에 깨달음을 얻지는 못하더라도, 다음 생에 전갈이나 뱀으로 태어나는 일은 없을 거야.'

그때 밀라레파가 마르파를 떠나도록 도와준 이가 있었으니, 바로 마르파의 아내였다. 밀라레파를 지켜보고 있었던 그녀는 밀라레파가 돈을 모으고 다른 선생님을 찾도록 도와준 것이다. 그녀는 마르파가 밀라레파를 너무 가혹하게 대하는 것을 보고는 그를 불쌍히 여겼다.

이런 일들을 다 알고 지켜보고 있었던 마르파는 마침내 밀라레파를 다시 데려와 말한다.

"내가 바보 같은 스승이라서 너를 괴롭힌 건 아니었다. 너는 네가 한 일로 인해 지나치게 많은 부정적인 감정과 부정적인 카르마를 갖게 되었다. 과거의 잔해를 청산하려면 너에게는 고통스러운 경험이 필요했다. 자신을 용서하고 자유로워지기 위해서는 그 괴로움을 경험해야 했던 거지. 그것은 영적인 계획의 일부였어.

밀라레파, 너는 아홉 번 절망에 빠져 허우적대야 마땅했지만, 여덟 번으로 끝나게 되었다. 그건 내 아내가 너를 불쌍히 여겨서 네가 아홉 번째로 절망에 빠지는 걸 막았기 때문이야. 그러나 어쨌든 너는 지금 충분한 가르침을 받은 것이 분명한 것 같다. 너는 더 이상 뒤를 돌아보지 않고 다음 단계로 나아가고 있어. 이제 너는 앞으로 나아갈 준비가 된 것 같구나.

그건 그렇고, 딱 한 번의 생을 통해서도 깨달음을 얻는 것이 과연 가능한 일일까? 그래, 그렇다, 깨달음의 길은 길고 길다. 하지만 깨달음에도 지름길이란 것이 있다. 네가 원한다면, 가르쳐 주겠다."

밀라레파는 마르파의 최고의 제자가 된다. 그는 명상하고, 비밀스러운 가르침을 배우고, 그 모든 것을 삶에서 실천한다. 그가 배운 것 중 일부는 오늘날에도 여전히 떠돌고 있는 단순한 것이었다. 예를 들면 '당신이 어디에서 왔는지 그 근원을 잊지 말라.', '다른 사람에게 대접받고 싶은 대로 다른 사람을 대접하라.'와 같은 것들이다.

밀라레파는 '만약 문을 통과해서 나아가고 싶다면, 먼저 다른 사람들을 위해 그 문을 열어 두어라.'라는 진리를 터득한 날부터 눈에 띄게 진전을 보이기 시작했다고 한다.

학생이 배울 준비가 되면 스승이 나타난다. 많은 이들이 그렇게 믿는다. 밀라레파는, 우리가 깨어나서 우리들 내면에 있는 스승의 말에 귀를 기울일 준비가 되면, 외면 세상에서도 스승이 나타나게 된다고 이해하였다. 밀라레파의 내면 스승이 깨어난 것이다.

밀라레파는 마르파를 떠나 고국으로 돌아간다. 그는 동굴과 들판에 살면서 명상을 하고, 사람들에게 카르마, 선택할 수 있는 능력, 삶과 선택이 얼마나 중요한지를 상기시켰다.

그는 설교를 하지 않았다.

대신 수많은 노래를 남겼다.

그는 그의 유산을 훔치는 데 도움을 줬던 숙모를 용서했다. 그리고 숙모의 깨달음을 위해 기도했다. 그는 이렇게 말했다. “숙모는 나에게 빚진 게 없어요. 오히려 내가 숙모에게 모든 것을 빚지고 있지요. 숙모가 아니었다면, 지금의 나는 없을 거예요. 숙모는 내가 나의 길을 갈 수 있도록 큰 도움을 주셨어요.”

분노할 대상이 없다면, 용서하는 법도 배울 수 없다. 그는 그것을 깨달았다.

우리의 친구 밀라레파가 터득한 것처럼, 모든 일에는 다 이유가 있다. 그러나 때로 그 이유를 알기까지, 오랜 시간이 걸린다. 고통스럽고 혼란스러운 경험을 해야 한다.

밀라레파는 84세를 일기로 우주와 하나가 되었다. 그의 시신은 썩지 않고 무지갯빛으로 변했다고 한다. 그의 전설은 오늘날에도 여전히 계속되고 있다. 그는 죄인에서 성자가 되는 여정의 표본이자 롤

모델이다.

티베트에 살고 있는 한 남자는 "그의 노래는 들판의 개와 사슴에게도 전해졌어요."라고 말한다. "그는 사슴이 두려움을 물리치는 법을 멈추도록, 개들이 사슴을 쫓는 것을 멈추도록 도와주었지요."

밀라레파는 지름길을 택했다. 한 번의 생에 깨달음을 얻은 것이다. 밀라레파는 깨달음을 얻기까지 그리 오랜 시간이 걸리지 않아도 된다는 것을 사람들에게 가르쳐주었다. 깨어 있을 수 있다면, 특정 원칙을 따를 수 있다면, 날마다 깨어 있는 선택을 한다면, 누구나 깨달음에 도달할 수 있다는 것이다.

우리는 깨달음을 얻기 위해 밀라레파처럼 구루가 될 필요도, 동굴에 살 필요도, 쐐기풀 수프를 먹을 필요도 없다. 우리를 가장 짜증나고 화나게 하는 문제들—복수하고 싶고, 속시원히 돈을 다 갚아주고 싶고, 부인하고 싶고, 피하고 싶은 온갖 문제들—은 결코 단순하지 않다. 그 모든 문제들이 바로 티베트에 있는 우리의 산이자 동굴이다. 이 길로 통하는 위장된 문이다.

평생 동안 나는, 내 인생은 물론 세상에서 일어나는 무수히 많은 변화들을 보아 왔다. 우리의 선택이 제한되던 시절이 있었다. 여성은 전업주부가 되거나 학교 교사나 비서 같은 제한된 직업만을 가질 수 있었다. 남성들은 생계를 유지하기 위해 경제 활동을 해야 한다는 기대를 짊어지고 살아야 했다. 학대가 있다고 해도, 꼭꼭 숨기고 감내해야 하는 경우가 많았다. 이를 악물고 그저 견뎌야 했다. 사람들은 늙게 마련이고, 아프면 별다른 치료 없이 죽는 것이 당연한 순서였다.

지금은 수많은 질병에 대한 치료법이 개발되었다. 예전에는 치료할 수 없었던 여러 바이러스들을 이제는 별 어려움 없이 퇴치할 수 있게 되었다. 매년 25만 명이 기대 수명보다 일찍 사망하지만, 예전에 비하면 훨씬 많은 사람들이 더 오래, 그리고 더 건강하게 살고 있다. 이것은 우리가 성인이 되어 무엇을 할 것인지를 선택해야 할 뿐만 아니라, 노후에도 생계 수단을 선택해야 한다는 것을 의미한다.

정보는 특히 더 중요해졌고, 선택의 폭은 넓어졌다. 이메일을 할지, 전화를 할지, 편지를 쓸지, 텔레파시로 전달할지, 선택지가 다양해졌다. 우리는 또, 살아 있는 사람들과 더욱 빠르고 쉽게 소통할 수 있게 되었다. 심지어 어떤 매체의 토크쇼에서는 죽은 사람들과도 소통을 한다.

우리는 결혼할 수도 있지만, 그냥 동거할 수도 있고, 독신으로 남을 수도 있다. 대안적이거나 전통적인 생활방식 중 어떤 것이라도 택할 수 있는 것이다. 미혼이든 기혼이든, 아이를 가질 수도 있고, 입양할 수도 있다. 시험관 시술을 통해 출산할 수도 있고, 아예 갖지 않을 수도 있다. 어디 그뿐인가. 결혼을 하고 이혼했다가 다시 재혼할 수도 있다. 얼굴에 리프팅 시술을 할 수도 있고, 셀룰라이트* 시술을 받을 수도 있다. 머리를 자를 수도 있고, 붙임 머리를 하거나 모발 이식을 할 수도 있다.

여자도 자기보다 나이가 적은 남자와 사귈 수 있고, 남자가 남자와

---

* 혈액순환이나 림프순환이 잘 안 돼 지방 조직, 체액, 콜라겐 섬유 등이 뭉쳐서 피부 표면이 오렌지 껍질처럼 울퉁불퉁하게 변한 상태.

함께 있을 수도 있으며, 여자도 여자와 교제할 수 있다. 이동식 주택을 임대하거나 구매해서 거기에 살 수도 있고, 기존의 주거 형태에서 완전히 벗어나 텐트에서 살 수도 있다. 설탕을 먹을 수도 있고, 먹지 않을 수도 있다. 고기도 마찬가지다. 채식주의자가 되기를 선택하더라도, 여전히 선택지들이 있다. 닭고기나 칠면조, 생선은 먹고, 붉은 고기만 먹지 않을 수도 있다.

과거에는 없었던 옵션들이 새롭게 나타났다. 통제할 수 없을 정도로 지나치게 불안하거나 우울하면 이제는 약을 복용함으로써 화학적으로 신체의 균형을 바꿀 수가 있다. 다른 선택도 가능하다. 과거에는 없었던 선택사항들, 가령 다른 사람들과 우리 자신을 어떻게 대접하고 행동할 것인가 하는 것은 새롭게 나타난 선택의 영역이다.

계산된 위험과 계산되지 않은 모든 위험에도 불구하고, 그 모든 어려운 결정은 여전히 우리가 진행해 가고 있는 가장 위대한 일이다. 나에게 주어진 나비 날개를 언제 어디에서 어떻게 펄럭일 것인가?

모든 것은 자유의지이다. 자유의지를 발휘하는 일, 지구상에서 그보다 더 친밀하고 절실한 문제는 없다.

그러니 당신은 무엇을 할 것인가?

다음에 내가 무슨 말을 할 것인지는, 이미 다 알고 있을 것이다.

이제 당신이 선택하는 일만 남았다.

참고문헌

Alcoholics Anonymous (The Big Book). New York: Alcoholics Anonymous World Services, 1976; Farber & Farber, 2001.

Andersen, Wes, and Owen Wilson. *The Royal Tenenbaums.* Directed by Wes Anderson. 2002. Motion picture.

Bach, Richard. *Jonathan Livingston Seagull.* New York: Scribner, 1970.

Beattie, Melody. *Codependent No More.* Center City, MN: Hazelden, 1986.

———. *Language of Letting Go.* Center City, MN: Hazelden, 1990.

Berg, Michael. *The Way.* New York: John Wiley & Sons, 2001.

Berg, Rabbi Phillip S. *Kabbalah for the Layman.* Vol. 2. New York and Jerusalem: Research Centre of Kabbalah, 1988.

———. *Kabbalah for the Layman.* Vol. 3. New York and Jerusalem: Research Centre of Kabbalah, 1988.

Berg, Rabbi Yehuda. *Power of Kabbalah.* Los Angeles: Kabbalah Centre International, 2000.

Bodine, Echo. *A Still, Small Voice.* Novato, CA: New World Library, 2001.

Campbell, Joseph. *The Hero's Journey.* San Francisco: Harper & Row, 1990.

China. 7th ed. Footscray, Victoria, Australia: Lonely Planet Publications, 2000.

Chödrön, Pema. *The Places That Scare You.* Boston and London: Shambhala,

2001.

——. *When Things Fall Apart.* Boston and London: Shambhala, 2000.

Cooper, J. California. *The Future Has a Past.* New York: Doubleday, 2000.

Crane, George. *Bones of the Master.* New York: Bantam Books, 2000.

Dossey, Larry, M.D. *Prayer Is Good Medicine.* San Francisco: HarperSanFrancisco, 1996.

Edwards, Corinne. *Reflections from a Woman Alone*. Center City, MN: Hazelden, 2001.

Fielding, Helen. *Bridget Jones's Diary.* New York: Penguin Books, 2001.

Gantos, Jack. *Joey Pigza Swallowed the Key.* New York: Farrar, Straus & Giroux, 1998.

Gyatso, Geshe Kelsang Gyatso. *The Meditation Handbook.* London: Tharpa Publications, 1990.

His Holiness the Dalai Lama. *Ethics for the New Millenium.* New York: Riverhead Books, 1999.

His Holiness the Dalai Lama and Howard Cutler, M.D. *The Art of Happiness.* New York: Riverhead Books, 1998.

Hoffman, Lawrence A. *The Way into Jewish Prayer.* Woodstock, VT: Jewish Lights Publishing, 2000.

Jungreis, Rebbetzin Esther. *The Committed Life.* New York: Harper Perennial, 1998.

Kübler-Ross, Elisabeth. *The Tunnel and the Light.* New York: Marlowe & Company, 1999.

——. *The Wheel of Life.* New York: Touchstone/Simon & Schuster, 1997.

Kushner, Harold S. *When Bad Things Happen to Good People.* New York: Avon Books, 1981.

Lewis, C. S. *A Grief Observed.* New York: Bantam, 1976.

Lhalungpa, Lobsang P., trans. *The Life of Milarepa.* New York: Penguin/Arkana, 1992.

Lorenz, Edward N. "Deterministic Nonperiodic Flow." *Journal of Atmospheric Science* 20 (1963): 130–41.

Newton, Isaac. *Philosphiae naturalis principia mathematica*

(Mathematical principles of natural philosophy), N.p., 1687.

Rieder, Marge. *Mission to Millboro.* Nevada City, CA: Blue Dolphin Publishing, 1993.

Rosanoff, Nancy. *The Complete Idiot's Guide to Making Money through Intuition.* New York: Alpha Books, 1999.

Schwartz, Jeffrey M., M.D., with Beverly Beyette. *Brain Lock.* New York: HarperCollins, 1997.

Seuss, Dr. *Oh, the Places You Will Go!* New York: Random House, 1990.

Telushkin, Rabbi Joseph. *The Book of Jewish Values.* New York: Bell Tower, 2000.

Wilkinson, Bruce. *The Prayer of Jabez.* Sisters, OR: Multnomah Publishers, 2000.

Williams, Margery. *The Velveteen Rabbit.* New York: Doubleday, 1922, 1991.

www.cosmicharmony.com/Av/Milarepa/Milarepa.htm

감사의 말

감사합니다:

마이클 보딘, 그의 변함없는 지지와 중국 수갑 이론이 큰 도움이 되었습니다. 그가 없었다면 이 책은 세상에 나올 수 없었을 것입니다.

에밀리 범프 지라드는 「패러슈티스트 Parachutist」 2001년 3월호에 "당신만의 모험을 선택하라"라는 기사를 게재하여 이 책에 대한 영감을 주었습니다.

스카이다이빙 강사인 앤디 델크와 합기도 강사인 마이클 포울러는 우리 근육이 기억하는 것에 대해 가르쳐 주었습니다. 그리고 '익명의 알코올 중독자 모임'에서도 근육 기억의 개념에 대해서 배울 수 있는 기회를 주었습니다.

미니애폴리스의 RS Eden의 댄 케인 회장은 봉사와 카르마, 다른 사람들을 위해 문을 열어두는 것에 대한 신념을 가질 수 있도록 도와주었습니다.

엘리자베스 퀴블러 로스는 나의 진정한 영웅 중 한 분입니다.

로리 테레사 이어우드와 그녀의 아버지 버논 이어우드-드레이튼에게도 감사를 전합니다.

특별히 라미, 팻, 앤디, 어니 랄슨, 조, 코린 에드워즈, 데비, 지니,

마가렛, 셰리, 데비와 그 외 익명으로 자신의 이야기를 들려준 모든 분들께 감사드립니다.

나의 가족인 니콜, 마이클, 줄리안, 마시오, 블레이크, 비앙카, 케이티, 존, 지네트, 브랜든, 코트니, 진느, 밥, 엄마, 아빠, 짐, 팜, 조안, 도니와 그 외 가족들, 모두 감사합니다.

데이비드 비글리아노, 루이, 리즈, 스티브, 앤, 그리고 이 작업을 가능하게 한 출판사 관계자 여러분께도 감사의 마음을 전합니다.

끝으로 셰인.

그리고 이 모든 분들께 당신의 얼굴을 비추어 보여주신 신께 감사드립니다.

후회하지 않을 선택을 위한 51가지 이야기의 거울

미라클 모닝, 명상, 달리기, 요가, 불렛 저널, 습관 트래커 등 나는 내가 삶을 통제하고 앞으로 나아가는 느낌을 받기 위해 해보지 않은 것이 거의 없다. 그것들도 나름 유행을 타는지라 한창 그것에 빠져 있을 때면 문화를 선도하는 사람이라도 된 듯 아주 잠시 우쭐한 기분에 젖곤 했다. 그러나 우쭐한 기분만으로는 삶이 나아지지 않는다. 도리어 어느 정도 좋아진다 싶으면 무슨 관성의 법칙마냥 기필코 다시 원점으로 돌아가고 만다. '그동안 열심히 했으니 오늘 하루쯤은 늦잠 자도 괜찮아.' 하는 보상 심리가 오히려 나를 주저앉히는 식이었다. 자빠졌다 다시 일어날 때는 몇 곱절의 힘이 들었다. 작심삼일도 한두 번이지, 그것도 자꾸 하니 지쳤다.

심리학자 마틴 셀리그만은 '통제 불가능한 요소'가 인간을 얼마나 무기력하게 만드는지 설명했다. 인간이 진짜 무기력에 빠지는 것은, 어떻게 인생이 저렇게 가혹할 수 있을까 싶을 만큼 절망적이고 처참한 일을 당해서가 아니라, 그 위기와 난관을 극복하기 위해 내가 선택할 수 있는 것이 아무것도 없다고 느끼기 때문이라는 것이다.

과연 그렇다. 우리가 인생을 그다지 행복하지 않다고 느끼는 데는, 다른 선택을 하고 싶지만 어쩔 수 없다는 생각이 마음 깊이 깔려 있다. 불과 몇 년 전만 하더라도 나 역시 무기력함에 빠져 오히려 행복하려고 애쓰는 사람들을 비웃었다. '너는 나만큼 힘들어 본 적 없지?', '너는 나만큼 우울해 본 적 없지?' 하며 보이지 않는 냉소를 날리기도 했다. 하소연이 하고 싶어 누군가에게 이야기를 꺼냈다가도, 막상 상대가 '많이 힘들었겠다.' 하고 위로라도 건넬라치면, '네가 뭘 알아?' 하는 식의 반격을 하기도 했다. 왜 그토록 뾰족했을까?

백날 천날 공감받고 위로받아도 내 인생은 변하지 않을 거라는 생각 때문이었다. 아무리 괴롭고 힘들어도 나는 이 일을 해야 하니까, 다른 선택지는 없으니까, 오히려 투덜대고 불평하는 시간에 조금이라도 일을 끝내는 편이 나았다. 그렇게 마음의 빗장을 걸어 잠갔다. 아무것도 변하지 않을 것이라는 상상을 기정사실로 받아들이자, 나의 세계는 키 154cm, 몸무게 50kg의 육신에 갇히고 말았다.

아무것도, 그 어떤 것도 선택할 수 없는 상황에서 우리가 가장 먼저 마주하는 것은 부정적인 감정이다. 왜 내게 이런 일이 생겼는지 억울하고 화가 난다. 그러나 새로운 변화는 결코 상상조차 할 수 없으므로 어쩔 수 없이 그 일을 계속한다. 슬슬 짜증이 나고 부아가 치민다. 그저 평범한 날인데도 불현듯 눈물이 왈칵 쏟아지고 행복한 사람들을 보는 것마저도 힘들어진다.

그러나 부정적인 감정은 일종의 보호막과 같은 것이어서 그것을 한 겹 걷어내고 나면 비로소 나약한 실체가 모습을 드러낸다. 내가 사랑하는 사람에게 나 역시 사랑받고 싶은 마음, 부끄러운 약점과 결핍은 감추고 싶은 마음, 사회에서 인정받고 쓰임이 많은 사람이 되고 싶은 마음이 슬며시 고개를 든다. 감정의 베일에 은밀하게 감춰진 진짜 욕구가 드러나면 나를 껴안지 않고는 도저히 배길 수 없다. 그때부터 나를 어르고 달래고 눈물 없이 볼 수 없는 한 편의 대역전 드라마가 펼쳐지는 것이다.

멜로디 비티는 보살핌을 필요로 하는 사람과 그것을 베푸는 사람 사이의 지나친 정서적 의존성을 '공동의존'이라는 개념을 빌어 설명했다. 알코올이나 약물 등의 중독 문제, 감정적이고 정신적인 문제, 행동 문제 등을 가진 누군가를 돌봐야 하는 사람들이 오랫동안 억압적인 규칙과 습관들에 노출되다 보면 도리어 자신의 삶을 관리할 수 없는 지경에 이를 수 있다는 것이다. 심각한 경우에는 문제를 가진 사람과 관계를 끊은 후에도 번번이 또 다른 문제를 가진 돌봄 대상을 찾아 공동의존의 행동들을 반복하기도 한다.

그러나 조금 과장해서 말하면, 공동의존은 우리가 돌봐야 할 대상이 전혀 존재하지 않는 상황에서도 작동하는, 오히려 거미줄처럼 얽히고설킨 우리의 평범한 관계가 작동하는 방식이다. 자신이 의미 있다고 여기는 상대에게 사랑받기를 원치 않는 사람이 과연 있을까? 이 당연한 사랑에의 욕구가 우리로 하여금 상대의 태도에 예민해지도록 만들고 우리의 선택을 은밀히 조정한다. 누군가에게 인정받고 필요한 존재가 되고 싶은 욕구 또한 마찬가지다. 그 욕구를 채우기에만 급급한 나머지 우리 마음에서 진정으로 우러나지 않는 선택을 할 확률이 매우 높다.

이 책에 소개되는 51개 이야기에 등장하는 인물들이 어딘가 모르게 친숙하게 느껴지는 것도 같은 맥락이다. 내가 지속적으로 관계를 맺고 있는 상대가 의료적인 수준에서 치료가 필요하지 않은 경우라도 우리는 여러 이유로 그들과 함께하는 인생에서 답답함과 괴로움을 느낀다. '티나'처럼 과거의 잘못에 대해 느꼈던 죄책감에 사로잡혀 새로이 다가오는 기회를 보지 못하기도 하고, '제니퍼'처럼 가족의 꿈을 위해 자신을 희생하기만 하다 어느 날 불현듯 인생의 위기를 느끼기도 한다. 또, '브렌다'처럼 나에게 소중한 사람들이 너무 많이 개입되어 있어 이러지도 저러지도 못하고 마음에 불편만 쌓고 있는 경우도 많다.

그러나 그들은 모두 지금까지 흘러온 자기 인생의 판을 보란 듯이 뒤집었다. '드디어 내 인생이 빛의 국면으로 접어들었구나!' 하고 느끼기까지는 비록 긴 시간이 걸렸다 하더라도, 어쨌든 그들은 무거운 콘크리트 부츠를 신고 질척거리는 늪을 걷는 인생에서 해방됐다. '결정적 선택의 순간'으로 인해 제2의, 제3의 새로운 인생이 펼쳐지기 시작한 것이다.

물론 이 책을 다 읽고도 여전히 나는 어쩔 수 없다고, 나에게는 아무 선택권이 주어지지 않았다고, 할 수만 있다면 왜 그렇게 하지 않겠느냐고 언성을 높이고 싶을지도 모른다. 그렇다면 당신을 사로잡고 있는 부정적 감정의 베일을 살포시 벗겨 보면 어떨까? 화가 나고 억울하고 두렵고 우울한 감정을 수월하게 견디는 사람은 없다. 멜로디 비티 역시 머리 아래로 내려가는 게 힘든 사람이었다. 그래도 그 감정을 외면하지 않는 선택을 하고 나면, 자기 스스로에게 위로를 건넬 수 있게 된다. 어쩔 수 없다는 생각이 그다지 합리적인 사고의 결과물이 아니었다는 것도 알게 된다. 내 인생이 누구 때문에 답답한 것이 아니라 내 몸과 마음이 끊임없이 보내는 신호를 알아차리지 못했기 때문임을 알게 된다.

무엇이든 처음이 어렵다. 그러나 우리 자신을 배움과 성장으로 이끄는 좋은 선택을 딱 한 번만이라도 하고 나면 통제 불능으로만 보이던 세상에서 자기만의 규칙과 노하우를 발견할 수 있을 것이다. 통제할 수 없는 것에서 통제 가능한 것으로, 내가 할 수 없는 것에서 할 수 있는 것으로, 바꿀 수 없는 과거에서 마음껏 창조가 가능한 미래로 삶의 초점을 변화시킴으로써 말이다. 삶의 어떤 시점에서든 각성이 일어나면 예전으로 돌아가고 싶어도 절대 그럴 수 없다. 꼬일 대로 꼬여 버린 관계의 문제든, 어깨를 짓누르고 있는 죄책감과 책임의 문제든, 그 출발이 언제나 내 선택이었다는 것을 알게 되면, 우리는 이제 그 선택의 순간에 더 또렷이 깨어 있을 수 있다.

물론 그래도 인생에는 고비가 있다. 한껏 삶이 나아졌다고 느낄 때 예전보다 더 크고 어려운 결정을 해야 하는 순간이 오는가 하면, '달린'처럼 엄마의 알코올 중독, 동생들의 죽음과 부상 등, 연이어 일어나는 일들이 우리를 헤어 나올 수 없는 슬픔으로 내몰기도 한다. 그때는 멜로디 비티가 이 책 어디에선가 '내가 아는 가장 행복하고 기쁨으로 가득 찬 사람들 중에는 세상에서 가장 극심한 고통을 겪은 사람들이 많다.'고 이야기했던 것을 한 번쯤 떠올려보기 바란다. 어울릴 수 없는 정반대의 것들이 함께 작용하며 우리의 지경을 넓히는 그 신비의 아이러니가 당신 인생의 문도 조용히 두드리고 있을 것이다.

이 책의 가장 첫머리에서 멜로디 비티를 찾아와 마음의 평정을 유지하면서 삶에서 일어나는 일들을 통제할 수 있는 방법을 알려 달라고 한 여자를 기억하는가? 이제 그 질문에 우리 나름의 답을 할 차례가 되었다. 51개의 모든 이야기가 인생의 판도를 뒤집은 '결정적 선택의 순간'을 다루고 있지만, 저마다 선택이 어려운 이유가 제각각이었던 것을 떠올리며, 이제는 우리를 가로막고 있는 벽이 도저히 넘을 수 없는 진짜 벽인지 살펴보자. 때로 그 벽이 너무 거대하고 높게 느껴지곤 하지만 오히려 조금만 노력하면 뛰어넘을 수 있는 장애물인데 지레 겁부터 먹는 경우도 적지 않다.

칼릴 지브란은 '사랑하는 사람 사이에 바람이 다니는 길을 두라. 사원의 기둥도 떨어져 서 있다. 사이프러스나무와 전나무는 서로의 그늘에서 자랄 수 없다.'고 노래했다. 매 순간의 선택마다 깨어 있는 것도 이와 비슷하다. 나를 사랑해 주기를 간절히 바라는 사람과, 내가 인정받기를 원하는 조직과, 나를 앞으로 나아가지 못하게 하는 과거와, 내 인생은 달라지지 않을 거라는 집착과, 그 모든 것들과 거리 두기를 하는 것이다. 그러고 나면 그것과 나 사이에 생긴 공간으로 바람이 흘러 들어오는 것이 비로소 느껴지기 시작한다. 공기가 통하고, 곪았던 상처가 아문다. 그 위로 쏟아지는 햇살이 나를 어루만진다. 나는 따뜻하고 평온하다. 나를 힘들게 했던 화, 분노, 억울함, 죄책감, 예민함, 짜증, 두려움, 공포, 이 모든 감정들이 오히려 나를 풍요롭게 살찌웠다.

멜로디 비티의 말이 맞았다. 인생은 더 이상 나를 고문하지 않는다. 그리고 나는 이 평온을 스스로 만들었다. 그렇게 나와 세상과의 따뜻한 화해 속에서 불현듯 이 인생을 떠받치고 있는 거대한 사랑의 큰 손 안에 안겨 있는 자기 자신을 발견하게 될지도 모른다. 멜로디 비티는 바로 그런 기회의 문을 열어놓고 독자 여러분을 기다리고 있다.

2023년 무르익은 어느 가을날에

유지연